D
d'or
i mo
expressiva

El Cangur
DICCIONARIS

Manel Riera-Eures
Margarida Sanjaume

Diccionari d'onomatopeies i mots de creació expressiva

Les paraules transparents de la llengua catalana

Pròleg de Lluís Payrató

edicions 62
Barcelona

Primera edició: octubre de 2002

Peu de la Creu, 4, 08001 Barcelona
e-mail: correu@grup62.com
internet: http://www.edicions62.com

Fotocomposició per Víctor Igual, s.l.,
Còrsega, 237, baixos, 08036 Barcelona
Imprès a Liberdúplex,
Constitució, 19, bloc, 8, local 19, 08014 Barcelona
Dipòsit legal: B. 42.855-2002
ISBN: 84-297-5168-8

PRÒLEG

Les primeres vegades en què un adult li ensenya a una criatura un objecte assenyalant-lo amb el dit, la criatura sol quedar-se mirant el dit... i pensant vés a saber què. El camí pel qual aprenem a separar el «vehicle de signe» del que és en propietat el referent o el conjunt del procés sígnic resulta més costós i complicat del que sovint pensem, fins i tot en casos tan evidents (per als adults) i en aparença senzills com el de les *indicacions* o expressions díctiques com l'esmentada.

El llenguatge verbal humà ha recorregut un camí d'aquest tipus, ben llarg i complex. Resulta inimaginable una capacitat lingüística com la dels humans actuals en els inicis de la nostra etapa com a espècie. Així, encara que avui es replantegin teories a la llum de les noves dades descobertes i es pugui sostenir, per exemple, que el nostre rebesavi cromanyonenc ja parlava, el seu llenguatge —o *protollenguatge*— era lluny del nostre, i ben segur que era molt més dependent de sistemes de vocalitzacions i de gestos (facials i manuals) del que ho són les llengües actuals.

Els processos que, en la filogènesi, ens permeten associar els nostres avantpassats *primitius* (en el bon sentit de la paraula) amb els nostres congèneres actuals *moderns* tenen reflexos en els processos que, en l'ontogènesi, segueix l'infant en la seva etapa inicial d'aprenentatge, és a dir, bàsicament, de *socialització* i *culturització*. Som humans, entre altres coses, perquè construïm i manegem eines i perquè transmetem cultura, que al seu torn significa transmetre símbols; tot plegat, en síntesi, perquè fem servir una eina simbòlica tecnològicament molt avançada: el llenguatge verbal.

En la seva tradició d'estudis, la lingüística ha estat tan preocupada pel caràcter fonamentalment simbòlic del llenguatge (i doncs de les llengües) que la dimensió icònica de les eines verbals ha quedat no només en un segon pla, amb una falta de protagonisme encara raonable, sinó que s'ha menystingut o oblidat del tot. I aquest oblit o menyspreu ja no sembla gaire raonable, atès que l'arbitrarietat lingüística no és pas total, per una banda, i que les fronteres de la verbalitat no són sempre categòriques: se solen franquejar tan sovint que se n'esborren la precisió i la claredat.

De fet, la iconicitat es reflecteix, fins i tot, en l'estructura lingüística (relació entre singulars i plurals, entre mots primitius i derivats, temps verbals...), i per descomptat en l'ús lingüístic (graus de cortesia, ordre o prelació en el protocol...). Els elements estudiats en la tradició com a onomatopeies o mots expressius són, sens dubte, la part més visible del fenomen, però en poques ocasions, potser per deixadesa o per la dificultat intrínseca que comporta estudiar-los, han estat inventariats i analitzats amb rigor. Manel Riera-Eures i Margarida Sanjaume han tingut la valentia, la paciència i el *savoir-faire* necessaris (i difícils de trobar!) per aplegar un bon nombre d'aquests mots en el primer diccionari d'aquestes característiques que es publica en català (i que, val a dirho, té poquíssims paral·lels en altres llengües). L'originalitat dels autors, doncs, al costat de la seva dedicació, també ha de ser elogiada, i la utilitat del recull —i del primer nivell d'anàlisi que ens ofereixen d'aquests elements— és innegable.

Fora de la pura especulació que a vegades es confon amb la «teoria», no hi ha cap mena d'estudi lingüístic en què es pugui prescindir d'un bon recull de dades i de descripcions adequades dels fenòmens que intentem comprendre i explicar. Els corpus lingüístics, justament, fa temps que han demostrat que faciliten anàlisis posteriors molt profitoses. El corpus que conté aquest volum, així com la introducció inicial, seran sens dubte de profit per a molts estudiosos de la llengua catalana, per a molts estudis aplicats i contrastius i per a tasques concretes en relació amb la literatura de creació, la traducció, el doblatge, la subtitulació de pel·lícules, etc. De manera simbòlica —i parcialment icònica— no queda sinó felicitar els autors i aplaudir ben fort —*clap*, *clap*, *clap*— la iniciativa que han tingut i que ha fructificat en aquesta obra.

Lluís Payrató
Universitat de Barcelona

A la Laia i la Jana

INTRODUCCIÓ

1. Arbitrarietat del llenguatge

Les discussions sobre l'origen i la naturalesa del llenguatge humà són molt antigues. Ja el diàleg *Cràtil*, de Plató (s. IV aC), recull els debats entre els anomenats *naturalistes* —que creien que les paraules tenen un significat «per naturalesa», perquè hi ha una correspondència entre el so i el sentit— i els *convencionalistes* —que creien que les paraules procedeixen d'una convenció, és a dir, d'una mena de «contracte social».

Tot i que durant segles es van seguir els postulats naturalistes, finalment han prevalgut les posicions dels convencionalistes, formulades modernament pel lingüista Ferdinand de Saussure (1857-1913) en el *Curs de lingüística general*, en què afirma que «el signe lingüístic és arbitrari», és a dir que el vincle que uneix el significant d'un mot —la forma, ja sigui sonora o gràfica— amb el significat —el concepte, el contingut semàntic— és arbitrari.

La formació de paraules mitjançant la imitació de sons naturals sembla que va ser més important en les primeres etapes del desenvolupament del llenguatge humà que no pas ho és ara. Es creu que, després d'una primera etapa de crits i gesticulacions, el llenguatge devia néixer a partir d'articulacions vocals expressives i d'imitacions dels sorolls de la natura. Aquestes articulacions s'haurien anat especialitzant fins a convertir-se en altres articulacions ja deslligades dels objectes i del present immediat. Com diu Jesús Tuson, a *El llenguatge*: «Romandrà, però, en el misteri l'acte a través del qual uns humans van començar a fer servir símbols per designar els objectes que no emetien cap soroll (les pedres, els astres, les herbes...) i, més encara, les nocions abstractes (la bondat, la solidesa, l'amistat...) i els noms que designen col·lectius i conjunts (la família, el ramat, la natura...).»

2. Motivació i iconicitat del llenguatge

L'arbitrarietat del llenguatge, però, no és absoluta. A vegades, presenta formes motivades, és a dir que són intel·ligibles immediatament. Les motivacions poden ser de diferents tipus.

En primer lloc, si considerem, com diu el lingüista Stephen Ullmann (1914-1976), que són motivades totes les paraules la forma de les quals no és purament fortuïta als ulls del parlant, podem interpretar que ho són els compostos i els derivats mitjançant prefixos i sufixos. En aquest cas, parlem de *motivació morfològica* perquè el parlant pot comprendre el significat d'aquestes paraules, encara que sigui la primera vegada que les sent, pel sol fet que sí que en coneix els components i sap què signifiquen (per exemple, pot deduir el sentit del mot *gasoliner* si coneix el significat de *gasolina* i sap que el sufix *-er* serveix, entre altres coses, per formar noms d'ofici).

En segon lloc hi ha la *motivació semàntica*, que és quan el parlant, en sentir una paraula o una expressió que no coneix, en pot deduir el sentit per analogia o perquè s'adona que té algun tipus de relació (metafòrica, metonímica) amb una altra o amb altres paraules que sí que coneix (per exemple, pot deduir que la locució «un fil de veu» equival a «poca veu»).

I, en tercer lloc, trobem la *motivació fonètica*, en què, a diferència de les altres dues, la forma fònica es relaciona directament amb el sentit. Aquest és el cas, per exemple, de les onomatopeies i dels mots de creació expressiva. El lingüista Roman Jakobson (1896-1982) parlava, en aquests casos, d'*iconicitat lingüística*.

Hi ha iconicitat en el llenguatge, doncs, quan el vincle entre el significant i el significat és de semblança. Aquesta iconicitat, sempre relativa i de graus diversos, en el cas del català i de moltes altres llengües apareix en els elements prosòdics i paralingüístics vocals, com per exemple en la intensitat, quan la manera de dir, el com es diu, té més importància que el que es diu, el contingut semàntic. Això passa en el cas dels renecs, els insults, les ordres i, a vegades, en el llenguatge adreçat als infants i als animals. També trobem iconicitat en determinats procediments morfològics, com el de la formació dels plurals, en què l'addició de sons al singular ja expressa pluralitat. O en la manera d'ordenar els mots en les fórmules protocol·làries, ja que reflecteixen directament la jerarquia de les persones mitjançant l'ordre en què s'esmenten (per exemple: «assisteixen a la sessió el president de la Generalitat, els consellers de Governació i de Treball i els subdirectors generals del Departament de Treball»), etc.

En un altre nivell, també hi ha iconicitat en diversos recursos lingüístics, com la *mimologia*, tècnica popular amb què es pretén imitar i interpretar sorolls de la natura amb paraules que tenen elements fònics que evoquen aquests sorolls. En aquest sentit, el poeta Jacint Verdaguer, a *Folklore* (1907), comenta: «Lo cant de la Guatlla és traduït també de diferent manera en cada territori. A la Guilleria, a últims de primavera, quan los sègols han espigat, diu: / Blat florit, blat florit. / A la plana de Vic, que és terra de guatlles i de caçadors, a l'arribar lo temps de les segues, que és quan canta més i millor, diu: / Blat segat, blat segat.» I també el folklorista Joan Amades, al *Costumari* (1950), recull diverses mimologies, com aquesta de la veu del tudó: «Quan tenia riu, no tenia niu; ara que tinc niu, ara no tinc riu.»

Un altre recurs semblant és el de les *al·literacions*, que es fan servir sobretot en poesia i que consisteixen a repetir alguns sons amb la finalitat d'aconseguir determinats efectes sonors, especialment quan es vol evocar sorolls de la natura, sense pretendre imitar-los directament, com per exemple el galop en aquests versos de Joan Maragall: «tens un cavall, / corre que corre, — corre que corre!» (*El comte Arnau*, 1900-1911).

Però les formes icòniques per excel·lència són els mots dits de creació expressiva i, encara més, les onomatopeies i derivats.

2.1. *Els mots de creació expressiva*

Els mots *de creació expressiva*, segons Joan Coromines (1905-1997) —que en aquest punt segueix el lingüista Maurice Grammont (1866-1946)—, són mots que no imiten cap so però que suggereixen directament una idea mitjançant el valor psicològic de les seves vocals o consonants. Ullmann explica que en aquests mots els sons no evoquen cap experiència acústica, sinó un moviment o alguna qualitat física o moral. Per exemple, a vegades atribuïm a alguns sons unes determinades connotacions: el so [a] suggereix grandesa i claredat; el so [i], petitesa i finor; el so [u], lletjor. Passa el mateix amb determinats sons consonàntics, sobretot quan es combinen o es repeteixen d'una determinada manera. Per exemple, els sons oclusius sonors —[b], [d], [g]— s'associen amb sorolls més aviat suaus i formes arrodonides, mentre que els sons oclusius sords —[p], [t], [k]— s'associen amb sorolls secs i formes més brusques. No cal dir que aquestes interpretacions, tot i que poden semblar força subjectives, són el resultat de treballs empírics que s'han fet a diversos llocs del món i en diverses llengües.

2.2. *Les onomatopeies i altres interjeccions*

Els mots onomatopeics intenten imitar sons o sorolls emesos per éssers animats i objectes o produïts per fenòmens de la natura. Ullmann els anomenava «mots transparents», perquè en sentir-los, encara que sigui per primera vegada, deixen entreveure o ens permeten intuir què volen dir pel fet que reprodueixen de manera aproximada el soroll que fa allò a què es refereixen.

Però, a la pràctica, com deia el mateix Ullmann, això no és ben bé així, perquè l'onomatopeia no és mai cap reproducció exacta, sinó relativa. De fet, el que distingeix una imitació no lingüística —com, per exemple, la reproducció gairebé perfecta del cant d'un ocell feta per un expert— d'una onomatopeia és que aquesta s'integra en el sistema fonològic de la llengua. L'onomatopeia no és una simple imitació d'un so natural, és a dir, extralingüístic, sinó que és el mot resultant del procés de verbalització d'aquest so d'acord amb les regles fonològiques de la llengua. Per això, formacions onomatopeiques de diferents idiomes que volen imitar el que convenim a considerar que és un mateix so no sempre coincideixen del tot, perquè els filtres lingüístics també han estat diferents (com és el cas de la veu del gos: cat. *bub-bub*; esp. *guau*; fr. *ouah ouah*; it. *bau bau*; port. *au-au*; angl. *bow-wow*; al. *wau wau*, etc., o la veu del gall: cat. *quiquiriquic*; esp. *quiquiriquí*; fr. *cocorico*; it. *chicchirichì*; port. *cocoricó*; angl. *cock-a-doodle-doo*; al. *kickeriki*, etc.).

Però, a més a més, com que els humans no sempre percebem els sons naturals de la mateixa manera, a vegades també trobem onomatopeies diferents referides a un mateix so fins i tot dins una mateixa llengua, potser a causa de la complexitat intrínseca que caracteritza la reproducció de la majoria de sons naturals, una complexitat que tendim a simplificar reduint a un sol so el que sovint, en realitat, són diversos sons. Per exemple, quan parlem del miol del gat, a quin ens referim dels, com a mínim, disset de diferents que fa, segons afirmen alguns etòlegs?

Generalment, doncs, el procés de verbalització d'un so que pretén reproduir-ne un de natural és tan complex que el mot que en resulta a vegades té unes característiques una mica singulars i controvertides des del punt de vista fonològic i lèxic, com per exemple una composició exclusivament consonàntica (*zzz*, *trrsst*, etc.) o fonemes i encadenaments fonemàtics estranys a la llengua (*ha*, *ha*, *ha*; *xrrup*, etc.). De fet, com diuen alguns lingüistes, les onomatopeies es troben al límit entre el nivell lingüístic i el no lingüístic, però no les hem de confondre amb els crits i els sorolls instintius dels humans, perquè, a diferència d'aquests, tenen un grau mínim de fixació i són de caràcter voluntari.

Les onomatopeies han estat, en general, poc estudiades, segurament per diverses raons: perquè plantegen molts problemes de definició des del punt de vista gramatical i perquè pertanyen, sobretot, al llenguatge oral i col·loquial, mentre que les gramàtiques i els diccionaris tradicionalment s'han ocupat, preferentment, dels registres escrits més formals de la varietat estàndard de la llengua. A vegades, fins i tot han estat menystingudes a causa de prejudicis lingüístics, ja que han estat vistes com un fenomen primitiu de la llengua. En aquest sentit, però, és curiós observar que llengües com l'anglès o l'alemany fan servir moltes més onomatopeies que no pas altres llengües de societats molt menys desenvolupades des d'un punt de vista tecnològic, com ara algunes tribus africanes o americanes. Aquest fet demostra, si més no, com diu el lingüista Edward Sapir (1884-1939), la poca importància que té la simple imitació dels sons per a la naturalesa essencial de la parla.

Caracterització

Des d'un punt de vista formal, les onomatopeies presenten una sèrie de característiques: duplicacions, prefixos, alternances vocàliques, repeticions de vocals o consonants, etc.

Per exemple, per indicar un so que es repeteix, es formen duplicacions idèntiques (*bub-bub*, *cloc-cloc*, *ric-ric*), duplicacions en què el segon segment incorpora més sons (*cri-cric*, *cu-cut*, *gri-gric*, *paplam*) o, fins i tot, triplicacions de segments idèntics, com en el cas de les rialles (*clo*, *clo*, *clo; ha*, *ha*, *ha; he*, *he*, *he*, etc.). També és freqüent la duplicació amb alternança vocàlica (*cric-crac*, *pim-pam*, *tic-tac*, *zim-zam*), per indicar, a més a més del soroll, un moviment, ja sigui de balanceig, de vaivé, etc. En el cas de les duplicacions en què el soroll o el so representat es repeteix d'una manera rítmica i constant, sol usar-se el guionet (*ric-ric*). Però quan el so és menys rítmic i es repeteix més pausadament o d'una manera més irregular, es fan servir comes (*ha*, *ha*, *ha*), tot i que en molts casos la diferència és mínima.

Per a les veus dels animals, les formes duplicades són les més corrents (*bub-bub*, *rac-rac*, *ric-ric*), encara que també poden aparèixer soles (*bub*, *rac*, *ric*).

Hi ha onomatopeies que a vegades duen una mena de prefixos, també de caràcter onomatopeic, que serveixen per reforçar-ne el sentit: *cata-* (*cataclac*, *catacrec*), *garra-* (*garra-*

meu, garranyic), *marra-* (*marramau, marramiu*), *pata-* (*patapam, patatxap*), etc.

Recordem que la lletra hac, sobretot en posició inicial i intermèdia, és aspirada en les onomatopeies (*he, he, he*), i a vegades també en algunes interjeccions no onomatopeiques (*ahà, hop*). En aquest sentit, observem que antigament el so aspirat [χ] s'acostumava a adaptar mitjançant el so [k] (*ca, ca, ca*, a diferència de la representació més actual: *ha, ha, ha*). Altres vegades, la presència de la lletra hac en posició final serveix per allargar lleugerament la vocal anterior (*ah, bah, oh, uh*).

La grafia de les onomatopeies i les altres interjeccions també es pot alterar amb repeticions de les vocals i les consonants, segons l'èmfasi que s'hi vulgui posar i el so que es vulgui remarcar (*buuuuuuuuum!, oooooh!, xxxxt!, zuumm!*).

Les onomatopeies sovint funcionen com a substantius (*Feia estona que el clic del telèfon havia tallat la veu plorosa de la Dolors*), però també com a adverbis (*Lo càntir agafa..., tras-tras baixa l'escala i se'n va a la font*) o fins i tot poden constituir una oració interjectiva (*L'avi, distret, va perdre peu i patapaf*).

Finalment, recordem que moltes onomatopeies es fan servir també en sentit figurat o metafòric (*nyic-nyic* 'molestar', *xup-xup* 'bullici', *barrabum* 'sorpresa') i que algunes —poques— imiten un soroll tan imperceptible que sembla més imaginari que no pas real (*zub-zub* 'pulsacions de dolor', *plop* 'aparèixer de cop', etc.).

3. Qüestions terminològiques

Cal tenir present que la terminologia que es fa servir per expressar el fenomen de la motivació i la iconicitat sovint varia segons les èpoques i els autors. Alguns lingüistes, com ara

Ullmann, fan servir el terme *onomatopeia* en un sentit tan ampli que inclou també els mots de creació expressiva, ja que distingeixen les «onomatopeies primàries» —les que imiten un soroll— de les «secundàries» —les que tenen com a referent les sensacions. En la mateixa línia, el *Diccionari general de la llengua catalana* de Pompeu Fabra també entra en la definició d'*onomatopeia* el cas dels «mots de so suggeridor de sentit».

Altres autors fan servir encara termes diferents per referir-se als mots de creació expressiva, com, per exemple, «mots fonosimbòlics», «ideòfons» o «onomatopeies simbòliques».

Pel que fa a les onomatopeies, les hem classificades com a interjeccions, seguint la terminologia que usen M. Josep Cuenca i altres lingüistes i entenent aquesta categoria gramatical en un sentit més ampli del que és habitual.

De tota manera, som conscients que alguns dels sons que recollim potser es troben encara en un estadi anterior a la paraula i més aviat pertanyen a l'àmbit de la paralingüística —és a dir que són «gestos vocals», com els anomena L. Payrató, elements que acompanyen i reforcen la parla però que no pertanyen pròpiament al sistema lingüístic (*brrr*, *pst*, *zzz*). No sempre és fàcil saber exactament a partir de quin moment es pot considerar que aquesta mena de sons vocals traspassen la frontera de la verbalitat i esdevenen ja imitacions plenament lingüístiques, és a dir, articulades. En aquest sentit, Jean Tournier distingeix, en estudiar les onomatopeies dels còmics, entre les *protolexies*, formes anteriors a les paraules (com *zzz* per al brunzit de la mosca i el mosquit), i les *integrades*, que tenen una forma ja lexicalitzada (com *zum-zum*, també per al mateix brunzit).

4. Objectius, contingut i maneig del diccionari

4.1. Objectius i contingut

L'objectiu principal d'aquest diccionari és oferir un recull d'onomatopeies i derivats i de mots de creació expressiva, amb la intenció d'omplir un buit bibliogràfic evident en aquest terreny.

Ens ha semblat interessant aplegar els mots que des del seu origen constitueixen en part l'excepció del principi d'arbitrarietat i que per això mateix són especialment expressius o «transparents», com diu Ullmann, malgrat que moltes vegades potser seria més exacte parlar de mots «translúcids», perquè són mots que deixen passar la llum, però no pas amb prou nitidesa perquè puguem veure clarament allò que signifiquen.

La llista d'onomatopeies que presentem és, lògicament, molt incompleta, perquè la llengua en genera constantment de noves i, a més, és molt difícil de recollir totes les que es fan servir, juntament amb les diverses variants amb què sovint s'expressen (per exemple, la veu del grill: *ric-ric, cric-cric, gric-gric,* etc.). Aquest diccionari recull les formes que hem trobat més documentades, que tenen més tradició o que són d'ús més general, però també algunes de dialectals. D'acord amb aquest criteri, hem establert formes preferents (les estàndards, segons els diccionaris, en el cas que les recullin, o les més genuïnes o d'ús més generalitzat, i sovint també les més substantivades), a les quals remetem les altres variants, de la mateixa manera que en el cas de les interjeccions no onomatopeiques (*àpala* remet a *apa, güei* remet a *uei,* etc.). També hem procurat donar preferència, dins un mateix camp semàntic, a les construccions que incorporen vocals enfront de les formes estrictament consonàntiques (*brm*, *crr* i *pxx* remeten a *brum*, *crec* i *pxii*, respectivament), tot i que no sempre és així (*psit* remet a *pst*). De fet, sovint es fa difícil d'establir o deduir la forma preferent.

Hi hem inclòs també alguns manlleus que són d'ús general des de fa molt temps o s'han internacionalitzat (*bla, bla, bla*, *sniff/esnif*, etc.), o bé que cobreixen un camp semàntic relativament nou (*bip*). En general, hem donat preferència, però, a les més genuïnes (*pang* remet a *pam*) o, si no, a les adaptades (*sniff* remet a *esnif*).

D'altra banda, volem subratllar que queden fora de l'àmbit d'aquest diccionari tots els mots expressius que no són pròpiament de creació expressiva (com els renecs, els insults, les imprecacions, les interjeccions impròpies, els vocatius, etc., o d'altres de compostos que no ho són d'origen, com *xano-xano*, que és una adaptació de la locució dialectal italiana *piano-piano*). No hi hem inclòs tampoc les paraules que només incorporen algun element expressiu o onomatopeic menor en la seva composició ni les que no són onomatopeiques encara que ens ho puguin semblar (*xiular*, *tronar*, *roncar*, etc.). I és que hi ha mots que no són imitatius d'origen, sinó que han anat adquirint aquesta aparença posteriorment, al llarg de la seva vida i de la seva evolució fonètica. També és freqüent el fenomen contrari: hi ha paraules que són d'origen onomatopeic o expressiu però que, a causa de l'evolució fonètica que han sofert al llarg del temps o perquè el parlant no en reconeix la procedència, han perdut el caràcter imitatiu o expressiu i s'han tornat opaques. En aquest cas, però, sí que les hem mantingudes en aquest diccionari perquè, si més no des del punt de vista etimològic, continuen sent d'origen onomatopeic.

4.2. Maneig del diccionari

Les entrades dels mots de creació expressiva o d'origen onomatopeic, a més de l'explicació etimològica, també recullen, precedits de l'abreviatura *F. m.*, els mots de la mateixa família en un sentit ampli, fins i tot els compostos, tot i que n'hi ha que han perdut el caràcter onomatopeic o expressiu. Els mots no documentats a què a vegades es fa referència en les notes etimològiques van precedits d'un asterisc (**bataculum* 'escletxa, badall').

En el cas dels manlleus, les formes no adaptades duen un asterisc després del mot (*sniff** enfront d'*esnif*).

Pel que fa als exemples d'ús escrit que acompanyen les interjeccions, hem adaptat les grafies dels textos literaris anteriors a la reforma ortogràfica fabriana. En els exemples extrets dels còmics, com que no en podem reproduir el dibuix, en donem una breu explicació, entre claudàtors i en cursiva. Sovint les entrades tenen més d'un exemple (ordenats cronològicament) perquè il·lustren sentits diversos o perquè els subjectes que originen el so són de naturalesa diferent.

Finalment, incloem els índexs. El primer recull totes les interjeccions aplegades, amb un sumari de camps temàtics (*cor: veg. bategar, pulsació*) i una llista de correspondències (*bategar: bum-bum/ catric-catrac...*). El segon índex és una llista de tots els mots per ordre alfabètic; els que no tenen entrada pròpia, els remetem al mot d'on procedeixen o a l'entrada on es poden trobar (*cormorà*: *corb*; *raucar*: *ronc*).

5. Fonts

Per establir el corpus d'onomatopeies i altres interjeccions, ens ha fornit moltíssima informació el *Diccionari Ca-*

talà-Valencià-Balear, d'A. M. Alcover i de F. de B. Moll. També ens ha estat molt útil el llibre *Llengua de pedaç*, de R. Bassa i altres autors.

Hem recorregut, a més, a nombrosos textos literaris catalans, a les revistes infantils *En Patufet*, *La Rondalla del Dijous*, *Cavall Fort* i *Tretzevents*, i a diversos àlbums de còmics catalans. També hem consultat algunes adaptacions d'originals d'altres llengües fetes per Albert Jané, Joaquim Ventalló i altres bons traductors, com diversos àlbums traduïts de *Tintín*, *Astèrix*, *Jan i Trencapins*, *Lucky Luke*, *Barrufets*, *Sergi Grapes*, etc.

Pel que fa als còmics, cal recordar que per raons sociolingüístiques la llengua catalana és molt poc present en les vinyetes de la majoria dels que circulen pel nostre país: la llengua espanyola i, cada vegada més, l'anglesa hi dominen absolutament. En aquest camp, com en tants altres, som lluny de la normalitat. I si hi afegim el gran pes que han tingut i tenen aquí els còmics de l'escola francobelga, a part dels que procedeixen de la poderosíssima indústria cultural nordamericana, comprendrem per què a vegades algunes onomatopeies angleses, franceses i espanyoles s'imposen, per mimetisme, en les planes dels pocs còmics que es publiquen en català, tant si han estat creats originalment en català com si són traduccions.

Cal tenir present, d'altra banda, que moltes onomatopeies aparents que es fan servir en el llenguatge de les historietes il·lustrades no ho són pròpiament, com ho demostren, per exemple, alguns encadenaments de lletres que a vegades hi apareixen i que són totalment impronunciables, però que tenen, això sí, una força visual indiscutible (per exemple, *mrkrbxzkrmtfrz!*: crit de ràbia del capità Haddock, a *Tintín al Tibet*, d'Hergé). En aquests casos és evident que tenen una funció més gràfica que no pas sonora. En d'altres, aquesta funció és tan accentuada que caldria refer el dibuix per poder traduir aquesta mena de grafies.

Les definicions de les onomatopeies i altres interjeccions procedeixen bàsicament dels diccionaris, quan les recullen, tot i que sovint les hem hagut d'ampliar, o crear, si no les hi hem trobades.

La majoria dels exemples de les interjeccions provenen de la consulta de textos literaris catalans de totes les èpoques. A darrera hora, n'hi hem pogut afegir uns quants més gràcies a la consulta del *Corpus textual informatitzat de la llengua catalana*, de l'Institut d'Estudis Catalans.

Pel que fa als mots d'origen onomatopeic i els de creació expressiva, la breu explicació etimològica que en fem procedeix, bàsicament, dels diccionaris de Joan Coromines, però també del *Diccionari Català-Valencià-Balear*, de les obres de Joan Veny i del *Diccionari etimològic* de Jordi Bruguera. Les entrades d'aquests mots, a diferència de les interjeccions, no duen exemples, perquè ens ha semblat que no calia.

MANEL RIERA-EURES
MARGARIDA SANJAUME

NOTA D'AGRAÏMENTS

Volem fer constar el nostre agraïment, d'una manera molt especial, a Lluís Payrató perquè ens ha assessorat en moltes qüestions, perquè ens ha encoratjat i perquè, a més a més, ha tingut la gentilesa de prologar el diccionari.

Expressem també la nostra gratitud a Joan Veny, per l'amabilitat d'haver-se mirat el manuscrit i haver-hi fet nombroses i sàvies observacions, que, de segur, han millorat aquest diccionari.

Volem expressar també l'agraïment a Albert Jané per l'interès que ha tingut a llegir-se aquest diccionari i per les seves remarques i aportacions, especialment valuoses si tenim en compte la seva extraordinària tasca com a traductor d'alguns dels còmics infantils més llegits al nostre país.

Agraïm a Francesc Vallverdú que ens animés a ampliar un primer esbós d'aquest recull i a publicar-lo, i que després hagi esperat pacientment que enllestíssim la feina.

Finalment, volem donar les gràcies a totes les persones que ens han passat informació o que, d'una manera o altra, ens han donat un cop de mà i han fet possible que aquest diccionari arribés a port: Lluís Anglada, Josep M. Carbó, Rosa Galvany, Joaquim Pomares, Assumpta Riera, M. Mercè Riera, M. Teresa Riera, Glòria Torra, Núria Torra, Marta Tort, Enric Tudó, Joan Tuneu, entre altres companys i amics. I especialment a les nostres famílies, pel suport i la col·laboració que ens han ofert i per la paciència que han tingut.

M. R.-E. i M. S.

BIBLIOGRAFIA

ALCOVER, Antoni M.; MOLL, Francesc de B. *Diccionari català-valencià-balear*. Palma de Mallorca: Editorial Moll, 1985. 10 vol.

AMADES, Joan. *Costumari català. El curs de l'any*. Barcelona: Salvat Editores, SA / Ed. 62, 1950. 5 vol.

BASSA, Ramon [et. al]. *Llengua de pedaç. Onomatopeies i embarbussaments. Classificació i ús didàctic*. Mallorca: Editorial Moll, 1991.

BRUGUERA, Jordi. *Diccionari etimològic*. Barcelona: Enciclopèdia Catalana, 1996.

COROMINES, Joan. *Diccionari etimològic i complementari de la llengua catalana*. Barcelona: Curial, «la Caixa», 1980-1991, 10 vol.

—*Diccionario crítico etimológico castellano e hispánico*. 1ª. reimpr. Madrid: Gredos, 1984. 6 vol.

Corpus textual informatitzat de la llengua catalana (dir. Joaquim Rafel) [en línia], Barcelona: Institut d'Estudis Catalans <http://pdl.iec.es> [consultes: 2002].

CUENCA, M. Josep. «Els connectors textuals i les interjeccions», dins la *Gramàtica del català contemporani* [dirigida per Joan Solà, M. Rosa Lloret, Joan Mascaró i Manuel Pérez]. Barcelona: Ed. Empúries, 2002.

Diccionari de la llengua catalana. Barcelona / Palma de Mallorca/ València: Institut d'Estudis Catalans / Enciclopèdia Catalana/ Edicions 62/ Publicacions de l'Abadia de Montserrat/ Moll/ Tres i Quatre, 1995.

Gran Diccionari 62 de la llengua catalana. Barcelona: Edicions 62, 2000.

Grammont, Maurice. «Onomatopées et mots expressifs», a *Revue de Langues Romanes*, vol XLIV. Montpeller: Université Paul Valéry, 1901.

Gran diccionari de la llengua catalana. Barcelona: Enciclopèdia Catalana, 1998.

Gran enciclopèdia catalana. 2a. ed. Barcelona: Enciclopèdia Catalana, 1986-1989. 24 vol.

Gran Larousse català. Barcelona: Edicions 62, 1990-1993. 10 vol.

Guardiola i Savall, M. Isabel. «Onomatopeyas de animales en los diccionarios valencianos anteriores a 1851», a *Interlingüística*, núm. 11 (Sevilla, 2001).

Jané, Albert. «Sabeu què és una onomatopeia?», *Cavall Fort*, núm. 97 (1967).

Maideu, Joaquim. *Llibre de cançons: crestomatia de cançons tradicionals catalanes*. Vic: Eumo Editorial, 1992.

Moran, Josep; Rabella, Joan A. *Diccionari etimològic manual*. Barcelona: Edicions 62, 1999.

Nodier, Charles. *Dictionnaire raisonné des onomatopées françoises*. París: Demonville, 1828.

Payrató, Lluís. *Català col·loquial. Aspectes de l'ús corrent de la llengua catalana*. València: Universitat de València, 1996.

Peterson, Roger [et al.] *Guia dels ocells dels Països Catalans i d'Europa*. Barcelona: ed. Omega, 1987.

Pons, Lídia. «Xinxirinxina, trap-trap. Aspectes de la motivació fonètica en català», a *Studia in honorem Martí de Riquer*. Barcelona: Quaderns Crema, 1987.

Raspall, Joana; Martí, Joan. *Diccionari de locucions*. Barcelona: Edicions 62, 1995.

Riba, Cèlia; Rius, Lluís. «Aproximació a les onomatopeies catalanes a partir de les rondalles mallorquines en la versió de Mn. Antoni M. Alcover», dins *Actes de l'XIè Col·loqui Internacional de Llengua i Literatura Catalanes* (Palma, 8-12 de setembre de 1997). Barcelona: Publ. de l'Abadia de Montserrat, 1998.

Ruaix, Josep. *Català complet/3*. 1a. ed. Moià: Josep Ruaix, 1998.

Sapir, Edward. *El llenguatge: introducció a l'estudi de la parla*. Barcelona: Ed. Empúries, 1989.

Saussure, Ferdinand de. *Curs de lingüística general*. Barcelona: Edicions 62, 1990.

Seva, Antoni. *Diccionari llatí-català*. Barcelona: Enciclopèdia Catalana, 1993.

Tournier, Jean. *Introduction à la lexicogénétique de l'anglais contemporain*. Paris-Genève: Champion-Slatkine, 1985.

Tuson, Jesús. *El llenguatge*. Barcelona: Ed. Empúries, 1994.

Ullmann, Stephen. *Semántica: introducción a la ciencia del significado*. Madrid: Taurus, 1991.

—*Introducción a la semántica francesa*. Madrid: Consejo Superior de Investigaciones Científicas, 1974.

Veny i Clar, Joan. *Estudis de geolingüística catalana*. Barcelona: Edicions 62, 1978.

—*Mots d'ahir i mots d'avui*. Barcelona: Ed. Empúries, 1991.

—*Llengua i entorn natural*. Barcelona: Edicions 62, 2001.

Verdaguer, Pere. *Diccionari de renecs i paraulotes*. Perpinyà: Ed. El Trabucaire, 1999.

Vinyoles, Joan; Piqué, Ramon. *Diccionari eròtic i sexual*. Barcelona: Edicions 62, 1989.

ABREVIATURES

adj.	adjectiu
adv.	adverbi
al.	alemany
angl.	anglès
ant.	antic
cat.	català
cm	centímetre
DCVB	*Diccionari català-valencià-balear*
der.	derivat, derivats
DES	*Diccionari eròtic i sexual*
dial.	dialectal
DL	*Diccionari de locucions*
DLC	*Diccionari de la llengua catalana* (IEC, 1995)
DRP	*Diccionari de renecs i paraulotes*
esp.	espanyol
ext.	extensió
f.	femení
F. m.	família de mots
fr.	francès
GDLC	*Gran diccionari de la llengua catalana*
GD62LC	*Gran diccionari 62 de la llengua catalana*
GLC	*Gran Larousse català*
gr.	grec
íd.	ídem, igual
interj.	interjecció
it.	italià
ll.	llatí
ll. cl.	llatí clàssic
ll. td.	llatí tardà (de l'any 200 al 800 aprox.)
ll. vg.	llatí vulgar
m.	masculí
núm.	número
onomat.	onomatopeia
port.	portuguès
s.	segle
v. intr.	verb intransitiu
v. pron.	verb pronominal
v. tr.	verb transitiu
veg.	vegeu
vol.	volum, volums

DICCIONARI D'ONOMATOPEIES I MOTS DE CREACIÓ EXPRESSIVA

A

aaa *interj*

Hum (desconfiança, dubte, esforç, interrogació, plaer, vacil·lació). // Onomatopeia del soroll que fa una persona en badallar.

➢ [*Un home estira els braços i badalla:*] —Aaaaaaaaa! [Granero, «Pitof», a *Cavall Fort*, núm. 27, 1964]

aaah *interj*

Ah. // Onomatopeia del soroll que fa una persona en alenar i en badallar.

➢ (*Joan, transfigurat, Arrencapins i Giramuntanyes despertant-se entre badalls i estirades.*) / Arrenca: Aaaaah! M'ha semblat que sentia cantar els galls... [Apel·les Mestres, *En Joan de l'Ós*, 1907]

➢ Bevien amb els ulls tancats, i se sentia el renou de la cervesa quan passava per la nou del coll. —Aaaaaah!!! [Blai Bonet, *El mar*, 1958]

abuixar *v tr*

Atiar els gossos o altres animals a envestir algú.

Mot d'origen expressiu, a partir d'una interjecció *(b)uix*.

ah *interj*

Expressa una emoció viva d'alegria, de dolor, d'indignació, d'admiració, de sorpresa, de por, de contrarietat; també es fa servir per manifestar dubte, tranquil·litat i en advertir sobtadament un oblit.

Mot de creació expressiva que també existia en llatí. El trobem en tot el domini lingüístic romànic i també en altres llengües.

➢ Ah, cavaller, / si tu vols ésser bon guerrer, / ama bé fer! [Ramon Llull, «Dels prínceps», *Lo concili*, 1311]

➢ —Ah! finalment reposarem una estona! —exclamà el governador tot estenent-se el tovalló als genolls. [Narcís Oller, *Vilaniu*, 1885]

➢ —Ah! si jo l'hagués pogut atrapar a temps!... [Narcís Oller, *La febre d'or*, 1890-1891]

➢ Joves *(amb admiració)*: Oh! Ah! [Apel·les Mestres, *Justícia!*, 1913]

aha *interj*

Onomatopeia del so que emet una persona quan plora sanglotant.

ahà *interj*

Expressa sorpresa o conformitat.

➢ Fotògraf Primer: Em permet col·locar-li la mà aquí?... Ahà, així, molt bé. [Apel·les Mestres, *Justícia!*, 1913]

➢ —Ahà —l'avi Futre ha forçat un xic la veu per imposar-se a uns quants ahucs i desbaratar, així, un principi de bronquina—. No està mal, per començar. [Pau Riba, *ENA*, 1987]

➢ —Oi que som els únics del col·le que entrem a Lletres? / —Ahà!... [Jaume Cabré, *L'ombra de l'eunuc*, 1996]

ahahà *interj*

Ahà.

➢ —Quaranta de pa. / —Ahahà! / —Quaranta de peix. / —Això mateix! / —I trenta de vi. / —Això sí! / —Tot plegat pela amb deu. / —Torneu a comptar, mestre, que us equivoqueu. [contarella popular]

ahinar *v intr*

Aïnar.

ahú *interj*

Onomat.: Auu (udol). També onomatopeia del so de plorar.

➢ *Ahú! Ahú! Ahú!* [...] vaig desfogar-me plorant amb tant de sentiment, que em vaig trobar un niu d'ocells a la butxaca. [Joan Brossa, «La carta als reis», *Vivàrium*, 1972]

ahucar *v intr*
Aücar.

ai *interj* i *m*
Expressa dolor, desgrat, por, admiració, sorpresa; es fa servir també per sospirar i, generalment d'una manera repetida, per reprovar o amenaçar. // *m.* Crit de dolor, gemec.
De creació expressiva, present en moltes llengües d'arreu del món.

➢ Ai, ai, ai, ai! com m'embrollo jo mateix!... [Narcís Oller, «*Nosce te ipsum*», *Notes de color*, 1883]
➢ HOSTALERA *(sospirant)*: Ai, senyor! [Apel·les Mestres, *En Joan de l'Ós*, 1907]
➢ La meva ploma és, ai!, ben balba per a expressar una meravella tan subtilment senzilla com la que us voldria comunicar. [Eugeni d'Ors, *La Ben Plantada*, 1911]
➢ El cremallot de l'espelma ha començat a oscil·lar i espeternegar i s'ha apagat amb un ai! de dolor. [Joan Santamaria, *Visions de Mallorca*, 1935]
➢ —¡Ai! ¡ai dic! ¡Sa segadora...! ¡Sa segadora s'és afuada a mi! ¡ajuda, que s'és mester! [Antoni M. Alcover, *Aplec de rondaies mallorquines d'En Jordi des Racó*, 1936-1972]

aïnar *v intr*
El cavall, renillar.
Del ll. *hĭnnīre* 'renillar', d'origen onomatopeic (veg. *assaïnar*, *eguinar*, *renillar*).
F. m.: aïnada *(o* ahinada*)*.

alarit *m*
Crit de guerra, gran crit.
D'origen incert, segurament de creació expressiva, de l'esp. *alarido*. En grec ja existia amb els mateixos significats que té el mot espanyol: com a crit de guerra en començar el combat i com a crit de dolor i d'alegria.

aliret *m*

Xiscle, esgarip.

D'origen expressiu, és un mot català paral·lel a l'esp. *alarido*.

apa *interj*

Expressió emprada per donar coratge, per incitar al moviment o a continuar una acció; també per acomiadar-se i per manifestar incredulitat, reticència, menyspreu, admiració i sorpresa.

De creació expressiva, amb la influència de les formes *au* i (*a*)*upa*, i també *ep*.

➢ Apa! Unes quantes camallades més i ja som a Felanitx. [Joan Santamaria, *Visions de Mallorca*, 1935]

➢ Apa, apa, a veure on anirem a parar. [Mercè Rodoreda, «Rom Negrita», *Semblava de seda i altres contes*, 1978]

àpala *interj*

Apa, en llenguatge familiar. Hi ha la variant *àpali*.

➢ Gregori: Àpala, minyons. Enfileu-se a la barca. [Àngel Guimerà, *La filla del mar*, 1900]

arf *interj*

Onomatopeia del so gutural que fa una persona que respira forçadament perquè està molt cansada.

➢ [*Un home corre per una pista d'atletisme i esbufega:*] —Arf, arf, arf...! [Josep M. Madorell, «Jep i Fidel», a *Cavall Fort*, núm. 692, 1991]

arri *interj*

Expressió usada, generalment, per excitar una bèstia a caminar, a seguir, a accelerar la marxa.

De creació expressiva, present també, amb petites variants, en altres llengües romàniques i en àrab africà. El nucli expressiu és la consonant *-rr-*, que sembla que és el so que impressiona alguns animals. Hi ha altres variants, com *erri*.

➢ Arri, arri, tatanet, / que anirem a Sant Benet [...] [cançó popular]

➢ ¡Arri allà, les senyoretes de Roses, amb les seves cares mústigues i els seus barrets rancis! [Joaquim Ruyra, «El rem de trenta-quatre», *Pinya de rosa*, 1920]

F. m.: arriada, arriar, arrienc, arrier, arrieria, arriesa, arriet.

assaïnar *v intr*

El cavall, renillar.

Modificació comarcal del més estès *aïnar*, ll. *hĭnnīre*, íd., d'origen onomatopeic. Aquest canvi probablement s'explica per la influència fònica d'algun sinònim o mot afí. Però també podria ser que aquest mot sorgís, per ignorància popular, a partir d'alguna construcció pronominal del tipus «el cavall s'aïna», generalitzada després en tots els temps verbals (veg. *aïnar*, *eguinar*, *renillar*).

F. m.: assaïnament, assaïnet.

atxem *interj* i *m*

Onomat.: Atxim. // *m.* Esternut.

➢ Heus aquí que, mentre anaven navegant amb les precaucions que deixem consignades, tot d'una, sense poder evitar-ho, d'una manera sobtada, ràpida, instantània, míster Orwam va fer un formidable esternut: / —Atxem! [Josep M. Folch i Torres, *Les formidables aventures de Pere Fi*, 1934]

atxif *interj*

Onomat.: Atxim.

➢ Atxif! —esternudava. [M. Lluïsa Solà, *Un fantasma anomenat...*, 1990]

atxim *interj* i *m*

Onomatopeia del soroll que fa una persona quan esternuda. // *m.* Esternut.

➢ —Aaatxim-txim-txim! —feia Quiròfan—. Com em puc (atxim!) haver constipat (txim-txim!) d'aquesta manera? Aaatxim! [Cèsar August Jordana, «L'home de la sort», *Tot de contes*, 1929]

atxuf *interj*

Onomat.: Atxim.

➢ —Ai, atxuf! Atxuf! Atxif! —esternudava. Per sort no em van sentir. [M. Lluïsa Solà, *Un fantasma anomenat...*, 1990]

atxum *interj*

Onomat.: Atxim.

➢ [*Un home fa un esternut:*] —Atxum [Josep M. Madorell, «Jep i Fidel», a *Cavall Fort*, núm. 398, 1979]

au *interj*

Expressió emprada per incitar al moviment, continuar una acció o prendre una resolució; també manifesta repulsa, dolor, comiat i a vegades, repetida, es fa servir per fer un prec o donar una ordre.

De creació expressiva i paral·lela a altres formes romàniques semblants, corresponents al ll. vg. *au*, *hau*, interjecció de sorpresa, repulsa, dolor, prec.

➢ —Au! ¡aquí, turcs; aquí, egipcis; / gossos meus, a foc i a sang [...] [Jacint Verdaguer, «La batalla de Lepant», *Pàtria*, 1888]

➢ —Au, au! no estic per galindaines. [Joaquim Ruyra, «El rem de trenta-quatre», *Pinya de rosa*, 1920]

➢ I en un tres i no res obrí l'enorme bocassa i agafà enlaire el pingüí. / —Auuuuu! —cridà Pitblanc dins la boca de la que fins aleshores pensava que era amiga seua. [Empar de Lanuza, *Bon viatge, Pitblanc!* 1982]

aücar *v intr*

Fer crits allargassats i amb força, generalment amb la finalitat d'excitar o esporuguir els animals o les persones.

Probablement, d'origen onomatopeic, a partir del crit que s'adreça als animals. Mot present també en altres llengües romàniques i, amb variants, en llengües germàniques i altres d'Europa. Sembla que en tots els casos es tracta de formacions paral·leles. *F. m.:* aüc (*o* ahuc).

aug *interj*

Crit ofegat de dolor.

De creació expressiva.

➢ Doncs, té... maleït escurçó! Pam! / —Aug! / El traïdor és mort, però en Joan és pres, Fadrí. [Anson, «Joan de Serrallonga», a *Cavall Fort*, núm. 737-738, 1993]

auu *interj*

Crit de guerra que es fa tot tapant-se i destapant-se la boca amb el palmell de la mà. // Onomatopeia de l'udol del llop, del xacal, del gos, etc.

➢ —Aúúúú! El *iop*. [Maite Carranza, *La revolta dels lactants*, 1987]

B

ba *m*

Petó.

D'origen onomatopeic.

babau *m*

Persona sense malícia.

Forma expressiva d'origen onomatopeic, creada amb l'arrel *bab-*, que denota infantilisme i confusió de pensament i de parla. És un mot estrany a les altres llengües romàniques, llevat d'una petita presència en algun dialecte occità.

F. m.: babaia, babarota, babeca, baboia, baboiada, banau, bubota, desembabaiar, embabaiar.

babuí *m*

Nom donat a diversos primats del grup dels catarrins cinocèfals (*Papio sp.*), de musell llarg, sense pèls i de callositats isquiàtiques sovint de colors vius.

Del fr. *babouin*, format amb l'arrel expressiva *b-b*, que es dóna en altres llengües i suggereix la idea d'objecte arrodonit, de moviment de llavis, de ganyota, d'estupidesa. S'aplica a aquest simi perquè té el musell prominent i fa moltes ganyotes.

bac *m*

Caiguda forta, patacada.

Probablement de creació onomatopeica i expressiva.

badar *v intr* i *tr*

Obrir (una porta, la boca, els ulls, etc.); per ext., encantar-se, abstreure's.

Del ll. vg. *batare*, íd, derivat de *ba* o *bat*, d'origen onomatopeic, ja que amb aquest so s'imitava el que es fa en obrir la boca expressivament. De *batare*, probablement va derivar-ne **bataculum* 'escletxa, badall', i d'aquí, el verb *bataculare* 'badallar'.

F. m.: bada, badabadoc, badada, badadís, badador, badadura, badaire, badall, badallaire, badallar, badallera, badaloc, badalot, badaluc, badiu, badívol, badoc, badocar, badoquejar, badoquera, badoqueria, desembadalir, desembadocar, embadalidor, embadaliment, embadalir, embadocador, embadocament, embadocar, entrebadar-se, esbadellar-se, esbadellat, esbadocar.

baf *m*

Vapor, gas exhalat; alè, aire expirat.

D'origen onomatopeic, ja que imita el soroll que es fa amb la boca en exhalar o tirar l'alè. Present en totes les llengües romàniques peninsulars.

F. m.: bafada, bafarada, bafor, bavarada, bavor, bavorell, bovor, bravada, desembafar, embafador, embafament, embafar, esbafar-se, esbafegar-se, esbravador, esbravament, esbravar-se, esbravat.

bah *interj*

Expressa dubte, incredulitat, reticència, despreocupació, menyspreu.

De creació expressiva, a partir del moviment que es fa amb els llavis per manifestar la indiferència, el menyspreu, etc.

➢ —Bah, no en faça cas! —rigué Llorenç—. [Enric Valor, *Temps de batuda*, 1991]

balandrejar *v intr*

Oscil·lar, balancejar, gronxar-se.

D'origen incert, probablement de creació expressiva o potser resultat de l'encreuament de *balancejar* amb *brandar*.

F. m.: balandram, balandreig, balandrim-balandram.

baliga-balaga *m* i *f*

Persona que no té formalitat en res.

D'origen expressiu i amb caràcter repetitiu.

bam *interj*

Onomatopeia del soroll que fa un tret, un cop, una explosió, una cosa que bota, o també una porta, una finestra o un llibre que es tanca bruscament, o una cosa o algú que cau, etc., i també, en sentit figurat, d'un fet sobtat (aparèixer, desaparèixer, transformar-se, etc.).

➢ [*Un home colpeja una pilota de tenis amb la raqueta:*] BAM [Josep M. Madorell, «Jep», a *Cavall Fort*, núm. 54, 1965]

➢ [*Un home dispara una escopeta:*] BAM BAM [Josep M. Madorell, «Jep», a *Cavall Fort*, núm. 55, 1965]

bamba *f*

Bombolla, bòfia.

D'origen expressiu, a partir de l'arrel *bab-*, com *babau*.

bambolejar *v intr*

Oscil·lar, moure's alternativament d'una banda a l'altra.

De creació expressiva, a partir d'una arrel que suggereix el moviment oscil·latori i que existeix independentment en diversos idiomes.

F. m.: bamboleig, bambolejada, bambolejador, bambolejament.

bang *interj*

Onomat.: Bam, pam (tret).

➢ Es va interrompre la música i l'esperit va respondre amb un cop, un sol cop. *Bang!* El de la tapa del piano en tancar-se violentament. [Andreu Martín i Jaume Ribera, *Tots els detectius es diuen Flanagan*, 1991]

➢ [*Un home dispara amb un revòlver contra una llauna:*] BANG! BANG! BANG! [Oriol Garcia, «La mort d'un pistoler», a *Cavall Fort*, núm. 710, 1992]

banzim-banzam *m*

Moviment de fort balanceig descuidat, especialment en caminar.

De creació expressiva, marca l'alternativa de moviments mitjançant la repetició consonàntica amb vocals oposades.

bàrbar *adj* i *m* i *f*

Entre els grecs i els romans, estranger. Nadiu d'un país incivilitzat, especialment que es troba en un estat entre el salvatgisme i la civilització.

Del ll. *barbărus, -a, -um* 'estranger, salvatge, bàrbar', i aquest del gr. *bárbaros* 'estranger'. Hi ha discussions sobre si és un mot format en indoeuropeu o no. Hi ha qui el relaciona amb el babiloni o, fins i tot, amb el sumeri. Podria ser que fos una creació onomatopeica paral·lela en les llengües mesopotàmiques, en grec i en sànscrit, imitant la manera de parlar estranya, com si barbotegessin, dels estrangers.

F. m.: bàrbarament, barbarejar, barbàric, barbàricament, barbàrie, barbarisme, barbaritat, barbaritzar.

barbotejar *v intr*

Parlar confusament, entre dents.

D'origen expressiu, format amb l'arrel onomatopeica *barb-*, parlar confusament. És present, amb petites variants fòniques i semàntiques, en diferents idiomes.

F. m.: barbolla, barbollaire, barbollar, barbotegar, barboteig, barbull, barbullent, barbullir, barbullós, barbutir.

barliqui-barloqui *m*

Home de poca formalitat.

D'origen expressiu, amb alternança vocàlica, amb paral·lels en altres llengües.

barrabam *interj*

Onomat.: Barrabum.

➢ BARRABAAAMMM!!! PATAPLOOOFFF!!! BOUUUMMM!!! Aquest soroll no es pot suportar, vaja. Prou, si us plau! [M. Lluïsa Solà, *Un fantasma anomenat...*, 1990]

➢ La TANCA avança, avança, fins a les línies contràries i barrabam! allà encara la cosa empitjora. [Francesc Trabal, «Leonora, o quan mataven pels carrers», *Tres arguments*, 1995]

barrabom *interj*

Onomat.: Barrabum.

➢ Jo em ficava al llit i, barrabom!, sento una canonada. [DCVB]

barrabum *interj*

Onomatopeia del soroll molt fort que fa un tro o una cosa que es mou molt sorollosament, que cau, que s'ensorra, que explota, etc., i també, en sentit figurat, d'un fet sobtat (aparèixer, desaparèixer, transformar-se, etc.).

➢ El *globo* els enlaira per ensenyar-los panorames encisadors; però tot plegat s'encén, i... barrabum! a baix!... [Narcís Oller, *La febre d'or*, 1890-1891]

➢ [*Tempesta de llamps i trons:*] BARRABUUUM! [Pineda Bono, «Quina trepa», a *Cavall Fort*, núm. 95, 1967]

➢ Proves a Sibèria. Aviat proves a Bikini. «Barrabum! Peixos radioactius.» [Cèsar August Jordana, *El món de Joan Ferrer*, 1971]

barrim-barram *adv*

Amb un moviment atropellat, trafegós. Hi ha la variant *barrip-barrap*.

D'origen expressiu, amb alternança vocàlica.

barrum *interj*

Onomat.: Barrabum, brum (accelerar, tronar).

➢ Aquest matí / hem sentit un gran retruny, / tots hem mirat amunt / i hem vist / un avioloncel / rascant la panxa del cel. / Bum barrum bum bubum bum bum bum / bum barrum bum barrum bum bum. [Pau Riba, «L'avioloncel», a *Jo, la Donya i el Gripau*, 1971]

F. m.: barrumbada.

barrum-barrum *interj*

Onomat.: Brum (accelerar).

➢ I amb el barrum-barrum dels cotxes i les botzinades tots acabaven amb un cap com un timbal. [Miquel Obiols, *Ai, Filomena, Filomena! i altres contes*, 1977]

batzegar *v tr*

Sacsejar, remoure amb violència.

De creació expressiva, gairebé onomatopeica, amb la presència de les consonants *b-tts-k-*, que evoquen la idea d'esfondrament sobtat. Apareix, amb variants, en diverses llengües romàniques.

F. m.: batzac, batzacada, batzegada, batzoler, batzoles.

batzip-batzap *adv*

Parlar excessiu i impertinent.

D'origen onomatopeic, de formació semblant a *batzegar*.

bava *f*

Saliva abundosa que cau de la boca.

Del ll. vg. *baba*, íd., mot expressiu creat pel llenguatge infantil, amb la repetició de la síl·laba *ba*, per tal d'expressar el baveig, barrejat amb balbuceig, dels nens petits. És present en totes les llengües romàniques.

F. m.: bavadís, bavalles, bavallós, bavar, baveig, bavejar, bavera, bavós, bavosa, bavosall, rebava.

bavi, baba *m*, *f*

Avi, àvia.

Formació de caràcter expressiu del llenguatge infantil.

be *interj* i *m*

Onomat.: Bee. // *m*. Anyell, xai, ovella.

➢ [...] i la impressió era tan solemne que el be anava dient: «Be!... Be!...», un be d'enyorament i d'angoixa [...] [Santiago Rusiñol, *L'auca del senyor Esteve*, 1907]

bee *interj*

Onomatopeia del crit de l'ovella i de la cabra.

➢ «A la Delegació de Policia hi ha, a la disposició de qui el reclami, un be». [...] aquí crido allò de beeee... [Francesc Trabal, «Beeeeee...!» (1927), *De cara a la paret*, 1984]

befa *f*

Escarn o mofa, burla injuriosa.

D'origen onomatopeic, a base d'una síl·laba *beff-*, que indica escarn o mofa. Segurament pres de l'it. *beffa*, tot i que també podria ser una creació onomatopeica del català.

F. m.: befar.

belar *v intr*

Crit que fa el bestiar de llana i el cabrum.

Del ll. *balare*, íd., adaptat a l'onomatopeia de la veu de l'animal, *bee*.

F. m.: begallar, bel, belador, esbiec, esbiegar.

bes *m*

Petó, besada.

Mot comú en totes les llengües romàniques, del ll. *basium*, íd., probablement de base onomatopeica infantil.

F. m.: besada, besador, besadura, besamans, besament, besar, besoteig, besotejar, entrebesar-se.

bff *interj*

Pfu, uf. // Onomat.: Buf.

➢ Aleshores, una altra bufada: bf! [Francesc Trabal, «Els professionals del telèfon» (1926), *De cara a la paret*, 1984]

➢ RISSEC.— Calla, calla, tros de quòniam! Què saps tu? De filla, només en tinc una... i vols que me la jugui a cara o creu? Quina inconsciència! Bfff! [Joan Oliver, *El roig i el blau*, 1956]

➢ [*Un home bufa damunt una flor de dent de lleó*:] BFFFFF... [Xots&Mautro, «Una lliçó amb premi», a *Cavall Fort*, núm. 380, 1978]

➢ Per què ens han de passar aquestes coses, a nosaltres? Bff... Tinc son. [Quim Monzó, «Oldeberkoop», *...Olivetti, Moulinex, Chaffoteaux et Maury*, 1980]

bim-bam *interj*

Onomat.: Bim-bom, pif-paf.

➢ [...] i em va posar el cap com un timbal. Però no un timbal corrent, no; un timbal simfònic que, bim-bam, bim-bam, bim-bam, executava el primer tros d'*Així parlava Zarathustra*, que ressona molt. [Joles Sennell, «Història d'una calapàndria», a *Tretzevents*, núm. 311, 1978]

➢ Els dos números l'arramben bruscament d'esquena a la paret i, bim-bam, el sergent li venta dues mormes que li giren la cara a una i altra banda. [Joan Rendé, *El barber violador*, 1997]

bimbirimboies *f pl*

Adorns de poc valor, foteses. Galindaines.

D'origen expressiu, és una creació paral·lela als mots formats amb l'arrel *bab-* (veg. *babau*).

F. m.: birimboies.

bim-bom *interj*

Onomatopeia del soroll repetit que fa una cosa que retruny, com una campana, un timbal, etc.

➢ A son devers hi veu un pastoret ajocat que se'l miravi, i de tota la falda de la muntanya sent muntar cap a dalt, bim, bom... bim, bom!... uns grans tocs de campanes. [Víctor Català, *Solitud*, 1905]

bip *interj*

Onomat.: bip-bip.

➢ És d'allí que ve el bip bip biiip. L'home treu la funda de l'aparell, manipula els botons. [Joan Francesc Mira, *El bou de foc*, 1974]

bip-bip *interj*

Onomatopeia del soroll agut i repetit que fan alguns aparells electrònics.

➢ La pausa s'omplí dels xiulets i bip-bip de la selva telefònica. [Valentí Puig, *Dones que fumen*, 1983]

➢ Només engegar l'aparell, el cursor va començar a fer el boig per la pantalla. / —Bip-bip, bip-bip! —piulava tot anant d'un cap a l'altre de la pantalla. [Pep Coll, *Què farem, què direm?*, 1992]

➢ Hi ha qui en sentir el primer ring o el primer bip-bip es lleva com un ressort. [Jordi Garcia Soler, «Història del despertador», a *Tretzevents*, núm. 729, 1997]

bitxac *m*

Ocell de la família del muscicàpids (*Saxicola torquata*), de plomatge bru, amb el ventre rogenc i un collaret blanc, que només ateny 13 cm i viu als conreus, semblant al tord.

D'origen onomatopeic, imitació aproximada del crit de l'ocell, que a vegades fa un crit semblant a «uuiit, tsack-tsack».

bitzac *m*

Guitza, especialment d'un cavall, d'un ase, d'un mul.

D'origen expressiu, podria ser una variant derivada de *guitza*.

bla-bla *interj* i *m*

Onomat.: Xa, xa, xa. // *m*. Acció de parlar.

bla, bla, bla *interj*

Onomat.: Xa, xa, xa.

➢ No has de dir res, doncs. Estic cansada de sentir la teva veu. Bla, bla, bla! Com si amb paraules s'arreglés res. [Manuel de Pedrolo, *Si són roses, floriran*, 1971]

blam *interj*

Onomat.: Plam.

➢ [*Cop de porta:*] Blam! [A. Martín; Mariel, «Joanot trobador», a *Cavall Fort*, núm. 417-418, 1979]

➢ [*Cop de tamboret contra la cara d'un home:*] Blaaam! [Jesús Blasco; Adrià Blasco; Víctor Mora, «El tresor de Barcelona», *Tallaferro*, 1997]

bleix *m*

Acció de bleixar, respiració cansada.

D'origen incert, pot ser que sigui d'origen onomatopeic, encara que també podria tenir relació amb la família germànica del mot alemany *blasen* 'bufar'.

F. m.: bleixar.

bling-blong *interj*

Onomatopeia del so del contrabaix.

bloing *interj*

Onomatopeia del soroll especialment metàl·lic o sonor que fa una cosa que rebota o que vibra, com per exemple una corda d'un d'instrument musical.

➢ [*Cop de mà de morter al cap d'un home:*] Bloing [Roser Capdevila; Mercè Company, *Les tres bessones i la Ventafocs*, 1995]

blom *interj*

Onomat.: Pam (cop, patacada i semblants).

➢ [*Un home colpeja amb el puny una màquina escurabutxaques:*] Blom! [Xots&Mautro, «En Camús», a *Cavall Fort*, núm. 385-386, 1978]

blop *interj*

Onomat.: Blup, pup, tup.

➢ [...] i féu un blop com els taps de les ampolles de xampany, a Nadal [...] [Ofèlia Dracs, *Deu pometes té el pomer*, 1980]

blub-blub *interj*

Onomat.: Blup, glu-glu.

➢ [*Una mena de submarí fa bombolles:*] Blub! Blub! [Amadeu Bergés, «Aventura d'en Cuc», *Tretzevents*, núm. 306, 1978]

bluf *m*

Acció de fer veure que una cosa és molt més important, valuosa, etc., que no és.

De l'angl. *bluff*, íd., de creació expressiva.

blum *interj*

Onomatopeia del so de la guitarra.

➢ El doctor Cervera tancava els ulls mentre els acords de la guitarra començaven a relliscar perfectament desmaiats de la seva boca: blummmm... blummmmmm... [Xavier Benguerel, *Gorra de plat*, 1967]

blup *interj*

Onomat.: Glup (empassar-se). També onomatopeia del soroll que fa un líquid en borbollejar.

➢ [*Un home s'empassa una pilota de golf que li ha anat a parar a la boca:*]

—Blup [Josep M. Madorell, «Jep i Fidel», a *Cavall Fort*, núm. 400-401, 1979]

➢ [*Borbolleig en una operació de destil·lació:*] Blup blup blup blup [Joma, «Cresques», a *Cavall Fort*, núm. 908, 2000]

bo *interj*

Xo (aturar una bèstia).

De creació expressiva.

➢ Pel camí venia un carro i el carreter va fer, booooo! [Ramon Erra, *La flor blanca de l'estramoni*, 2001]

bobanys *m pl*

Pompa, vanitats.

Probablement de l'oc. *boban*, íd., de creació expressiva, amb palatalització de la *n* final.

bobina *f*

Rodet de fil de cotó obtingut en màquina contínua de filar o de retòrcer.

Del fr. *bobine*, íd., de creació expressiva a partir de l'arrel *bob*, que denota la idea d'inflat, per la forma del rodet.

F. m.: bobinador, bobinar, bobinatge, bobinot, rebobinador, rebobinar, rebobinatge.

bobò *m*

Llaminadura.

D'origen expressiu en llenguatge infantil, per reduplicació de l'adj. *bo* (veg. *bombó*).

bòfia *f*

Clot natural provocat per les aigües, avenc. // Butllofa. // Falsedat grossa, mentida. // Policia.

De l'arrel onomatopeica *buff* (veg. *bufar*), o potser, per metàtesi, és a dir, per transposició de sons, del ll. *fovea* 'clot'.

boing *interj*

Onomatopeia del soroll més aviat sord, sovint metàl·lic, que fa algú o alguna cosa que rebota, que en colpeja una altra, que vibra, etc.

➢ [*Cop de paella contra un home:*] BOOING! [Jesús Blasco; Adrià Blasco; Víctor Mora, «L'enigma de la ciutat perduda», *Tallaferro*, 1997]

bom *interj*

Onomat.: Bum.

➢ Em vaig esgarrifar. Bom! Bom! Bom! va donar uns cops molt forts a la porta. [Joan Puig i Ferreter, *Camins de França*, 1934]

➢ [*Un vaixell dispara una salva:*] BOM [Joaquim Carbó; Josep M. Madorell, *La casa sobre el gel*, 1987]

bomba[1] *f*

Aparell per provocar el moviment d'un fluid al llarg d'un conducte en un sentit determinat.

Afí al ll. *bombus* 'bonior, rondineig', per reiteració de la mateixa onomatopeia llatina, que imitava la fressa que fa aquest aparell.

F. m.: bombada, bombament, bombar, bombatge, bomber.

bomba[2] Veg. *bombarda*.

bombarda *f*

Peça d'artilleria, especialment morter de tirar bombes.

Del mot *lombarda*, pel fet que aquesta arma va sorgir a Itàlia, anomenada antigament *Lombardia*; es va modificar més endavant per influx del radical onomatopeic, base de les altres accepcions de *bomba*.

F. m.: bomba[2], bombardeig, bombardejar, bombarder, bombardí, bombardó, bombat, bombatxo, bombeig, bombejament, bombejar, bombeta, bombo, borrombori, esbombada, esbombament, esbombar, esbombolar, rebomboreig, rebomborejar, rebombori.

bombó *m*

Dolç petit, elaborat a base de xocolata.

Formació expressiva del llenguatge infantil per reduplicació de l'adj. *bo*, consolidat per imitació del fr. *bombon*, que té el mateix origen (veg. *bobò*).

F. m.: bombonera, bomboneria.

bombolla *f*

Porció d'aire o d'un gas qualsevol envoltada d'un tel d'aigua o d'un altre líquid.

Del ll. vg. **bŭlbŭlla*, íd., creació expressiva per reduplicació a partir de *bullīre* 'bullir', amb dissimilació de la primera *l* en *n*. És present en altres llengües romàniques i indoeuropees.

F. m.: abombollat, bombollar, bombolleig, bombollejar, borboll, borbollada, borbollaire, borbollar, borbolleig, borbollejant, borbollejar, borbolló, embarbollar, emborbollar.

bong *interj*

Onomatopeia del soroll que fa una cosa sòlida en xocar contra una altra o en ser colpejada.

➢ [*A un home li cau un test al cap:*] BONG [Josep M. Madorell, «Jep i Fidel», a *Cavall Fort*, núm. 397, 1979]

bonir *v intr*

Les abelles d'un rusc, fer una remor sorda i contínua. // Rondinar.

Del ll. *bombīre*, íd., derivat de *bombus* 'remor, rondineig', mot onomatopeic que també trobem en grec. De primer, es va canviar en *bomir*.

F. m.: bonegada, bonegador, bonegar, bonidor, bonior, buna, volior.

borborigme *m*

Soroll produït per la mescla de gasos i líquids a l'intestí.

Del gr. *borborygmós*, íd., de creació onomatopeica.

borrobom *interj*

Onomat.: Barrabum.

➢ MANELIC *(veient-los que s'allunyen)*: Cabres ací! Cabres allà! *(Mirant cap a la Marta)* Si ara tingués la fona!... un còdol al mig, i borrobom! l'escampall! [Àngel Guimerà, *Terra baixa*, 1897]

borrom *interj*

Onomat.: Brum (accelerar, tronar).

borromba *f*

Esquella grossa que es penja al coll de les eugues i vaques a muntanya, de so greu.

D'origen onomatopeic, amb influx segurament de *rebombar* i *rebombori* (o la variant *borrombori*).

F. m.: barromba.

boxar *v intr*

Batre's a cops de puny, amb guants adequats, a la manera anglesa.

De l'angl. *box* 'cop, amb la mà o el puny', probablement de formació onomatopeica, a través del fr. *boxer*.

F. m.: boxa, boxador, boxejador i boxejar [de l'esp. *boxear*].

brah *interj*

Onomat.: Graa.

➢ [*Un lleó rugeix:*] BRAHH [Ramon Folch i Camarasa; Josep M. Madorell, *En Massagran i els pirates*, 1990]

bramar *v intr*

L'ase, fer brams, crits forts; per ext., fer crits altres animals i les persones.

D'origen onomatopeic a partir del crit de l'animal. Hi ha mots semblants en diverses llengües indoeuropees.

F. m.: bram, brama, bramadissa, bramador, bramaire, bramul, bramular, esbramec, esbramegar.

brf *interj*

Onomat.: Bruf.

➢ —Brrfff, aquest matí he tornat a tallar-me, tot afaitant-me —fa Ringo, i es passa la mà per la gola. [Quim Monzó, *L'udol del griso al caire de les clavegueres*, 1976]

brillar *v intr*

Escampar una llum viva i trèmula, pròpia o reflectida. Imitar el cant dels ocells amb el brill o brillador.

De l'it. *brillare* 'vibrar, tremolar i esplendir', probablement mot de creació expressiva. Es troben creacions paral·leles en llengües molt diverses. També tenen el mateix origen expressiu o onomatopeic l'antic *brellar* i el modern, amb variant vocàlica, *brillar* 'imitar el cant dels ocells', encara que en aquest cas van néixer en català. Una altra possibilitat, però, és que el mot italià derivi de *brillo*, a partir d'una forma *berillo*, del ll. *bēryllus*, metall molt refractari.

F. m.: abrillantador, abrillantament, abrillantar, brill, brillador, brillant, brillantment, brillantor, brillós.

brm *interj*

Onomat.: Brum (accelerar).

➢ Brrrrmmmm / —... Buf, ja ha passat! Era un cotxe de curses. [«Una vida de tuareg», a *Cavall Fort*, núm. 644, 1989]

brom *interj*

Onomat.: Brum (accelerar, tronar).

➢ [*Se sent un tro:*] Broom [Àngel Segura, «El gnom Papirulí», *Tretzevents*, núm. 296, 1978]

➢ Uns motors que fan soroll d'avió. Zoooom, broooom, ffffziuuuu. Gasten molt, aquests motors d'ales grises. [Olga Xirinacs, «Coca d'anís amb mosca», a *Cavall Fort*, núm. 885, 1999]

brrr *interj*

Onomatopeia del soroll que fa un motor, o algú que gruny, o que s'esgarrifa, o que tremola, o que està furiós, i també del balboteig d'un nadó.

➢ —Ah! Quin fred! —deia el senyor Jaume—. Que bé s'està a la vora d'un bon foc! Brrr...! [Carles Bosch de la Trinxeria, *Records d'un excursionista*, 1887]

➢ Els té una tírria... Brrrr! [*En Patufet*, 1937]

➢ Aquest cos és de seda, ho pressento, i aquests llavis, tan sucosos... Brrrrr! [Manuel de Pedrolo, «El diumenge dels casats de nou», *El premi literari i més coses*, 1953]

➢ I el nen reia i ella l'acostava a mirar les llagostes i de seguida feia cara d'amoïnat. I treia saliva, brrrrrr... brrrrrr... [Mercè Rodoreda, *La plaça del Diamant*, 1962]

➢ S'aixecà, s'estirà. / —Brrr... —exclamà—. Quina mandra... [Estanislau Torres, *El foc i la cua*, 1966]

➢ [*Un home imita amb la boca el soroll que fa una nau espacial:*] BRRRR [Picanyol, *Sopars de duro*, 1998]

bruf *interj*

Onomatopeia del soroll que fa un toro, un cavall i altres mamífers quan esbufeguen, o el que fa el vapor en sortir d'un recipient mig tapat, com per exemple una olla quan bull.

➢ [...] nedant com un gosset / plaf! plaf!... / amb les potes / bruf! bruf!... / traient aigua pel nas com una balena [...] [Oriol Pi de Cabanyes, *També les formigues, Dylan, algun dia ploraran de solitud*, 1975]

brum *interj* i *m*

Onomatopeia del soroll sord que fa el vent quan brumeix, un tro, el motor d'un cotxe o d'una moto, especialment quan és accelerat, etc. // *m*. Brunzit.

➢ Així Julià voltava el brocal fent brum brrum amb la moto [...] [Joan F. Mira, *Els treballs perduts*, 1989]

brumir *v intr*

El vent, fer una remor sorda.

Resultat de l'encreuament de *bonir* i *brunzir*, tots dos onomatopeics.

F. m.: brument, brumerol, brumidor.

brunzir *v intr*

Un cos que es mou ràpidament dins l'aire, produir un brunzit.

Derivat d'una arrel onomatopeica que apareix en els dialectes catalans amb diferents variants (*brum-*, *bruny-*, *brun-* i, la més estesa, *brunz-*), que imita la remor seguida, i que també trobem en alguna altra llengua romànica.

F. m.: brunzent, brunzidera, brunzidor, brunziment, brunzinaire, brunzinar, brunzit.

bua *f*

Pústula que es forma a la superfície de la pell. // Mal, en llenguatge infantil.

Com la variant *buba*, és un derivat regressiu de *bobó* 'tumor', confós amb *buba*, de formació expressiva, pròpia del llenguatge infantil.

bub *interj*

Onomat.: Bub-bub.

➢ I fa el gos: Bub, bub, bub. [Francesc Maspons, *Lo Rondallaire*, 1871]

bub-bub *interj* i *m*

Onomatopeia del crit que fa el gos. // *m.* Gos, en llenguatge infantil.

➢ [...] mentre el coniller mallorquí engegava un bub-bub suspecte. [Josep M. de Sagarra, *Memòries*, 1954]

buf *interj* i *m*

Onomatopeia del soroll que es fa en bufar i en esbufegar de cansament. // *m*. Vent que es produeix bufant.

El mot derivat *bufar* és present també en les llengües romàniques veïnes.

➢ [*Un home escup una pilota de golf que s'havia mig empassat:*] —Buff [Josep M. Madorell, «Jep i Fidel», a *Cavall Fort*, núm. 400-401, 1979]

➢ —Buf! —diuen tots els nens i nenes de la classe— quin nen més pesat! [Núria Albó, *Mixet*, 1984]

F. m.: brufada, brufador, brufar, bufa, bufacanyes, bufada, bufadera, bufador, bufafocs, bufallejar, bufament, bufanúvols, bufar, bufarell, bufarut, bufat, bufec, bufegar, bufera, bufet, bufeta, bufetada, bufeteig, bufetejar, bufó, bufonada, bufonejar, bufonesc, bufor, embufec, esbufec, esbufegar, rebuf, rebufada, rebufar.

bum *interj*

Onomatopeia del soroll que fa una explosió, una caiguda, una patacada, un tro, etc., i també, en sentit figurat, d'un fet sobtat (aparèixer, desaparèixer, transformar-se, etc.).

➢ El bum d'una barrinada [GDLC]

➢ Deixarà caure una bomba de cinc-cents quilos al bell mig del vaixell. «Buuuuuuuum!» (Un crostó de pa al centre del plat de sopa.) [Avel·lí Artís-Gener (Tísner), *Prohibida l'evasió*, 1969]

➢ [*Trona:*] Buuum! [Picanyol, «Ot el bruixot», a *Cavall Fort*, núm. 725, 1992]

bum-bum *interj* i *m*

Onomat.: Rum-rum (conversa), zum-zum. // *m*. Batec del cor, rumor.

➢ Entre el bum-bum i el soroll / dels que s'hi acorriolen / se sent la veu d'un fadrí / que canta amb los de sa colla. [Jacint Verdaguer, «La farigola», *Jovenívoles* (1863-1865), 1924]

➢ D'allà del cap del torrent, oí per moments atansar-se una remor pregona, un bum-bum vibrant, un trontoll que esborronava. [Narcís Oller, *Vilaniu*, 1885]

➢ Era una conversa de bum-bum de borinot [...] [Josep M. de Sagarra, *Vida privada*, 1932]

F. m.: bumbot.

burp* *interj*

Onomatopeia del soroll que es fa en eructar.

De l'angl. *burp* 'rot', mot onomatopeic.

➢ [*Un home fa un rot:*] —Burp [Picanyol, *Sopars de duro*, 1998]

burrum *interj*

Onomat.: Brum (accelerar, tronar).

but-but *interj* i *f*

Onomat.: Pu-put. // *f.* Puput.

buu *interj*

Uh (espantar). // Onomat.: Muu.

➢ I es bou va fer: —Buuu!!! [Antoni M. Alcover, *Aplec de rondaies mallorquines d'En Jordi des Racó*, 1936-1972]

➢ [*Un fantasma intenta espantar tres nenes:*] —Buuuuuu! Buuuu! [Roser Capdevila; Mercè Company, *Les tres bessones i en Barbablava*, 1995]

C

ca, ca, ca *interj*

Onomat.: Cloc-cloc; ha, ha, ha.

➢ E a tals pren-los com a la gallina que, quan haurà post los ous, cride: «ca ca ca», e no pot callar fins que li hauran llevat l'ou. [Sant Vicent Ferrer, *Sermons*, (s. xv), 1932-1934]

➢ Tampoc ho encertà la Rodon, a jutjar pel que, a son torn, féu riure el seu marit. / —Ca, ca, ca! —féu aquest—. [Narcís Oller, *Vilaniu*, 1885]

cacatua *f*

Nom donat a diversos ocells de la família dels psitàcids, de plomatge vistós i brillant, originaris d'Oceania.

Del malai *kakatûwa*, íd., que podria ser un nom onomatopeic perquè n'imita el cant, o bé podria significar 'mena de tenalla', d'on vindria el nom de l'ocell, per la forma del seu bec.

cagar *v intr*

Anar de ventre.

Del ll. *cacare*, íd., mot de formació expressiva infantil. És un mot nascut paral·lelament en molts altres idiomes.

F. m.: acagallonament, acagallonar-se, caca, cagacalces, cagada, cagadora, cagadubtes, cagadur, cagaferrar-se, cagaferro, cagaire, cagalatxa, cagalló, cagamànecs, cagamiques, cagamuja, caganer, caganera, caganiu, cagarada, cagarel·la, cagarina, cagarro, cagarulles, cagat, caguera, caguerot, caguerri, caguetes, concagar, escagarrinament, escagarrinar-se, escagassament, escagassar-se, escaguitxament, escaguitxar.

caracarà *m*

Ocell rapinyaire, de la família dels falcònids (*Polyborus plancus)*, de l'Amèrica del Sud, que té una envergadura de més d'un metre.

De l'esp. *caracará*, provinent del tupí-guaraní, onomatopeia del cant d'aquest ocell.

carcàs *m*

Gargall.

D'origen onomatopeic, a partir de l'arrel *carc-* o *crac-*, d'on han sorgit el fr. *cracher* 'escopir' i l'oc. *escracar* 'esbroncar, aücar'.

carquinyoli *m*

Pasta seca, dura, molt torrada, feta amb farina, ou, sucre i ametlles, generalment de forma recargolada i prima; per ext., persona dèbil, prima.

Alteració fonètica de *croquinyoli*, del fr. *croquignole*, que designa un pastís igual o molt semblant, derivat del fr. *croquer* 'rosegar, mastegar cruixint', mot onomatopeic (veg. *crocant)*.

carraca *f*

Xerrac de fuster; xerrac de Setmana Santa.

De l'onomatopeia *carr* o *crac*, que expressa la remor que fan aquests objectes.

F. m.: carrall, carrau.

carrincló -ona *adj*

Mancat de distinció, de consistència, d'originalitat, de finesa.

D'origen incert, potser alteració de **carrancló* per *carrancó*, derivat de *carranco* 'ranc, que camina malament', ajudant-hi el verb occità onomatopeic *carrincar* o *carrinclar* 'grinyolar'. El mot resultant dóna la idea de cosa de mal gust, desagradable, desequilibrada, que grinyola.

F. m.: carrinclonada, carrinclonament, carrinclonejar, carrincloneria.

carrinya *adj* i *m* i *f*

Mal geni.

D'origen onomatopeic, relacionable amb el mot *carraca*.

carrisquejar *v intr*

Fregar un cos amb un altre, amb un so desagradable; grinyolar.

D'origen onomatopeic, a partir del soroll que fa el cruixir de dents.

F. m.: carrisqueig.

cataclac *interj*

Onomat.: Clac (caure, colpejar, tancar, trencar, xocar).

➢ Pensar en el premi Nobel i caure en la temptació va ser tot u. Vaig fer públic el meu invent i, cataclac!, es va acabar tot [...] [Pep Albanell, *Dolor de rosa*, 1984]

cataclec *interj*

Onomat.: Clac (caure, colpejar, tancar, trencar, xocar).

➢ Arrossegant-se a poc a poc, la Conxa va arribar fins a la gambina. En un esforç sobrehumà, va manipular els pestells i CATACLEC! la va obrir. [Sebastià Roig, *El cogombre sideral*, 2000]

cataclic *interj*

Onomat.: Clac (caure, colpejar, tancar, trencar, xocar).

➢ —Cataclic i cataclec que el teu mal pari en sec! [Lluís Ferran de Pol, *Abans de l'alba*, 1954]

cataclinc *interj* i *m*

Onomat.: Clinc (caure, colpejar, tancar, trencar, xocar). // *m.* Instrument musical consistent en un cilindre de fusta i dues boletes que el colpegen en sacsejar-lo.

➢ Duia un barret punxegut com una paperina, i al capdamunt un picarol. I quan el follet caminava, el picarol feia: Cataclinc, clinc, clinc! [Francesc Bofill, «En Jaume i el follet», a *Tretzevents*, núm. 352, 1980]

➢ [*Es trenca una peixera*:] CATACLINC CLINC CLONC. [Maica Bernal; Noëlle Granger, «Un dia a la piscina», a *El Tatano*, núm. 13, *Cavall Fort*, núm. 725, 1992]

➢ Tal com passava amb les berrugues, la cua es va anar assecant a poc a poc. I a mesura que s'assecava anava perdent flexibilitat i mobilitat, fins que va venir enterca i esblanqueïda com un tros de porcellana. I una tarda, cataclinc!, en un mal gest, em va caure a terra. [Joles Sennell, *Tocats del bolet*, 2000]

catacloc *interj*
Onomat.: Clac, cloc.

➢ Li'n comprarem uns castanyols, cloc, catacloc. [«Què li'n comprarem, a la senyora?», cançó popular]

➢ [...] catacloc!, vaig caure pel forat de la claraboia [...] [M. Àngels Bogunyà, *Cinquanta mil peles per un bigoti*, 1994]

catacluc *interj*
Onomat.: Cluc.

➢ De sobte, quan més admirat estava davant d'aquell bell despertar de la naturalesa, catacluc!, va sentir un cop al cap, i, al mateix temps, es trobà que li queia, com qui diu entre mans, un pot de llauna ple d'una pomada llefiscosa [...] [Josep M. Folch i Torres, *Les formidables aventures de Pere Fi*, 1934]

catacrac *interj*
Onomat.: Crac (cruixir, trencar, espetegar).

➢ Vam sentir un catacrac i se'n va anar la llum. [DLC]

➢ [*Un esquiador cau:*] CATACRAC / —Aaaiiii! Els genolls! [Josep M. Madorell, «Jep i Fidel», a *Cavall Fort*, núm. 781, 1995]

catacrec *interj*
Onomat.: Crec.

➢ La qüestió, que m'arriba l'instant del catacrec. [Salvador Espriu, *Ariadna al laberint grotesc*, 1935]

➢ CLAVELLET: Aquesta clau no dóna el tomb... [...] ... i catacrec! Ja està *(Obre la porta.)* Has vist? Les manetes! [Joan Oliver, *Primera representació*, 1955]

catacric *interj*
Onomat.: Cric.

➢ Els havia de demostrar a tots que ell era ben capaç... I, tanmateix, que feble, el tísic ric que féu catacric un dia a Panticosa, i ara se li panseix la dona, la carn fermada sota el jou del matrimoni. [Isabel-Clara Simó, *El Mossèn*, 1987]

catacric-catacrac *interj*

Onomat.: Catric-catrac (objecte que va i ve pegant cops secs).

➢ *Molí fariner:* Gall mullat / que fa catacric-catacrac, / com més n'hi posen / més en pren. [Joan Amades, *Diccionari d'endevinalles*, 1934]

catacric-catacrec *interj*

Onomat.: Catric-catrac (objecte que va i ve pegant cops secs).

➢ ANTON: *(Teixint el teler)* [...] Que passo una trifulca? Catacric-catacrec!: fora la pena! Que estic content? Doncs, catacrec-catacric! Ell m'acompanya com si fos una guitarra; i sempre, catacric!, llançadora amunt, i catacrec!, llançadora avall, un gaudeix i es guanya la vida. [Santiago Rusiñol, *L'hèroe*, 1903]

catacric-catacroc *interj*

Catric-catrac (objecte que va i ve pegant cops secs).

➢ Quan va ser un tros enllà, va donar una estrebada al sac i va cantar: / Marieta boniqueta, / quan serem a la fonteta / en beurem un glop, / catacric-catacroc! [Esteve Caseponce, *Rondalles*, 1915]

catacric-catacruc *interj*

Onomat.: Catric-catrac (objecte que va i ve pegant cops secs).

➢ Tres triques, tres troques, / que mengen garrofes; / les potes del ruc, / catacric, catacruc! [«Tres triques, tres troques», cançó popular]

catacrinc *interj*

Onomat.: Clinc (xocar, caure, colpejar, trencar).

➢ AURORA: No se m'acosti, que les senyores som de vidre, i el vidre, catacrinc. No es toquen les senyores. [Josep M. Benet i Jornet, *Revolta de bruixes*, 1976]

catacritx-catacrotx *interj*

Onomat.: Catric-catrac (objecte que va i ve pegant cops secs).

➢ [*Un drac:*] —I quan camino faig catacritx-catacrotx! [Roser Ros, Montse Tobella, «S'ha perdut un esternut», a *El Tatano*, núm. 5, *Cavall Fort*, núm. 683, 1991]

catacroc *interj*

Onomat.: Croc (soroll sec, cop).

➢ Tots restàrem en silenci, esperant sentir el catacroc del vidre en estavellar-se contra el pedruscam. [Josep M. Servià, *Granissat de cafè*, 1990]

➢ De sobte, vaig sentir un catacroc a la closca: el món va començar a donar voltes i voltes i voltes com una baldufa, em van venir basques i es va fer fosc al bo del dia. [Jesús Moncada, *Camí de sirga*, 1988]

catacruc *interj*

Onomat.: Crac (cruixir, trencar, espetegar).

➢ No ha tardat gaire estona a tenir la branca escanyada, i... catacruc! branca i llenyataire [...] cauen com ploguts del cel. [«La contalla de l'avi oliva i el seu ruc», a *En Patufet*, 1937]

catric-catrac *interj*

Onomatopeia del soroll que fa un objecte que va i ve pegant cops secs, com ara un teler, un tren, un sedàs, o del soroll que fan alguns talons o soles de sabates quan es camina o es balla, etc., i també del batec del cor.

➢ —Ai, padrineta, padrina, / vós que passeu la farina, / jo sóc a dins d'aquest sac, / catric, catrac! [«El sac que canta», a *La Rondalla del Dijous*, 1924]

➢ I tot escurant la pastera i les eines i posant lentament les coses en ordre al seu lloc, el catric-catrac del pensament encarrilat per aquelles dreceres li ressuscità sobre el fons tèrbol, donant-li vívida aparença, la darrera estampa retrospectiva. [Víctor Català, «La jove», *Vida mòlta*, 1950]

➢ A vegades, entre el catric-catrac de les llançadores dels telers, se sentia el melangiós bramul d'una vaca i l'olor tendra del farratge que cap al tard el carro entrava a l'establa. [Xavier Benguerel, *Els vençuts*, 1969]

➢ [...] quan pujava l'escala, catric-catrac, arrossegant, feixuc, fins al cinquè pis la seva córpora fofa i estovada [...] [Josep M. Francès, «L'abraçada del Gonfaus», a *Contes de guerra i revolució: 1936-39*, 1982]

catric-catrec *interj*

Onomat.: Catric-catrac.

➢ Quan la fico i quan la trec, / ella em fa catric-catrec. (*La clau.*) [Francesc Pelagi Briz, *Endevinalles populars catalanes*, 1882]

catric-catroc *interj*

Onomat.: Catric-catrac.

➢ Catric, catroc, / encén-te foc, / que n'hi ha un pobret / que es mor de fred. [Joan Amades, «Hivern», *Costumari català*, 1952]

catric-catruc *interj*

Onomat.: Catric-catrac, cruc-cruc.

➢ Com l'hostalet ja era tancat, va trucar a la porta amb tota fúria: *catric, catruc! catric, catruc!* [Raimon Casellas, *Els sots feréstecs*, 1901]

cigonya *f*

Nom donat a diferents ocells de pas de la família dels icònids, d'1 metre de llargada, amb les potes, el bec i el coll llargs.

Del ll. *cĭcōnĭa*, íd., derivat onomatopeic de *kikò-kikò*, crit d'aquest ocell.

F. m.: cigonyal, cigonyar.

clac *interj*

Onomatopeia d'un soroll fort i sec, com per exemple el que fan dues coses que xoquen, o una cosa que cau, o que es trenca, o que es tanca sobtadament o hermèticament, o que en colpeja una altra, o del soroll que fan dues coses que topen amb força, dels aplaudiments, de les castanyoles, etc., i també del que fa una persona en fer petar el dit gros amb el del cor.

➢ En Pons féu amb els dits un clac de castanyola [...] [Narcís Oller, *La febre d'or*, 1890-1891]

➢ Repareu-ho: de vegades cau una teula i... clac!... xapa sa closca de l'infeliç que ensopega al seu dessota. [Joaquim Ruyra, «L'idil·li d'en Temme», *Pinya de rosa*, 1920]

➢ Surt, saludant-me amb la mà i amb un moviment de celles. Després la porta —clac— queda closa... [Blai Bonet, *El mar*, 1958]

➢ En aquell moment sonà el telèfon interior. [...] Després del clac del receptor no se sentí res més durant uns segons. [Josep Vallverdú, *Trampa sota les aigües*, 1963]

➢ [*El públic del teatre aplaudeix:*] CLAC! CLAC! CLAC! [Picanyol, «Ot el bruixot», a *Cavall Fort*, núm. 396, 1979]

➢ ¿i per a què el cridava i què feia allà a dalt vestida amb pantalons i botes de muntar i el cinturó en la mà com un fuet esclafidor? clac! va fer ella quan ell li ho preguntà, clac clac [...] [Joan F. Mira, *Els treballs perduts*, 1989]

➢ [...] cigonya, amiga, desvetlla / amb els «clac-clacs» del teu bec / aquest país que no vetlla / el seu autèntic batec. [Celdoni Fonoll, *Veus d'ocells*, 2000]

F. m.: claca, clacar, claquejar, claquera.

cla, cla, cla *interj*

Onomat.: Ha, ha, ha (especialment quan es riu d'una manera estrepitosa).

➢ —Cla, cla, cla, cla! —féu en Francesc, rient. [Narcís Oller, *La febre d'or*, 1890-1891]

claix *interj*

Onomat.: Clac (caure, colpejar, fuetejar, tancar, trencar, xocar).

➢ [...] claix! les regnes suaus peten claix! i la llengua xerrica per un cantó de la boca... [M. Antònia Oliver, *Coordenades espai-temps per guardar-hi les ensaïmades*, 1975]

clanc *interj*

Onomatopeia d'un soroll metàl·lic sec i greu, com el que fan dues espases que xoquen, una esquella, una cosa que es trenca, etc.

➢ [...] puntes de càntir o alguna cosa així, un plat de seques cop de pedra talment / clanc! / tot a fer pastetes [...] [Oriol Pi de Cabanyes, *També les formigues, Dylan, algun dia ploraran de solitud*, 1975]

clang *interj*

Onomat.: Clanc.

➢ [*Dos homes fan xocar les espases:*] CLANG! [Jesús Blasco; Adrià Blasco; Víctor Mora, «La batalla de Filadèlfia», *Tallaferro*, 1996]

clap[1] *interj*

Onomat.: Clac (aplaudir, caure, colpejar, fuetejar, xocar).

➢ [*El públic d'un circ aplaudeix:*] CLAP! CLAP! CLAP! [Joaquim Carbó; Francesc Infante, «Felip Marlot, detectiu», a *Cavall Fort*, núm. 662, 1990]

clap[2] Veg. *clapa*.

clapa *f*

Petita extensió, especialment de color, que es distingeix per alguna cosa de la superfície que l'envolta.

D'origen incert, probablement de creació expressiva onomatopeica (per la idea de la roca o llosa que es mou damunt el sòl perquè no hi està ben fixada), que es troba ja en diverses llengües preromanes.

F. m.: aclaparador, aclaparament, aclaparar, clap[2], clapada, clapar, clapat, clapejar, claper, clapera, claperot, clapissa, clapissar, clapissat, clapó, clapoteig, clapotejar, enclaperar-se.

clap-clap *interj*

Onomat.: Clop-clop.

➢ Al mateix temps es va sentir un cavall que galopava frenèticament... Clap! Clap! [Jordi Badesa, «La fletxa negra», a *Cavall Fort*, núm. 635, 1989]

claqué *m*

Dansa amb què s'accentua el ritme de la música picant amb el taló i la punta dels peus.

Del fr. *claqué*, participi de *claquer* 'reforçar amb claques o peces dures les sabates', d'origen onomatopeic, a partir de *clac*.

clec *interj*

Onomat.: Clac (caure, colpejar, tancar-se, trencar-se, xocar).

➢ Cansat de veure-la aturada i com abstreta guaitant l'ermita a tall d'aucell, baté de cop les mans amb un clec sonorós, per esparpellar-la [...] [Víctor Català, *Solitud*, 1905]

➢ [...] e quan voleu llum vos n'anau a una aixeta petita que hi ha a sa paret, feis *clec!* i claredat..., llavores la voltau a l'enrevés, i *clec!* apagat. [Àngel Ruiz i Pablo, «Del cor de la terra», *Novel·letes menorquines*, 1910]

➢ L'altre no veient res, va estar mirant, i estant amb això, clec! es trenca la cassola i bacallà i patates tot va anar a la cendra. [«Joan Valentàs», a *La Rondalla del Dijous*, 1924]

➢ Vaig replicar: —Doncs jo hi visc molt a pler i no tinc por de res ni de ningú. / Amb la llengua va fer un clec commiseratiu. [Pere Calders, *Cròniques de la veritat oculta*, 1955]

➢ [*Una dona escriu a màquina:*] Clec, clec, clec. [Joaquim Carbó; Josep M. Madorell, *La casa sobre el gel*, 1987]

➢ El clec-clec-clec dels genolls i les dents de la Conxa continuava retrunyint amb feredat. [Sebastià Roig, *El cogombre sideral*, 2000]

F. m.: cleca.

clepsa *f*

Part alta del cap, closca del cap.

D'origen expressiu, probable combinació d'elements formals i semàntics de mots com *closca*, *capça* 'capdamunt d'un cos' i *clapa*.

clic *interj* i *m*

Onomatopeia d'un soroll sec, agut, com per exemple el que es fa en pitjar determinats botons d'aparells elèctrics o electrònics, o com el que es fa en posar o treure un fiador, un cinturó de seguretat, o bé en colpejar suaument un vidre o un metall amb un objecte dur, o del que fa un objecte lleuger, com una gota d'aigua, quan cau a terra, etc., i també, en sentit figurat, d'un fet sobtat (aparèixer, desaparèixer, transformar-se, etc.) // *m.* Acció de prémer i deixar anar un dels botons del ratolí de l'ordinador.

El substantiu i derivats referents al ratolí de l'ordinador s'han format a través de l'angl. *click*, íd., també onomatopeic.

➢ De seguida el clic i la petita flama de l'encenedor. [Miquel Llor, *Tots els contes*, 1952]

➢ Qui es recordava de la nina davant d'aquella caixa de gasoses? Felipet i Mercè la descobriren sota l'hortènsia, amagada pel tou de fulles. No sabien obrir-les: feia por i es necessitava molta força als dits per a aconseguir aquell *clic* violent que suscitava el fumerol i l'ascensió precipitada de les bombolles petites. [Mercè Rodoreda, «El bany», *Vint-i-dos contes*, 1957]

➢ Al costat de l'església, i davant un mur gris i descloscat —clic, clic, clic—, degotava la font... [Blai Bonet, *El mar*, 1958]

➢ —T'hauries de posar el cinturó. / Et poses el cinturó —clic—, ell també —clic—, i preguntes: / — Es pot saber on em portes? [Ramon Solsona, *Figures de calidoscopi*, 1989]

➢ Feia estona que el clic del telèfon havia tallat la veu plorosa de la Dolors però l'Agnès no aconseguia treure's del cap la conversa amb la cosina. [Jesús Moncada, *La galeria de les estàtues*, 1992]

➢ Nyeeec!, la mare entra, clic, encén el llum i mira. [Cèlia Riba, «Xist!!!», a *Tretzevents*, núm. 729, 1997]

F. m.: clicar, cliquejar.

clic-clac *interj*

Onomatopeia del soroll que fan dos cossos en topar, com una clau dins un pany, o el que fa un cop sec, com el que es dóna amb un fuet o amb la mà, etc.

➢ Tric-trac clic-clac renou de confits que reboten per vidres. [*L'Ignorància*, 1879-1885]

➢ —Clic-clac —féu la clau en girar. [Empar de Lanuza, *Criatures minúscules*, 1986]

clic-clec *interj*

Onomat.: Clic-clac.

➢ Bona estona restà la concurrència sense dir ni un mot, comentant cada u a sa manera aquell discurs entre l'esquerdat clic-clec que feien les ostres en passar de les plàteres, sostingudes per les criades, al plat. [Narcís Oller, *La febre d'or*, 1890-1891]

➢ I En Felet sortí; ella va sentir el *clic-clec* de la clau com dues martellades en els polsos, i una suor d'angoixa li enrosà el front. [Víctor Català, «Parricidi», *Drames rurals*, 1902]

clif *interj*

Onomat.: Clic (colpejar suaument).

➢ I clif, clif, clif, trenca ses quatre gerres. [Antoni M. Alcover, *Aplec de rondaies mallorquines d'En Jordi des Racó*, 1936-1972]

➢ Per veure-la millor, hi arramba més es llum; però tot d'una, *clif*, li cau una gota de cera dalt aquella cara... [Antoni M. Alcover, *Aplec de rondaies mallorquines d'En Jordi des Racó*, 1936-1972]

clinc *interj*

Onomat.: Glinc. També onomatopeia d'un soroll metàl·lic o vidrenc agut, com per exemple el que fa el mall del ferrer quan pica a l'enclusa, el que se sent en penjar alguns telèfons, el que fan alguns rellotges, un vidre que es trenca, etc., i també, en sentit figurat, un fet sobtat (aparèixer, desaparèixer, transformar-se, etc.)

➢ El rellotge de caixa de la sala... *clinc, clinc, clinc!*... va picar hores amb espinguet adelerat. [Víctor Català, «Parricidi», *Drames rurals*, 1902]

➢ [*Un paleta colpeja un maó amb la paleta:*] Clinc. [Josep M. Madorell, «Concurs», a *Cavall Fort*, núm. 36, 1964]

➢ [*Cauen tot de monedes a terra, que reboten i rodolen:*] Clinc! Clinc! Clinc! [Xots&Mautro, «En Camús», a *Cavall Fort*, núm. 385-386, 1978]

➢ Picó, el so Pep, el jutge i Monlió trencaren ara a l'esquerra per un camí que menava a una propera sènia, la qual alegrava la serenor de les hortes amb el seu clinc, clinc, clinc esmorteït per la remor de l'aigua que vessava dins la bassa. [Enric Valor, *Sense la terra promesa*, 1980]

➢ Mentre escolta el clinc, clinc, de l'aixeta mig perduda, espera l'arribada dels fills a la seva cambra. [Montserrat Roig, *L'hora violeta*, 1980]

➢ [*Es trenca un vidre d'un cop de pedra:*] Clinc [Ramon Folch i Camarasa; Josep M. Madorell, *En Massagran al Pol Nord*, 1984]

➢ [*Dos homes brinden fent xocar les copes:*] Clinc! [Joaquim Anson, «La ronda d'en Tarrés», a *Cavall Fort*, núm. 637, 1989]

➢ —Bona nit —hi afegeix la fada. / I clinc!, desapareix. [M. Àngels Bogunyà, *Embolica que fa fort!*, 1991]

cling *interj*

Onomat.: Clinc.

➢ Potser perquè la campaneta conservava el seu «cling» tan fi. [Josep M. Espinàs, *Els nostres objectes de cada dia: petit diccionari irònic i sentimental*, 1981]

➢ [*Es trenca un vidre d'un cop de pilota:*] Cling! [Picanyol, «Ot el bruixot», a *Cavall Fort*, núm. 758, 1984]

cling-clong *interj*

Onomat.: Ning-nang. També onomatopeia del so que fan alguns timbres.

clip-clop *interj*

Onomatopeia del soroll que fa la pluja damunt la teulada d'un edifici.

➢ La Pona es desperta i sent un soroll. Clip-clop! Plou dalt del terrat. [Teresa Duran, «Botes d'aigua», a *El Tatano*, núm. 13, *Cavall Fort*, núm. 725, 1992]

clixé *m*

Planxa de metall, cautxú, plàstic o d'un altre material susceptible de ser gravat, on hi ha reproduïda en relleu una composició destinada a la impressió tipogràfica, al fotogravat, etc.

Del fr. *cliché*, íd., d'origen onomatopeic.

cloc *interj*

Onomatopeia del soroll d'un cop sec, com el que fa una cosa que colpeja una superfície dura, del so de les castanyoles, o del que fa una gota d'aigua quan cau sobre la fusta.

➢ Anava molt pobrament vestida, d'una sarja de color de sac, i calçava un parell d'esclops de fusta que li venien balders. És per això que quan caminava se sentia *cloc-cloc*. [Joan Sales, *Rondalles gironines i valencianes*, 1951]

➢ [*Un home colpeja el cap d'un altre amb un escut:*] CLOC! [Xavier Escura; Oriol Garcia; Francesc Riart, *Gorja mortal*, 1994]

➢ La nena va riure, estirà la nina pel peu i el capet rutllat anà a terra. Cloc. [Maria Barbal, *Carrer Bolívia*, 1999]

cloc-cloc *interj*

Onomatopeia de la veu de la gallina, especialment de la lloca.

➢ Sa lloca feia cloc cloc, / es pollets feien piu-piu, / i l'amo amb un bon garrot / els va fer sortir des niu. [cançó popular de Menorca]

F. m.: aclocar-se, allocar-se, cloca, clocar, cloc-piu, cloqueig, cloquejar, cop-piu, lloca, llocada.

cloc, cloc, cloc *interj*

Onomat.: Cloc-cloc; ho, ho, ho.

➢ —*Cloc, cloc, cloc!...* —sermonejava la lloca, reclamant-los, engelosida. [Víctor Català, «Creu i ratlla», *Caires vius*, 1907]

➢ I ell, cloc, cloc, vinga riure! [DCVB]

clonc *interj*

Onomat.: Clanc.

➢ En veure aquelles fustes tan llustroses i les tecles tan lluents, la Marta no pogué evitar l'impuls de passar els dits pel teclat. Clinc-Clonc-Clinc-Clanc... [Teresa Bonaventura, *Contes dels instruments de la música*, 1986]

➢ [*Un home tira a terra una paret a cops de maça:*] Clonc!! Clonc!! [Genís Cormand; Òscar Dulve, «Cada pati és un món», a *Cavall Fort*, núm. 741, 1993]

clong *interj*

Onomat.: Clanc, nang.

➢ [*Un home dispara amb un revòlver contra un pot de llauna:*] Clong! [Oriol Garcia, «La mort d'un pistoler», a *Cavall Fort*, núm. 710, 1992]

clong-clong *interj*

Onomat.: Ning-nang.

clop-clop *interj*

Onomatopeia del soroll de passos, com per exemple, de soldats que desfilen; dels batecs del cor, etc.

➢ Comprimida dins la seva beina, la Conxa només sentia el bategar del seu cor. Clop-Clop! Clop-Clop! Clop-clop! [Sebastià Roig, *El cogombre sideral*, 2000]

cloquer *m*

Campanar.

Del ll. td. **clocariu*, íd., der. ll. de *clōcca* 'campana', d'origen onomatopeic, probablement a través del fr. *cloquer*, íd. Apareix en diverses llengües romàniques, en alemany i en irlandès. Pot ser que ja vingui del cèltic o d'una onomatopeia heretada per diverses llengües indoeuropees.

F. m.: cloqueró.

cluc *interj*

Onomatopeia del soroll sec que es fa en picar una matèria dura o en xocar-hi.

➢ En aquests casos el pare de Txossep estava enfilat en un relleix de la roca i a la claror d'un llum d'acetilè feia anar la barrina —cluc-cluc— que s'obria pas lentament roca endins. [Cèsar August Jordana, «Txossep» (1938), *Quimet dels lleopards i altres contes*, 1985]

coac-coac *interj*

Onomat.: Quac-quac.

➢ [...] s'alça un coll-verd, quasi al peu de la barca amb el seu coac! coac! ple d'orgull i vigor... [Carles Bosch de la Trinxeria, *Records d'un excursionista*, 1887]

coca *f*

Pastís a base de farina a la qual solen afegir-se diferents ingredients (oli, mantega, ous, ametlles, etc.).

Mot de creació expressiva, paral·lela, i no ben coincident, del llenguatge infantil de diferents llengües, romàniques i germàniques.

F. m.: cóc, cocou, cocouada, cocouer, cucarella.

coc-coc *interj*

Onomat.: Cloc-cloc.

➢ Valga'm Déu, ara se'ns posa a ploure i aquestes bestioles que se m'estan morint de set... amb aquesta xafogor, miri-se-les, tan grasses com les crio i que no tenen polls... coc-coc, coc-coc..., petites... [Mercè Rodoreda, «En el tren», *Vint-i-dos contes*, 1957]

coco *m*

Fruit del cocoter.

Del port. *coco*, a través de l'espanyol. Mot de creació expressiva que es feia servir per referir-se a les màscares que representaven els fantasmes infantils, els *cocos*, en cat. els *papus*, i, en particular, al nom del cap d'aquests éssers. Posteriorment, es va associar a la closca del coco.

F. m.: cocotar, cocoter.

cococococ *interj*

Onomat.: Quiquiriquic.

➢ I en l'alta nit profunda / hom sent el gall cofoi / que diu a l'estelada: / —Cocorococ, és noi! [Josep Carner, *Cor quiet*, 1925]

coqueta *f*

Dona que cerca de plaure als altres.

Del fr. *coquette*, femení de *coquet* 'gallet', 'com un gall entre gallines', derivat de *coq* 'gall', d'origen onomatopeic.

F. m.: coquetament, coqueteig, coquetejar, coqueteria.

corb *m*

Ocell de la família dels còrvids (*Corvus corax*), de mida grossa i de plomatge i de bec negres, que viu en indrets rocosos.

Del ll. *corvus*, íd., d'origen incert, potser onomatopeic pel crit que fa a vegades aquest ocell, una mena de «coo-rooc».

F. m.: corball, corbató, corbera, corbina, cormorà, corpetassa, escorball.

corcar *v tr*

El corc, rosegar (la fusta, el gra, etc.).

D'origen incert, probablement preromà, relacionat potser amb el ll. *corgus*, nom d'un animalet minúscul. Podria ser que l'arrel del mot fos onomatopeica i expressiva, a partir del soroll que fa el corc quan rosega la fusta.

F. m.: corc, corcadura, corcat, corcó, corcoll, corquim.

corruquejar *v intr*

El colom, cantar en època de zel. // Els enamorats, dir-se paraules dolces.

D'origen onomatopeic, de la veu dels ocells colombins, com *parrupar*, *parrupejar*, pel crit que fan, una mena de «uu-ruu-cuu».

F. m.: corruqueig.

coscorra *f*

Esquella de bestiar.

Del radical *kosk-*, onomatopeia del cop donat a un objecte dur.

cospí *m*

Herba de la família de les umbel·líferes (*Cacaulis platycarpos)*, que es fa als camps de cereals. Aquesta planta fa unes boletes anomenades 'gossos' perquè s'enganxen a la roba com un gosset.

D'origen incert, segurament relacionat amb el radical onomatopeic que ha donat el nom de *gos*, amb una terminació difícil d'explicar, probablement deguda a una confusió amb el nom de planta *albespí*, espècie d'arç.

cotar *v intr*

Abaixar el cap en actitud d'envestir, de pegar banyada.

Probablement de creació expressiva, amb una arrel *kott-* o bé *kotts-*, que suggereix el soroll sord del xoc.

F. m.: cotador.

cotoliu *m*

Ocell de la família dels alàudids (*Lullula arborea)*, semblant a l'alosa.

D'origen onomatopeic, ja que intenta reproduir el crit d'aquest ocell —una mena de «lu-lu-lu-lu» i «tii-uu»—, encara que hi pot haver influència d'altres noms.

cotxa *f*

Nom donat a diversos ocells de la família dels túrdids.

D'origen onomatopeic (cas semblant al *cotoliu*).

crac *interj* i *m*

Onomatopeia del soroll sec que fa una cosa que cruix, que es trenca, que espetega o que és arrencada, etc., i també del crit del corb. // *m.* Fallida d'una empresa o casa comercial. // Persona d'escassa vàlua.

➢ Crac! crac! —responen els corbs—; aquí ens tens. Què vols de nosaltres? [Francesc Pelagi Briz, *La Panolla*, 1873]

➢ Crac... crac... crac... tothom tanca el rellotge. La rebotiga queda en silenci. [Robert Robert, «La rebotiga», *Barcelonines*, 1907]

➢ L'espinada i els ronyons d'aquells homes a cada quatre passes devien fer crac, com si se'ls estripés algun tendó. [Josep M. de Sagarra, *Vida privada*, 1932]

➢ Tot era a punt... Crac! Cruixen les fustes, és clar, res de nou; però el surt havia fet que tota la delicada preparació fos perduda. [Cèsar August Jordana, *El Rusio i el Pelao*, 1950]

➢ Però a la fi es produeix el trencament, el crac, és a dir, l'asfíxia produïda per una enorme fatiga física. [Josep Pla, *El quadern gris: un dietari*, 1966]

➢ Recorda el codony, per exemple, el groc del codony, el gust que li deixava a la boca i el crac, crac que feia en mossegar-lo deixant-li les dents àcides i fresques. [Teresa Pàmies, *Dona de pres*, 1975]

➢ [*Un vaixell n'envesteix un altre i l'esbotza:*] CRAC [Joaquim Carbó; Josep M. Madorell, *La casa sobre el gel*, 1987]

➢ Però la màgia, CRAC!, va trencar-se com un meló que s'esberlés. [Gemma Lienas, *Així és la vida, Carlota*, 1989]

➢ [...] procurava comptar els trets —crac, crac, crac, un silenci, crac-crac—, els imitava amb raucar de granota [...] [Jesús Moncada, *La galeria de les estàtues*, 1992]

➢ [*Cau un llamp:*] CRAC [Ramon Folch i Camarasa; Josep M. Madorell, *En Massagran i el gegant del mar*, 1992]

F. m.: cracant, cracar, craquejar.

crac-crac *interj*

Onomat.: Crec-crec. També onomatopeia del crit del corb.

crc *interj*

Onomat.: Crac (cruixir, trencar, espetegar).

➢ [*Es trenca una corda:*] Crrc [Joaquim Carbó; Josep M. Madorell, *La casa sota la lona*, 1984]

crebar *v intr*

Rebentar, esclatar.

Del ll. *crepare* 'cruixir, espetegar, rebentar', d'origen onomatopeic. *F. m.:* crebant, crebantar, crepitació, crepitant, crepitar, decrèpit, decrepitació, decrepitar, decrepitud, discrepància, discrepant, discrepar, increpació, increpador, increpar, increpatori.

crec *interj* i *m*

Onomatopeia del soroll sec que fa una cosa que topa, que cruix, que espetega, que es trenca, etc. // *m.* Botó de pressió que es fa servir en peces de vestir.

➢ A un crec de fuet rodà el carruatge com un tro. [Narcís Oller, *Vilaniu*, 1885]

➢ La tira era llarga, la Roseta no aixecava el cap, l'agulla seguia... crec, crec, crec, fent son punt de cadeneta sense parar [...] [Narcís Oller, «La primera pedra», *De tots colors*, 1888]

➢ Un crec enèrgic a la tanca del sanatxo de la cosina de Viladrau detonà en el silenci, féu estremir els assistents com un renec. [Miquel Llor, *Tots els contes*, 1952]

➢ [...] i la Maruja estrenyé aquell bocoi amb tanta violència que es va sentir el crec d'una cotilla rebentada. [Terenci Moix, *El dia que va morir Marilyn*, 1969]

➢ [...] bo i arrossegant els peus entre fulles seques de tardor, crec, creccreccrec, creccreccreccreccreccrec, com si quelcom se'ns esfondrés a sota. [Oriol Pi de Cabanyes, *Oferiu flors als rebels que fracassaren*, 1973]

➢ Sentí el «crec» inconfusible que feia la màquina d'afaitar quan ell la deixava sobre el prestatge de vidre [...] [Mercè Rodoreda, «Felicitat», *Tots els contes*, 1979]

➢ [...] quatre dignataris picaven a la porta per dir-li que l'Església el feia fora d'una puntada de peu. El mossèn sentí el cruixir dels ossos, sentí l'aixafada, el trepig, el pes del peu, el rompre dels ossos, el 'crec' ofegat, el mateix que fa l'insecte aniquilat per un peu que l'aplasta. [Isabel-Clara Simó, *El Mossèn*, 1987]

➢ El prestatge ha fet un crec molt fort abans de trencar-se. [GLC]

➢ Tot cremarà, crec-crec, crec-crec, crec-crec... I encara ens preguntem —va obrir els ulls de bat a bat, i va repassar-nos a tots— per què el Senyor ens envia la pesta? [Alfred Bosch, *L'atles furtiu*, 1998]

crec-crec *interj*

Onomatopeia d'un soroll sec que es repeteix, com per exemple el que fan algunes màquines o el que es fa en rosegar una cosa dura, etc.

➢ El rostoll, ressec, les figueres del voltant de les cases, els abatzers del camí, tot cruixia com a un incendi; les cigales cantaven fins a morir; se sentia fins el *crec-crec* dels llagosts al botar i estendre les ales [...] [Àngel Ruiz i Pablo, «Del cor de la terra», *Novel·letes menorquines*, 1910]

➢ I, si demano un sobre d'aspirina, el dependent nou, que no em coneix, diu: tingui, dues pessetes i mitja. I crec-crec, la caixa. [Mercè Rodoreda, «Aquella paret, aquella mimosa», *La meva Cristina i altres contes*, 1967]

➢ Només el crec-crec del corc de la biga i el vent que bressolava les fulles dels arbres. [Montserrat Roig, *L'hora violeta*, 1980]

cric[1] *interj* i *m*

Onomatopeia d'un soroll sec agut i del que fa una cosa que cruix. // *m.* Interruptor.

➢ Sentint sobresalts a cada 'cric' que feia la porta pel trontoll de la gent o pels corrents que movien les altres en obrir-se. [Narcís Oller, *La papallona*, 1882]

➢ Jo pujava en una cadira, després de posar-hi al damunt el diari del dia abans, que el pare deixava precisament per a això, i obria —el fabulós i emocionant «cric»— l'interruptor del llum. [Baltasar Porcel, *Els escorpins*, 1965]

F. m.: cric —a, criquesa.

cric[2] *m*

Màquina portàtil per aixecar lleugerament un cos molt feixuc, també anomenat *gat*.

D'origen onomatopeic, pres del fr. *cric*, i aquest pres, segurament, de l'alt alemany mitjà *kriec* 'giny per apuntalar i fer girar màquines de guerra', mot que imita el soroll que feia en funcionar.

F. m.: cricament.

cric-crac *interj*

Onomatopeia del soroll repetit d'una cosa que es pitja o es trenca, o del que fan dos xocs successius produïts per un mecanisme, com per exemple una clau dins un pany.

➢ Sentiràs que la clau fa cric-crac; llavors ja pots obrir. [GD62LC]

cric-crec *interj*

Onomat.: Cric, cric-crac.

➢ Encara no li dono corda, cric-crec-cric-crec, agafa una marxa [...] [Santiago Rusiñol, *La bona gent*, 1906]

➢ Parla! —féu aquesta amb gran cric-crec de cor. [Víctor Català, «Giselda», *Caires vius*, 1907]

➢ Aleshores l'òstia, precipitadament, clogué les dues tapes, amb un cric-crec sec, com si carrisquegés les dents de quimera [...] [Víctor Català, «El Fideuet», *Vida mòlta*, 1950]

cric-cric *interj*

Onomat.: Cric, ric-ric, tras-tras. També onomatopeia d'un soroll repetit i sec.

➢ Dit així del cric-cric, soroll que fa lo diner, en la lludriola, caixeta o capseta de l'hospital. [Labèrnia, *Diccionari de la llengua catalana*, 1839]

➢ El temps, comptat, esmicolat pel cric-cric de l'agulla, se li feia etern. [Narcís Oller, *La papallona*, 1882]

➢ Així que engegà l'aparell de ràdio, quan el matí ja era avançat, i després del cric-cric-cric parasitari, arribà una música estripada. [Oriol Pi de Cabanyes, *Oferiu flors als rebels que fracassaren*, 1973]

cri-cri *interj*

Onomat.: Ric-ric.

➢ En les nits xafogoses, aquest cri-cri de les serretes dels èlitres —l'arc musical del grill és molt menys fi que l'arc d'un violí— arriba, però, a tenir una certa pastositat. [Josep Pla, *Les hores: el pas de l'any*, 1953]

cri-cric *interj*

Onomat.: Cric-cric.

➢ Pastors hi arribaven / allà a la mitjanit, / cri-cric, cri-cric [...] [«El dimoni escuat», cançó popular]

cridar *v intr*

Fer crits.

Probablement d'una forma del ll. vg. **crītare* afí al ll. cl. *quĭrītare* 'fer crits de socors', 'llançar grans crits', totes dues formes probablement de caràcter onomatopeic.

F. m.: carinar, crida, cridadissa, cridador, cridaire, cridaner, cridòria, crit, escridar, escridassada, escridassar.

crii *interj*

Onomat.: Hii, nyic.

➢ Però aquell follet era llest com una mala cosa. Es va acostar al pany del cofre i es va posar a xisclar, talment com si fos un ratolí: / —Criii! Criii! [Albert Jané, «El tresor dels trolls», a *Cavall Fort*, núm. 801-802, 1995]

criquet *m*

Joc d'origen anglès, precursor del beisbol, en què s'enfronten dos equips d'onze jugadors amb un bat i una pilota.

De l'angl. *cricket*, d'origen obscur, potser emparentat amb l'antic fr. *criquet*, de sentit dubtós, potser 'bastó', de base onomatopeica.

croc *interj*

Onomatopeia d'un soroll sec, d'un cop, i també de la veu de la granota, el gripau.

➢ Dins una bassa d'aigua podrida, els galàpets —croc, croc, croc— removien el silenci del carrer. [Blai Bonet, *El mar*, 1958]
➢ [...] Croc. / Esquerda al ciment. [...] [Joan Brossa, «Tarda a», *Càntir de càntics*, 1972]
➢ I començà a gratar i gratar. Era inevitable fer prou de soroll: Croc, croc, croc! [Empar de Lanuza, *Bon viatge, Pitblanc!*, 1982]
➢ Croc, croc, croc. La maneta de la porta es movia amunt i avall. [Gemma Lienas, *Així és la vida, Carlota*, 1989]
➢ [*Un transistor cau al cap d'un home:*] Croc [Josep M. Madorell, «Jep i Fidel», a *Cavall Fort*, núm. 720, 1992]
➢ [*Les rodes de dos carruatges xoquen:*] Crooc! [Jesús Blasco; Adrià Blasco; Víctor Mora, «El tresor de Barcelona», *Tallaferro*, 1997]

crocant *m*

Pasta d'ametlles, avellanes, etc., endurida amb caramel.

Del fr. *croquant*, derivat del fr. *croquer* 'rosegar, menjar una cosa cruixent, que fa *crec*', d'origen onomatopeic.

croqueta *f*

Bola de forma oblonga, feta amb carn de gallina, de porc, peix, etc., trinxat, o amb sèmola, arròs, etc., pastada amb llet i que es fregeix després d'arrebossada amb ou i farina o pa ratllat.

Del fr. *croquette*, derivat del fr. *croquer* 'rosegar, menjar una cosa cruixent, que fa *crec*', d'origen onomatopeic.

croquis *m*

Representació d'un lloc o d'una figura amb alguns trets de llapis, de ploma, etc.

Del fr. *croquis*, derivat del fr. *croquer*, de base onomatopeica, en el sentit de fer un traç sec i estricte.

F. m.: croquisar.

crr *interj*

Onomat.: Crac (cruixir, trencar, espetegar).

cruc *interj*

Onomat.: Crac (cruixir, trencar, espetegar).

cruc-cruc *interj*

Onomatopeia d'un soroll sord que es repeteix rítmicament, com un repic, un batec, uns trucs en una porta, etc.

➢ Essent a peu pla, a la nina no li costà res de trucar amb els nusets dels dits: —cruc-cruc! [R. Bir, «La nina de la nena morta», a *En Patufet*, 1930]

cruixir *v intr*

Fer soroll les fulles seques, una peça de seda, etc., en manejar-les, prémer-les; també fer soroll les dents en fregar les de dalt amb les de baix.

D'origen incert, però probablement onomatopeic, tenint en compte que té un valor realment imitatiu i fonosimbòlic i que hi ha formes anàlogues en moltes llengües.

F. m.: cruix, cruixent, cruixidell, cruixidera, cruixidor, cruixillada, cruiximent, cruixit, escruix, escruixidor, escruiximent, escruixir.

cruspir *v tr* i *pron*

Menjar amb delit, voraçment.

D'origen incert, probablement de formació expressiva i onomatopeica, a partir d'un encreuament de *cruixir*, en el sentit antic i dialectal de 'triturar, esmicolar', i *urpir* 'arrabassar amb una urpada'.

cuc *m*

Nom que es dóna a un gran nombre d'animals invertebrats no artròpodes que tenen el cos tou, cilíndric, llarg i prim, generalment contràctil i sovint segmentat.

Mot romànic de creació expressiva, que suggereix la idea de cosa o ésser més o menys petit i de forma més o menys arrodonida o cilíndrica.

F. m.: cuca, cucada, cucar, cucós, cuquer, cuqueta, descucadora, descucar, escucar.

cucala *f*

Cornella.

Segurament d'origen preromà (**kaukala*, *koukala*) i probablement a partir d'una base onomatopeica.

F. m.: cucleig, cuclejar.

cucanya *f*

Pal llis i ensabonat pel qual cal enfilar-se o caminar per agafar com a premi un objecte lligat a un dels seus extrems.

De l'it. *cuccagna*, d'origen incert, segurament de creació expressiva.

cuc-cuc *interj*

Onomat.: Cu-cut.

cu-cut *interj*

Onomatopeia de la veu del cucut, del so d'un rellotge de cucut.

➢ MANELIC: [...] *(S'acosta a la Marta de puntetes. Riu baixet.)* He, he, he. *(La toca amb un dit a l'esquena o al cap escarnint un aucell. Alt.)* Cucut! [Àngel Guimerà, *Terra baixa*, 1897]

➢ A males penes havia dormit tres hores que ja sent per la finestra el cant del cuquello: Cu-cut, cu-cut! [Joan Sales, *Rondalles gironines i valencianes*, 1951]

➢ Cu-cut! Cu-cut! / Dues notes a penes / i un cor a punt. [Josep Palau i Fabre, *Poemes de l'alquimista*, 1952]

F. m.: cucut, cuguç, cugucia, cuguçós, cugul, cugula, escugular.

cuïc *m*

Mosquit.

Podria ser una onomatopeia que imita el zumzeig i la picada

d'aquest insecte, o bé sorgir d'un derivat del ll. *culex* (i *culix*) 'mosquit', **culicinu*, modificat segurament per la imitació onomatopeica, que hauria provocat l'addició de *-t*, *-c* (*cuïc*, *cuït*) o la reducció a *uït*. Hi ha altres variants: *coí*, *coín*, *escoín*, *cuí*, *coïc*.

cus, cussa *m*, *f*

Gos, gossa.

D'origen onomatopeic, a partir del crit que es fa per cridar un gos (veg. *gos*).

D

dadà *m*

Nom adoptat a l'atzar per una colla d'artistes per designar el corrent estètic que també és conegut per *dadaisme*, que renega tot valor racional i tradicional i que propugna la supressió completa dels lligams lògics entre el pensament i l'expressió.

Del fr. *dada*, íd., d'origen onomatopeic.

F. m.: dadaisme.

dalang *interj*

Onomat.: Dang, nang.

daling *interj*

Onomat.: Ding, ning.

➢ Mentrestant jo em mirava, bocabadat, la campaneta que com aquell que si re, continuava tocant i tocant, daling, daling, encara que ja feia estona que la porta era tancada. [Pep Albanell, *Dolor de rosa*, 1984]

daling-dalang *interj*

Onomat.: Dang, ning-nang.

➢ [...] i llavors les tenim tot el sant dia al piano, daling-dalang, daling-dalang, daling-dalang. [Blai Bonet, *Mister Evasió*, 1969]

dang *interj*

Onomatopeia del so del piano. Nang.

➢ El pianista percudia —dang, dang-dang, dang, dang, dang, dang, dang-dang— els darrers compassos de... [Blai Bonet, *El mar*, 1958]

dang-dang *interj*

Onomat.: Dang, ning-nang.

➢ [...] a punt d'anar a l'església / que ja dang-dang los cridava / que si trigaven un xic / se quedaven a les capces. [Jacint Verdaguer, «Lo tafetà», *Jovenívoles* (1863-1865), 1924]

dida *f*

Dona que alleta l'infant d'una altra.

Mot que, amb aquesta forma i aquest sentit precisos, és només català, però emparentat o relacionat amb variants d'altres llengües no solament romàniques. Probablement procedeix d'un ll. vg. *dida* o *didda* 'mamella, dida', de formació expressiva, ja que es tracta d'una arrel imitativa del llenguatge infantil que s'ha fet servir en moltes llengües per referir-se a éssers o coses relacionats amb la criança dels infants.

F. m.: didatge, didot, endidat.

ding *interj*

Onomat.: Dring, ning. També onomatopeia del so del piano.

➢ Rere el cristall, / ding! / s'hi amaga el bronze, / dong! [Miquel Desclot, «Cançó d'endevinar», *Cançons de la lluna al barret*, 1978]

dingaladang *interj*

Onomat.: Ning-nang.

ding-dang *interj*

Onomat.: Ning-nang. També onomatopeia del so que fan alguns timbres.

➢ [*Un home toca un timbre:*] DING-DANG [Lluís Bosch; Ricard Monrós, «Els contrabandistes del port», a *Cavall Fort*, núm. 769-770, 1994]

➢ I torno a sentir les campanes de Santa Càndida d'Orlandis ding-dang ding-dena, igual que si cridessin Magdalena-Magdalena, que jo et deia i ballava de petita i tu t'enfadaves molt. [Baltasar Porcel, *L'emperador o l'ull del vent*, 2001]

ding-ding *interj*

Onomat.: Ning-ning.

➢ [*Sona una campaneta d'una porta:*] DING! DING! [Picanyol, «Ot el bruixot», a *Cavall Fort*, núm. 695, 1991]

ding-dong *interj*

Onomat.: Ning-nang. També onomatopeia del so que fan alguns timbres.

➢ Ding-dong! Aquí Ràdio Atenes. [Rodolf Sirera, *La pau (retorna a Atenes)*, 1975]

dingo-dango *interj*

Onomat.: Ning-nang.

➢ Lluny lluny encara retrunyia / lo dingo dango del migdia [...] [Jacint Verdaguer, «Lo rabeig», *Jovenívoles* (1863-1865), 1924]

diriding *interj*

Onomat.: Ning.

➢ L'agafa, i així, *diriding-ding-ding*, comencen a sonar es picarolets. [Andreu Ferrer, *Rondaies de Menorca*, 1914]

doing *interj*

Onomat.: Boing.

➢ [*Soroll de ferralla:*] DOOOING! [Ricard Monrós, «Manel el màgic», a *Cavall Fort*, núm. 751, 1993]

➢ [*Una bota màgica fa un salt:*] DOING! [Roser Capdevila; Mercè Company, *Les tres bessones i en Polzet*, 1995]

dong *interj*

Onomat.: Clonc, nang. També onomatopeia del so del piano.

➢ Rere el cristall, / ding! / s'hi amaga el bronze, / dong! [Miquel Desclot, «Cançó d'endevinar», *Cançons de la lluna al barret*, 1978]

➢ [*Un rellotge de campanar fa:*] DONG! [Roser Capdevila; Mercè Company, *Les tres bessones i la Ventafocs*, 1995]

drang *interj*

Onomat.: Nang.

➢ [...] la campana féu un repic molt feble i després el toc: drang!, que, en el silenci de la nit, va ressonar com la trompeta del Juí Final. [Enric Valor, *Sense la terra promesa*, 1980]

dring *interj* i *m*

Onomat.: Ning, ring. També onomatopeia del so molt agut que fa, en rebre un xoc, un objecte de metall o de vidre. // *m.* So agut metàl·lic o vidrenc.

➢ Avui toca sopar a can Pau. A l'hora convinguda: / —Dring! —arriba en Pere. / Al cap d'un minut: / —Dring! —arriba en Berenguera. [Josep Carner, «La febre del primer moment», *Les planetes del verdum*, 1918]

➢ [*Gent que brinda fent xocar les gerres:*] DRING DRING [Ramon Folch i Camarasa; Josep M. Madorell, *En Massagran al Pol Nord*, 1984]

F. m.: dringadera, dringadís, dringament, dringar, dríngola.

dring-dring *interj*

Onomat.: Dring, ning-ning.

➢ Cantant eixa cançoneta / que li fa tant de plaer / al dring-dring de les morisques, / dels picarols al fresseig [...] [Jacint Verdaguer, «Lo robo de Na Maria», *Jovenívoles* (1863-1865), 1924]

➢ Oh! el pres absolt no espera pas amb major deler el dring-dring de les claus que han de dar-li la llibertat! [Narcís Oller, *La papallona*, 1882]

duc *m*

Ocell de presa de l'ordre dels estrigiformes, de la família dels estrígids (*Bubo bubo*), amb ulls d'iris taronja i de mirada especialment penetrant, amb els plomalls de les orelles llargs, que arriba a 70 cm de llargada.

D'origen onomatopeic, ja que parteix del seu crit nocturn *buh* o *uhu*. Aquest mot el trobem, amb variants consonàntiques, en diverses llengües. En català, occità i francès, l'onomatopeia probablement va ser alterada per la influència del nom del títol nobiliari, pel fet que el *duc*, en comparació amb altres ocells nocturns d'aquesta mena, com el mussol, l'òliba, el gamarús, el cabrer i el trencalòs, és el més gros.

dum-dum *interj*

Onomatopeia del so que fa el contrabaix.

➢ Margret xiulava, ara sí, un *blues. Difícilment se xiula un blues.* I Dimas Ricardell *dum-dum!* amb tota la força dels seus pulmons [...] [Oriol Pi de Cabanyes, *Oferiu flors als rebels que fracassaren*, 1973]

E

ecs *interj*

Expressa fàstic, repugnància.

De creació expressiva, es troba també en altres llengües.

➢ —Ecs! brut! [Narcís Oller, *La febre d'or*, 1890-1891]

eee *interj*

Onomatopeia del so que es fa en treure la llengua per fer llengotes.

➢ La Marta veu que no hi ha res a fer, es mira el mirall antipàtic i li fa una llengota: —EEE!... [M. Àngels Bogunyà, *Embolica que fa fort!*, 1991]

eguinar *v intr*

El cavall, renillar.

Probablement sorgit d'un encreuament d'*aïnar* 'renillar', d'origen onomatopeic, i *euga* (dial. *ega*). Veg. *aïnar*, *assaïnar*, *renillar*.

eh *interj*

Expressa interrogació, conformitat, menyspreu o fàstic; també es fa servir (generalment, amb so de *e* tancada) per interpel·lar, cridar l'atenció d'algú o alertar d'un perill.

De creació expressiva, que ja existia en llatí.

➢ —Eh!... Miqueló, que no hi veus? [Jacint Verdaguer, «La farigola», *Jovenívoles* (1863-1865), 1924]

➢ —¿Eh, quina galeria més maca, senyoreta?... [Narcís Oller, «Una visita», *Notes de color*, 1883]

➢ Digui'm: com sap que sóc una persona abrandada i generosa, eh? [Carme Riera, *Contra l'amor en companyia i altres relats*, 1991]

➢ Aquí, o es respecta la cua o totes hi tenim el mateix dret, eh! [Joan Rendé, *El barber violador*, 1997]

ehem *interj*

So amb què s'imita una tos suau o el soroll que es fa en escurar-se la gola, i s'usa principalment per cridar l'atenció d'algú o fer-lo adonar d'alguna cosa, dissimuladament.

D'origen onomatopeic.

➢ A vegades, quan acabaven de dir això, se sentia una tos molt sospitosa, com a comentari. Era N'*Egalité*: / —Ehem... ehem! [Miquel dels Sants Oliver, *L'hostal de la Bolla*, 1903]

ei *interj*

Expressió emprada per cridar l'atenció a algú, aturar un moviment o una acció, alertar d'un perill, interpel·lar, rectificar o objectar, i també com a salutació.

De creació expressiva.

➢ —Ei! Tot ho prens a la mala? [Jacint Verdaguer, «La farigola», *Jovenívoles* (1863-1865), 1924]

➢ —Ei! Prou! [Víctor Català, «*Nochebuena*», *Drames rurals*, 1902]

➢ —Ei, ei, que hi ha cua! [Joan Rendé, *El barber violador*, 1997]

eia *interj*

Expressió usada per incitar al moviment o a continuar una acció.

De creació expressiva.

➢ —Eia, vols ser meva? Vols casar-te amb mi? [Jacint Verdaguer, «La prometença», *Jovenívoles* (1863-1865), 1924]

eis *interj*

Expressió usada per aturar un moviment o una acció.

De creació expressiva.

ela *interj*

Expressa befa.

D'origen expressiu, com *elis*.

➢ [...] i fins els semblava que tot plegat se mofés d'ells i els digués, fent-los ganyotes: «Ela, ela, els feligresos! [...] [Raimon Casellas, *Els sots feréstecs*, 1901]

elis *interj*

Es fa servir, generalment repetida, per expressar befa.

D'origen expressiu.

➢ Elis... Elis... Avui no me'n guanya cap... [Carles Soldevila, *Eva*, 1931]

enganyar *v tr*

Fer caure en error amb una falsa aparença.

Del ll. vg. **ingannare* 'escarnir, burlar-se d'algú', derivat de *gannīre* 'lladrar, udolar', 'reganyar, renyir', d'origen onomatopeic. En cat. ant. i dial., també *enganar*. Mot present en totes les llengües romàniques.

F. m.: desengany, desenganyar, engany, enganyabadocs, enganyador, enganyapastors, enganyatall, enganyifa, enganyívol, enganyós, enganyosament.

enguè *interj*

Onomatopeia del so que fa l'infant quan balboteja o quan plora.

➢ La nena, vinga fer enguè. [DCVB]

enxampar *v tr*

Atrapar, sorprendre, especialment amb enginy, astúcia, etc., algú que amaga una cosa o que fa alguna cosa, especialment d'amagat. Hi ha la variant *enxarpar*.

Originari d'una arrel elemental de l'idioma, *xamp-*, expressiva d'un acte o moviment brusc o groller.

ep *interj*

Expressió usada per cridar algú, interpel·lar, alertar d'un perill, cridar l'atenció d'algú, rectificar o objectar, i també per aturar un moviment o una acció.

De creació expressiva (veg. *apa*).

➢ —Ep! espereu-vos. [Narcís Oller, «La calavera», *Notes de color*, 1883]

➢ —Ep! Deixa els comentaris, Martí, i tira avant. [Joan Santamaria, *Visions de Mallorca*, 1935]

➢ —Eeeep! —va dissentir el pacient—, que la Maria la sap molt llarga [...] [Joan Rendé, *El barber violador*, 1997]

esbalandrar *v tr*

Obrir de bat a bat, esbatanar; especialment referit a construccions obertes, sense defensa, amb poca solidesa i d'estructures desballestades.

Mot afectiu, de creació en part expressiva, en part deguda a l'encreuament de mots com *brandar*, *esbatanar* i *balandrejar*.

F. m.: esbalandrament.

esbotzar *v tr*

Fer que alguna cosa s'obri o es rompi cedint a una pressió exterior.

Derivat del mot dialectal *butza* 'panxa', 'tripes' (amb les variants *betza*, *bètza*, *bitza...)*, d'origen incert, segurament de creació expressiva, en què la *b-* i la *-tz-* suggereixen la idea de 'panxut' i, sobretot, del vaivé sacsejant d'un ventre voluminós i l'esbufec de l'obesitat. La variació vocàlica de les diverses variants podria tenir relació, segons que sigui més aguda o més greu, amb les dimensions de la persona o de la panxa. Precisament aquesta varietat vocàlica dins el català i el fet que aquest mot apareix en les llengües més diverses ajuden a confirmar-ne el caràcter expressiu.

F. m.: botzida, botzigada, butzar, esbotzada, gotzo.

escarrabillar *v tr* i *pron*

Deixondir, espavilar.

Mot d'origen expressiu, en què segurament ha intervingut un encreuament de *revetllar*, oc. *revelhà* 'despertar', amb *escarquilar*, oc. *escarcaià* 'espavilar', format sobretot en occità.

F. m.: escarrabillat.

escarritx *m*

Soroll aspre i agut, com el cruixit de les dents en fregar les de dalt amb les de baix.

D'origen onomatopeic.

F. m.: escarritxadera, escarritxar.

escatainar *v intr*

La gallina, fer el seu crit.

D'origen onomatopeic, tot i que hi poden haver contribuït encreuaments d'altres mots sinònims, com el dialectal *catascar*, *catasquejar*, amb els de crits d'altres animals, com *aïnar* i *assaïnar*.

F. m.: escaïnar, escataineig.

esclafar *v tr*

Rompre per una pressió forta, per un xoc violent.

Tant *esclafar* com la variant *esclafir* deriven d'una base onomatopeica *sklaff-*, amb el sentit d'"aplanar d'un cop violent', 'produir un esclat que detoni bruscament i amb força'. Les diferències de matís entre els dos verbs s'expliquen per la influència d'altres verbs de sentit i forma semblants.

F. m.: clafit, esclafada, esclafador, esclafament, esclafassar, esclafat, esclafaterrossos, esclafidor, esclafiment, esclafinyar, esclafir, esclafit.

esclop *m*

Calçat de fusta tot d'una peça, emprat per caminar per llocs humits, treballar l'hort, etc.

Sorgit, probablement, d'un encreuament del ll. *sculponeus* 'esclop' (der. de *sculpere*) amb el ll. vg. *scloppus* 'esclafit, soroll sec', d'origen onomatopeic, que va donar un ll. vg. *scloppos*.

F. m.: esclopaire, escloper, esclopet.

escopeta *f*

Arma de foc portàtil, que consisteix en un o dos canons de ferro, muntats en una peça de fusta, usada principalment per a la caça.

De l'it. antic *scoppietta* o *scoppietto*, diminutiu de *schioppo*, íd., pròpiament 'explosió, espetec', provinent del ll. familiar *stloppus* 'esclafit fet picant la galta inflada', d'origen onomatopeic.

F. m.: escopetada, escopeteig, escopetejar, escopeter, escopeteria.

escotxegar *v intr*

La perdiu, cantar.

D'origen onomatopeic, ja que imita el cant d'aquest ocell.

F. m.: escotxegament, escotxeig, escotxejar, escotxinador, escotxinament, escotxinar, escotxineig, escotxinejar.

esgüellar *v intr*

Fer esgüells, xiscles, el porc, el conill, la llebre, la rata.

D'origen onomatopeic o, potser, d'un encreuament de *godall* i de *guilla*, dos animals que fan aquesta mena de xiscles.

F. m.: esgüell, güell, güellar.

eslurp *interj*

Onomatopeia del soroll que es fa en xarrupar, en llepar, i també en beure amb una canya si hi entra aire, etc.

De l'angl. *to slurp* 'xarrupar, menjar o beure fent soroll'.

esnif *interj*

Onomatopeia del soroll que fa algú que aspira amb força l'aire pel nas, ja sigui per ensumar alguna cosa, perquè plora o perquè està refredat.

De l'angl. *to sniff* 'ensumar, inhalar'.

➢ [*Un home plora:*] —ESNIF ESNIF [Joaquim Carbó; Josep M. Madorell, *La casa sota les estrelles*, 1997]

F. m.: esnifar.

espingar *v intr*

La gralla o qualsevol altre instrument de veu aguda, sonar.

D'origen probablement onomatopeic, ja que l'arrel *sping-* evoca un so agut.

F. m.: espignar, espignet, espinguet.

esquitxar *v intr* i *tr*

Un líquid, fortament agitat, colpejat, etc., llançar gotes a distància.

Mot de creació expressiva i onomatopeica que, amb els sons de *sk* i *tx* (o *ts*), ajudats pel so agut de la *i*, evoca directament la idea de la substància líquida.

F. m.: escatxic, escatxigar, esquitx, esquitxada, esquitxell, esquitxó, esquitxotada, esquitxoteig, esquitxotejar, resquitx.

etxem *interj* i *m*

Onomat.: Atxim. // *m.* Esternut.

➢ De sobte, remogué la testa, apartà de pressa la mà de la cara, alenejà i... etxem!... etxem!... Va fer més d'una dotzena d'esternuts, l'un darrera l'altre i expel·lint ruixim per nas i boca mateix que un polvoritzador. [Víctor Català, «Daltabaix», *Drames rurals*, 1902]

eu *interj*

Expressió emprada per mostrar admiració, sorpresa, per cridar l'atenció o interpel·lar algú.

De creació expressiva.

➢ Eu, i a l'últim la granera... [Eduard Escalante, *La Xala*, 1871]

F

---

fanfàrria *f*

Jactància, acció de vanar-se d'alguna cosa.

De l'esp. *fanfarria*, com *fanfarrón*, íd., de creació expressiva, a partir d'un radical *fanfa-* o *panfa-*, amb un sufix de valor augmentatiu que en reforça el sentit. Però també podria haver-se creat paral·lelament al mot espanyol.

F. m.: fanfara, fanfarró, fanfarronada, fanfarronejar, fanfarroneria.

farbalà *m*

Banda de roba cosida per la part superior i deixada penjar, amb què s'adorna una faldilla, una cortina, etc.

Pres del fr. *falbala*, íd., que sembla que és una adaptació del francoprovençal *farbélla*, de la mateixa família del fr. antic *frepe* i *felpe* 'parrac, cassigall' i mots semblants formats amb la seqüència consonàntica *f-l-p*, expressiva de 'cosa fútil', segurament del baix ll. *faluppa* 'fibra, cosa fútil'.

fet-fet *f*

Cigala (insecte).

D'origen onomatopeic.

fff *interj*

Onomat.: Fuu.

➢ VISITANT I.— [...] Tabacs? *(Fa el gest de qui fuma un gran cigar.)* Ffffffff! [Joan Oliver, *El 30 d'abril*, 1935]

➢ Allò de fffff solament ho havia sentit dir a les genetes de la terra quan estaven enutjades, parlant amb perdó. [Avel·lí Artís-Gener (Tísner), *Paraules d'Opoton el Vell*, 1969]

➢ [*Un home esbufega de cansament i avorriment:*] —FFFF! [Manel, «Els cepats», a *Cavall Fort*, núm. 177, 1970]

fft *interj*

Onomat.: Flup, fuu (bufar, escopir), zas (moure's).

ffuuit *interj*

Onomat.: Xiuït.

➢ [*Se sent un xiulet:*] FFFUUUIIIIIIT [Josep M. Madorell, «Jordi i Núria en el testament del pirata», a *Cavall Fort*, núm. 158-159, 1969]

fiu *interj*

Onomat.: Ziu.

➢ [*Una ventada fa volar tot de barrets:*] FFIIIUUU [Josep M. Madorell, «Els bufanúvols», a *Cavall Fort*, núm. 380, 1978]

➢ —Fiu...! —xiulà el sotscomissari—. [Ferran Torrent, *No emprenyeu el comissari*, 1984]

fiut *interj*

Onomat.: Xiuït.

flac *interj*

Onomat.: Flas.

➢ [*Un home en fueteja un altre:*] FLAC! [Joaquim Carbó; Josep M. Madorell, *La casa sota la sorra*, 1983]

➢ [*Un home colpeja una pilota de tenis amb la raqueta:*] FLAC [Josep M. Madorell, «Jep i Fidel», a *Cavall Fort*, núm. 742, 1993]

flaix *interj* i *m*

Onomatopeia del soroll que fa un flaix antic en disparar-se, i també, en sentit figurat, cosa o fet que duren només un instant. // *m.* Aparell que produeix un esclat lluminós que permet impressionar una pel·lícula fotogràfica quan no hi ha prou llum natural.

De l'angl. *to flash* 'deixar anar, llançar, llampegar', d'origen onomatopeic, que primer es va aplicar al soroll de l'aigua que cau sobre una superfície i després a l'esclat lluminós.

➢ Quan la va tenir apuntalada, va pelar els extrems dels cables i, contenint la respiració, els va acostar l'un a l'altre. FLAIX! El contacte va produir una cascada d'espurnes blaves. [Sebastià Roig, *El cogombre sideral*, 2000]

flap-flap *interj*

Onomatopeia del soroll que fa una cosa que es mou en l'aire, com un ocell en batre les ales, una hèlice o una peça de roba, com una bandera moguda pel vent, etc.

➢ En Batman va començar a fer saltets a la cadira i a cridar visca! [...] I *flap, flap, flap!*, se'n va anar cap a casa seva amb l'allioli carregat a l'esquena. [Marc Aguilar, «Olor o pudor», a *Cavall Fort*, núm. 696, 1991]

flas *interj*

Onomatopeia del soroll que fa una fuetada, o el que fa una raqueta de tenis o un bastó en colpejar una pilota o alguna altra cosa tova, etc.

➢ [...] cop de fuet damunt la pell de Nora en els cellers del vi dolç, haver-hi trobat encara les rajoles del via crucis dins una capsa tacada / flas! / cop de / verga a l'esquena, sang [...] [Oriol Pi de Cabanyes, *També les formigues, Dylan, algun dia ploraran de solitud*, 1975]

flash* *interj*

Onomat.: Flaix.

➢ Al començament, s'ho deia en despertar-se, a trenc d'alba. Es deia, tot això el riu s'ho emportarà, flash, s'ha acabat, com la fullaraca a la tardor. [Montserrat Roig, *L'hora violeta*, 1980]

flast *interj*

Onomat.: Flas.

➢ De sobte, vam sentir llavors un flast! formidable, i vam veure que l'indignat germà, arribant davant d'aquella escandalosa, li havia deixat pintats els cinc dits a la cara. [Narcís Oller, *La bogeria*, 1898]

➢ [*Un home colpeja una pilota de golf amb el bastó*:] FLAST [Josep M. Madorell, «Jep i Fidel», a *Cavall Fort*, núm. 400-401, 1979]

flic-flac *interj*

Onomat.: Flist-flast.

➢ [...] la branca d'un arbre, flic, flac, picava els vidres, els fregava, segons si el vent volia que els fregués o els piqués. [Mercè Rodoreda, *La plaça del Diamant*, 1962]

flirt *m*

Acció de flirtar, és a dir, de simular una inclinació amorosa per coqueteria o per passatemps.

De l'angl. *flirt* 'closquet, moviment ràpid; persona inconstant', derivat de *to flirt* 'donar un cop al cap; agitar; fer la papallona; ser inconstant; galantejar', d'origen onomatopeic.

F. m.: flirtar, flirteig, flirtejar.

flis-flas *interj*

Onomat.: Flist-flast.

➢ Afiguri's que avui, perquè m'ha trobat a la cuina ajudant la Maria (que és la criada), ha agafat l'escombra, i flis-flas a mi i an ella ens ha fet córrer escales avall. [Emili Vilanova, «A casa l'Arcalde», *Quadros populars*, 1906]

flist-flast *interj*

Onomatopeia del soroll que fan dos cops que es venten l'un darrere l'altre.

➢ Després d'un flist-flast, vaig sentir com mon germà esclatava en plors. [GD62LC]

flop *interj*

Onomat.: Flup, plof (sentit figurat).

➢ [*Un mag fa desaparèixer una caixa:*] Flop! [Joaquim Carbó; Francesc Infante, «Felip Marlot detectiu», a *Cavall Fort*, núm. 638, 1989]

➢ [*Un home dispara un dard amb una sarbatana:*] Flop [Josep M. Madorell, «Jep i Fidel», a *Cavall Fort*, núm. 785-786, 1995]

flop-flop *interj*

Onomat.: Flap-flap.

➢ [*Una màquina voladora mou les ales:*] Flop! Flop! [Ricard Monrós, «Manel el màgic», a *Cavall Fort*, núm. 793-794, 1995]

flup *interj*

Onomatopeia del soroll que es fa en disparar una sarbatana o semblant.

➢ [*Un home dispara perdigons amb un canut:*] Flup [Josep M. Madorell, «Jep», a *Cavall Fort*, núm. 74, 1966]

fofo -a *adj*

Tou i de poca consistència.

De creació expressiva, d'una arrel paral·lela a la de *bufar*.

forfollar *v tr*

Remenar amb la mà un munt de coses, per saber-ne el nombre, o bé per agafar-ne o triar-ne algunes. // Moure una clau, un ferro dins un pany o un mecanisme, intentant d'obrir-lo, de fer-lo anar, etc.

De formació expressiva i onomatopeica, amb paral·lelismes en les llengües veïnes.

F. m.: enfarfoll, enfarfollar-se, enforfollar, farfallós, farfolla, farfutalla, forfollejar, forfollons.

fri-frit *interj*

Onomatopeia de la veu del pinsà i d'altres ocells.

F. m.: frifrit.

frii *interj*

Onomatopeia del gemec d'alguns peixos, com per exemple la sardina.

➢ [...] aquelles sardines, que de vegades, vives encara, amb les ganyes palpitants i la boca oberta, s'estremien d'espant entre les malles i, al sentir-se opreses pels dits barroers, exhalaven una gemegor entelada i fina: —... fri, friii, friiii... [Joaquim Ruyra, «Vetlles d'estiu», *Pinya de rosa*, 1920]

fringaire *m*

Festejador, galant.

De l'oc. *fringaire*, íd., de creació expressiva.

frit-frit *interj*

Onomat.: Fri-frit.

frrt *interj*

Onomatopeia del soroll que fa un filaberquí, un trepant i altres màquines de foradar, i també del que fa una hèlice.

fru-fru *interj*

Onomatopeia del soroll produït per un fregadís lleuger, especialment el que fa un teixit de seda i algun tipus de paper, com la cel·lofana.

➢ Els braços prims de cel·lofà també feien fru-fru. [Miquel Obiols, *Ai, Filomena, Filomena! i altres contes*, 1977]

➢ M'enfonso al costat de les cames llargues i peludes, que fan com un fru-fru i són tebiones. [Anònim, *Els quaderns de la dona d'en Marc*, 1985]

➢ Foren dies tranquils durant els quals el temps lliscava suaument entre el fru-fru de les sedes i els brocats dels vestits ampul·losos [...] [M. Antònia Oliver, *Crineres de foc*, 1985]

fss *interj*

Onomat.: Zas (moure's). També onomatopeia del soroll que fa una cosa que s'encén de pressa, o que es desinfla o el que fa un gas quan surt d'un recipient.

➢ [*Un home pitja un esprai:*] Fფsss [Joaquim Carbó; Josep M. Madorell, *La casa sota el mar*, 1986]

➢ [*Surt gas d'una bombona de butà:*] Fssssssss [Josep M. Madorell, «Jep i Fidel», a *Cavall Fort*, núm. 727, 1992]

➢ [*Un home encén la pólvora d'un canó:*] Fssssss [Joma, «Cresques», a *Cavall Fort*, núm. 756, 1994]

fuu *interj*

Onomatopeia del soroll que fan les onades, el vent, una persona o alguns animals, com el gat, quan bufen o esbufeguen, o el que fa una persona en escopir alguna cosa que té a la boca, o per manifestar alleujament, etc.

➢ [...] veu dues cosetes que lluïen, se creu que són dues brasetes, hi afica es lluquet; i varen esser ets uis d'es moix, que va fer *¡¡¡fuuu!!!* i li clava a sa cara totes ses ungles de ses cames de davant i de darrera. [Antoni M. Alcover, *Aplec de rondaies mallorquines d'En Jordi des Racó*, 1936-1972]

➢ Perquè, segons com s'ho mirin, clar, quinze anys són com un buf. I un buf no és res: fffuuuu... i ja està! [Antoni Mus, *Bubotes*, 1978]

➢ [*Un home bufa una sarbatana:*] FFUUUU [Josep M. Madorell, «Jep i Fidel», a *Cavall Fort*, núm. 787, 1991]

➢ [*Una nena bufa*:] FUUU! [Joaquim Carbó; Montse Tobella, «Una regata d'estar per casa», a *El Tatano*, núm. 12, *Cavall Fort*, núm. 720, 1992]

G

---

gaig *m*

Ocell boscà, de la família dels còrvids (*Garrulus glandarius*), de plomatge bru, amb una taca blanca al carpó, amb plomes blaves i negres a les ales, que fa uns 34 cm.

Del ll. td. *gaius*, íd., mot en principi d'origen onomatopeic, però posteriorment identificat popularment amb el nom propi del ll. cl. *Cajus* (sovint pronunciat *Gaius*) i adaptat totalment a la forma d'aquest nom. L'explicació d'aquest fet és que aquest ocell escarneix sovint la veu d'altres ocells i, fins i tot, dels humans, per la qual cosa se li van aplicar a manera de motius o malnoms certs noms propis de persona.

F. m.: gatgejar.

galet *m*

Broc petit d'un càntir, d'un porró, etc., per on, en inclinar convenientment l'atuell, brolla el líquid formant un raig prim. *Beure a galet*: beure fent caure a la boca el raig de líquid que surt pel galet d'un càntir, d'un porró, etc. // Tros d'una branca que resta a l'arbre en tallar-la.

En el sentit de 'beure a galet', probablement hi va haver una reducció de l'expressió *beure a gargalet*, transformat en *(gal)galet*, a partir d'una variació de l'onomatopeia *gar-* (veg. *gargall*) en *gal-gal*. En el sentit de 'tros de branca' (dialectalment també *gallet*), prové de *gall*. En el sentit de 'broc de càntir', hi han intervingut totes dues accepcions.

gananing *interj*

Onomat.: Ning.

gananing-gananang *interj*

Onomat.: Ning-nang.

➢ Si hi havia algú a la casa i no havia sentit aquell gananing-gananang, gananing-gananang, del cancell [...] [Narcís Oller, *La bogeria*, 1898]

ganga *f*

Ocell de la família dels pteroclídids (*Pterocles alchata*), de cua llarga i molt punxeguda, de mida mitjana i vol ràpid. // Cosa que s'aconsegueix a un preu molt inferior al normal.

D'origen onomatopeic, ja que imita el cant d'aquest ocell. Figuradament, es va aplicar a les coses sense profit, perquè la *ganga* és difícil de caçar i de mal plomar i menjar. A còpia d'usar aquest mot irònicament, però, ha acabat per significar més aviat les coses apreciables que s'adquireixen a molt bon preu.

ganing *interj*

Onomat.: Ning.

➢ [...] lo cancell se tanca fent ganing ganing ganing i, amb la revolada que porta, dóna una patacada als talons del desgraciat amant. [Emili Vilanova, «Últimes escenes d'un drama», *Lo primer amor i altres narracions*, 1879-1906]

ganing-ganang *interj*

Onomat.: Ning-nang.

➢ [...] ja se'n posava malalta, / i ganing-ganang a morts / cap al vespre ja tocaven. [Jacint Verdaguer, «Cap al vespre», *Jovenívoles* (1863-1865), 1924]

ganing-ganing *interj*

Onomat.: Ning-ning.

➢ [...] el ganing-ganing de la campaneta i el cant del vicari i l'escolà ressonant en la buidor d'aquells carrers solitaris acompanyaren el Senyor fins a la humil alcova de la malalta [...] [Narcís Oller, *La febre d'or*, 1890-1891]

ganyolar *v intr*

Udolar.

Alteració de l'antic *ganyir* 'lladrar d'una manera aguda i planyívola', del ll. *gannīre*, íd., segurament per influx d'*udolar*, mots d'origen onomatopeic.

F. m.: ganyol.

gargall *m*

Flegma de la gola expedida per la boca.

Prové, com altres mots que comencen igual, d'una arrel onomatopeica *garg-*, que imita el so gutural del gargalleig, gargoteig i engargussament, mitjançant la seva amplificació amb diverses consonants: *-m-*, *gargamella; -nt-*, *gargantejar; -l-*, *gàrgola; -r-*, *gàrgara; -t-*, *gargotejar*; -ss-, *engargussar-se*. Aquesta arrel ja apareix en el ll. *gargarismus*, *-i* 'gàrgara'.

F. m.: engargallar, engargullar, engargús, engargussament, engargussar-se, gargallejar, gargallós.

gargamella *f*

Gola.

D'origen onomatopeic (veg. *gargall)*.

F. m.: engargamellar, engargamellar-se, gargamellejar, gargamelló.

gargantejar *v intr*
Xerrar.
D'origen onomatopeic (veg. *gargall*).

garganter -a *adj* i *m* i *f*
Xerraire.
D'origen onomatopeic (veg. *gargall*).

garganxó *m*
Laringe, nou del coll.
D'origen onomatopeic (veg. *gargall*).

gàrgara *f*
Acció de gargaritzar.
D'origen onomatopeic (veg. *gargall*).

gargarisme *m*
Medicament líquid emprat per gargaritzar.
D'origen onomatopeic, del baix ll. *gargarismus*, del ll. cl. *gargarisma*, i aquest, del gr. *gargarismós*, íd. (veg. *gargall*).

gargaritzar *v intr*
Mantenir un líquid a la gola agitant-lo amb l'expulsió de l'aire dels pulmons.
D'origen onomatopeic, del ll. *gargarizare*, i aquest, del gr. *gargarízō*, íd. (veg. *gargall*).

gàrgola *f*
Canal sortint per on vessa, a distància de la paret, l'aigua de pluja que cau sobre la teulada, la coberta, etc. d'un edifici, sovint acabada en forma de figura grotesca o fantàstica.
D'origen onomatopeic (veg. *gargall*), encreuament de l'arrel

garg-, aplicada als fenòmens guturals, amb *gola*, del ll. *gula -ae* 'gola, gorja'.

gargot *m*

Traç imperfecte com és ara les lletres traçades per una mà poc traçuda a escriure.

D'origen onomatopeic i expressiu (veg. *gargall*).

F. m.: gargotejar.

gàrguil *m*

Motlle de fer teules.

Variant del dialectal *gàrgol* 'doll o raig gruixut d'aigua; canó que li dóna sortida' (veg. *gargall*).

garramau *interj*

Onomat.: Marrameu.

➢ A cada cop de mall que queia sus del sarró n'eixia un garramau esgarrifós [...] [Esteve Caseponce, *Contes vallespirencs*, 1907]

garrameu *interj* i *m*

Onomat.: Marrameu. // *m.* Miol del gat. // Crit de la guatlla.

➢ [...] i pels porxos i finestres responien les guatlles amb el seu garrameu *blat segat, blat segat.* [Jaume Collell, *Memòries d'un noi de Vic*, 1908]

➢ Ningú es vesteix de primera comunió per a passar fang. Garrameu, gateta. [Ramon Vinyes i Cloet, *Peeter's bar*, 1931]

garramiu *interj*

Onomat.: Marrameu.

garraning *interj*

Onomat.: Ning.

➢ El jaio, que feia d'escolà com sempre, va tocar la campaneta, *garraning, ning, ning!...* i la missa va començar. [Raimon Casellas, *Els sots feréstecs*, 1901]

garranyac *interj*

Onomat.: Garranyic.

➢ Ficà la clau al pany de la porta, que cedí amb garranyac metàl·lic. [DCVB]

garranyau *interj*

Onomat.: Marrameu.

➢ [...] d'un aire llastimós cridava garranyau. [Albert Saisset, *Coses i altres*, 1888]

garranyec *interj*

Onomat.: Garranyic.

➢ [...] el cap de la banda fa un crit davant la cova: «Obre't Sèsam!» I la roca, garranyec!, s'obre de bat a bat. [Roser Capdevila; Mercè Company, *Les tres bessones: Alí Babà i els quaranta lladres*, 1988]

garranyeu *interj* i *m*

Onomat.: Marrameu, nyeu-nyeu. // *m*. Garrinyau.

➢ La tia Paulina crià una mena de servei especial, unes xicotes garranyeus, sense color, sense sexe; totes duien hàbit i només sortien de nit un cop cada dotze mesos, per anar a missa del gall. [Josep M. de Sagarra, *Vida privada*, 1932]

garranyic *interj* i *m*

Onomatopeia del soroll sec, estrident, produït pel fregadís de dos cossos, de dues peces d'un mecanisme, etc., i també del soroll de rosegar. Sovint es fa servir en combinació amb *garranyac*, *garranyec* o *garranyoc*. // *m*. Grinyol.

➢ [...] sols el cant quasi perdut d'una mare que bressava son infant, barrejat amb el no menys frèvol d'unes cosidores i el llarg rebombori d'un garranyic de cancell, trencava aquella quietud de cementiri. [Narcís Oller, «El transplantat», *Croquis del natural*, 1880]

➢ Avança sol a empentes, lliscades i garranyics. [Narcís Oller, *Pilar Prim*, 1906]

➢ Vol veure com el faig girar de cara en un no res? Així que sentirà els garranyics-garranyecs de la paperina. [Mercè Rodoreda, «L'elefant», *La meva Cristina i altres contes*, 1967]

➢ Vaig abaixar el cap; devien interpretar que cedia i es van tirar contra els baixos d'una casa vella i van començar a rosegar-la, garranyic-garranyac, estona i més estona. [Mercè Rodoreda, «Viatge al poble de les rates ben criades», *Viatges i flors*, 1980]

➢ Mal garranyic-garranyac te facin els ossos, des dels més petits als més grossos. [DCVB]

F. m.: garranyigar.

garranyiu *interj*

Onomat.: Marrameu. Sovint es fa servir en combinació amb *garranyeu*.

➢ Garranyius i garranyeus / ha llançat el precursor / (primer màrtir del consum). [Miquel Desclot, *Viatge perillós i al·lucinant a través de mil trescents vint-i-set versos infestats de pirates i de lladres de camí ral*, 1974]

garranyoc *interj*

Onomat.: Garranyic.

garrí, garrina *m, f*

Porc petit.

Prové de l'onomatopeia *g-rr-*, que, amb diverses vocals intermèdies, imita en moltes llengües el gruny del porc.

F. m.: garrinada, garrinar.

garric-garrac *interj*

Onomatopeia d'un soroll estrident o ronc, com el que fan els carraus, els xerracs o les matraques de Setmana Santa.

➢ [...] i li feia quatre magarrufes amb els seus dits llargs i secs que quan els bellugava feien garric garrac, perquè els ossos li cruixien. [Joan Amades, *Les cent millors rondalles populars*, 1948]

garric-garroc *interj*

Onomat.: Garric-garrac.

➢ Un garrot, garric-garroc. [Carles Hac Mor, «Oda nupcial», a *Parapèmies; Desplaçaments; Cosificacions*, 2002]

garrinyau *m*

El fill més petit, el caganiu.

D'origen onomatopeic, a partir del miol o gemec dels animals petits.

ggg *interj*

Onomatopeia del soroll gutural que es fa en respirar amb la boca oberta quan es dorm.

gic *interj*

Onomat.: Tup.

➢ Gic! el destapa, i surten tot d'una, com a bales, es dos dimonis boiets. [Antoni M. Alcover, *Aplec de rondaies mallorquines d'En Jordi des Racó*, 1936-1972]

gic-gic *interj*

Onomatopeia del soroll que fan les tisores en tallar paper, cartó, etc.

➢ I ja m'amarra unes tisores, i gic-gic-gic, bones estisorades devers es bigots! [Antoni M. Alcover, *Aplec de rondaies mallorquines d'En Jordi des Racó*, 1936-1972]

giu-giu *interj*

Onomat.: Xiu-xiu (ocells).

➢ Aquí sa titina pega enfuita de dins s'amagatai, s'amolla una ala, passa davant es carretó, i botets i botets, i *giu-giu* i *giu-giu* [...] [Antoni M. Alcover, *Aplec de rondaies mallorquines d'En Jordi des Racó*, 1936-1972]

glac-glac *interj*

Onomatopeia del soroll que es fa en gargaritzar, en empassar-se un líquid, etc.

➢ Després va esser una bombolla d'aigua... que la terra es volia xuclar... glac-glac, glac-glac. [Joaquim Ruyra, *La parada*, 1919]

glang-glang *interj*

Onomat.: Ning-nang.

➢ Al glang-glang de la campana / que diumenge allà a nou hores / cridava a missa major / als veïns de la parròquia [...] [Jacint Verdaguer, «La monja i lo soldat», *Jovenívoles* (1863-1865), 1924]

glatir *v intr*

El cor, bategar amb força.

Del ll. *glattīre* 'fer lladrucs aguts els gossos', d'origen onomatopeic, aplicat després al batec accelerat del cor, i més endavant, per translació, al sentit de 'delir-se per alguna cosa, desitjar amb ànsia'.

F. m.: clapir, clapit, glapir, glapit.

glec-glec *interj*

Onomat.: Glac-glac.

➢ A la fi agafa s'ampolleta, i glec-glec, se cala tota aquella aigo [...] [Antoni M. Alcover, *Aplec de rondaies mallorquines d'En Jordi des Racó*, 1936-1972]

glin *interj*

Onomat.: Ning.

➢ «Glin, glin, glin, glin, glin!» / Va córrer cap a popa. La campaneta del curricà batia sense aturall. [Baltasar Porcel, *La lluna i el Cala Llamp*, 1963]

glinc *interj*

Onomatopeia del soroll que fa una gota d'un líquid en caure sobre un objecte sòlid.

➢ Glinc!... glinc!... glinc!... Les gotes despreses de l'altura anaven caient arreu, amb ritme ja ràpid, ja espaiat [...] [Víctor Català, «Lenín», *Vida mòlta*, 1949]

gloc-gloc *interj*

Onomat.: Glac-glac. També onomatopeia del soroll que fa un líquid en borbollejar.

➢ Es sentí el gloc-gloc del bidó de benzina que es buidava. [Josep Roig i Raventós, *Flama vivent*, 1924]

➢ Es senyor tot d'una anà a destapar-la, i s'olla *gloc-gloc-gloc*. [Antoni M. Alcover, *Aplec de rondaies mallorquines d'En Jordi des Racó*, 1936-1972]

glo-glo *interj*

Onomat.: Glac-glac, gloc-gloc.

➢ A l'últim va aixecar-se, fugí tentinejant per entre la farda, i deixà sentir-hi, al darrera, per llarga estona, un glo-glo semblant al d'una ampolla que es vessa borbollejant. [Joaquim Ruyra, «El rem de trenta-quatre», *Pinya de rosa*, 1920]

glo-glo-gloc *interj*

Onomat.: Glu, glu, glu.

➢ S'endiot, tot d'una fa: / —Gloc!!! Glo-glo-gloc!!! [Antoni M. Alcover, *Aplec de rondaies mallorquines d'En Jordi des Racó*, 1936-1972]

glop *m*

Porció d'un líquid que hom beu, que cap d'una vegada a la boca.

El fet d'existir també en occità i d'haver-hi formes semblants en llengües germàniques, eslaves i en basc indueix a pensar que es tracta de creacions paral·leles, però autòctones en cada una d'aquestes famílies lingüístiques, de caràcter onomatopeic, que imiten el so que es fa en empassar-se un líquid.

F. m.: glopada, glopeig, glopejar.

glop-glop *interj*

Onomat.: Gloc-gloc, xau-xau.

➢ La guatlla venturera ¿d'on vindria, / i com passa la mar ampla d'un vol? / El seu glop-glop desperta una alegria / feta de terra, d'herba, d'aigua i sol. [Josep Sebastià Pons, «La guatlla», *Canta Perdiu*, 1925]

glub *interj*

Onomat.: Glup.

➢ [*Una oca s'empassa un anell:*] —Som-hi! Coll avall s'ha dit... Glub [Marc i Pep Brocal, «Maurici Bonull», a *Cavall Fort*, núm. 784, 1995]

glubs *interj*

Onomat.: Glup.

➢ —Sap continuar? / Roger reparà la pissarra, farcida de nombres. / —Glubs... [Pau Farner, *El cavaller i la fortuna*, 1986]

gluc-gluc *interj*

Onomat.: Glac-glac, gloc-gloc.

➢ [...] una mica endins, l'aigua va començar a fer bombolletes. Gluc, gluc, feien gluc, gluc. Jugaven a néixer i a morir [...] [Mercè Rodoreda, «Una carta», *La meva Cristina i altres contes*, 1967]

glu-glu *interj*

Onomatopeia del soroll que fa un líquid en entrar dins un recipient o conducte estret, com per exemple el que fa algú quan beu o quan s'ofega, i del que fa un líquid en bombollejar, i també del so que fa el gall dindi.

➢ Ell esclafí una rialla grassa, tremolosa, com el glu-glu d'un gall dindi que tingués la gola embussada. [Víctor Català, «Idil·li xorc», *Drames rurals*, 1902]

➢ El rajar de les canals, el glu-glu de les gàrgoles i el murmuri de riuada que pujava de la ciutat l'alegraven. [Prudenci Bertrana, *Josafat*, 1906]

➢ La mar fa un gran soroll: se sent el cop sec de l'onada en rompre arran de platja; la glopada d'absorció de l'ona que recula i després la remor de seda esqueixada que fa el glu-glu de l'aigua planejant, llepant i filtrant-se en la sorra. [Josep Pla, *El vent de garbí i la tramuntana*, 1952]

➢ [*Un home s'ofega en un riu:*] —Glu... Glu... [Granero, «Pitof», a *Cavall Fort*, núm. 154, 1969]

➢ A la cuina, les criades mantenien constantment dues immenses calderes plenes d'aigua damunt els fogons, i el glu-glu de la bullentor semblava una salmòdia [...] [M. Antònia Oliver, *Crineres de foc*, 1985]

glu, glu, glu *interj*

Onomat.: Glu-glu (especialment, so que fa el gall dindi).

➢ El tap de goma estava en el forat i la sang arriba fins a la meitat del lavabo. Estiro la cadeneta, tanco els ulls i —glu, glu, glu— igual que si sentís un dels meus amics que es nega... [Blai Bonet, *El mar*, 1958]

➢ Sí, eren galls dindis. N'havia sentit el glu-glu-glu quan s'acostaven a la taula. [Cèsar August Jordana, *El món de Joan Ferrer*, 1971]

glup *interj*

Onomat.: Glu-glu. També onomatopeia del soroll que fa algú en empassar-se saliva davant un perill, una situació conflictiva, anguniosa o en sorprendre's molt, i també en empassar-se de cop i sense voler alguna cosa.

➢ És un silenci amb brunzir de borinots i el glup, glup de l'aigua de la piscina. [Maria Aurèlia Capmany, *Compta'ls bé, que tots hi són*, 1984]

➢ [*Un cadell de lleó beu amb un biberó:*] Glup Glup [Joaquim Carbó; Josep M. Madorell, *La casa sobre el gel*, 1987]

➢ —Som-hi, noi —m'animà l'Àngel Vila, en veure que l'ànim em flaquejava. / *Glup*. Vaig empassar-me la saliva. [Andreu Martín i Jaume Ribera, *Tots els detectius es diuen Flanagan*, 1991]

➢ [*Un home s'ofega a l'aigua:*] —Auxili! M'enfonso! Glup Glup Glup Glup. [Josep M. Madorell, «Jep i Fidel», a *Cavall Fort*, núm. 763, 1994]

glups *interj*

Onomat.: Glup (empassar-se saliva).

➢ Com que jo no deia res, el Serra va deglotir saliva (sorollosament, *glups*) i es va tombar cap a la morena del cotxe. [Andreu Martín, *Zero a l'esquerra*, 1993]

gnyorrc *interj*

Onomatopeia del ronc que fa el porc.

➢ [...] la bacona i el bacó si s'escapaven de la porcatera correrien a quatre potes gnyorrc gnyorrc pel carrer de Cavallers [...] [Joan F. Mira, *Els treballs perduts*, 1989]

gong *interj* i *m*

Onomatopeia del so que fa el gong o semblant. // *m*. Instrument format per un disc de metall de vores alçades que, colpejat, produeix un so fort i ressonant.

A través de l'angl. *gong*, i aquest del malai *gong*, d'origen onomatopeic.

➢ Al replà de cada pis, en sortint de l'ascensor, sentim el carrisqueig i el gong de metall de les màquines d'escriure engegades. [Pere Gimferrer, *Fortuny*, 1983]

gorg *m*

Clot pregon en el llit d'un corrent d'aigua, on aquesta s'entolla o alenteix el seu curs.

Del ll. vg. *gurgus*, alteració del ll. cl. *gurges, -itis* 'gorg; piscina; mar fonda; gorja humana', que era una veu expressiva i onomatopeica, ja que imitava els sons que fa la gorja humana amb els grups onomatopeics *gurg / garg*.

F. m.: desengorjar, engorgar-se, engorjada, engorjar, engorjat, gorga, gorgera, gorja, gorjablanc, gorjada, gorjagroc, gorjal, gorjut, ingurgitació, ingurgitar, regurgitació, regurgitar.

gori-gori *m*

Cant fúnebre dels enterraments.

Veu onomatopeica —per abreviació i reduplicació de l'onomatopeia *gorg*— que estrafà el cant gregorià de les exèquies (veg. *gorg*).

gos, gossa *m*, *f*

Mamífer carnívor de la família dels cànids (*Canis familiaris*), domesticat des de temps prehistòrics.

De creació expressiva, a partir de l'expressió *gus* o *kus*, que es feia servir popularment per anomenar el gos, cridar-lo o adreçar-s'hi. Forma tardana que va substituir, en bona part del territori, l'antiga i dialectal *ca*. En altres llengües romàniques apareix també la variant *gusk* (*kusk*).

F. m.: gossada, gosser, gosset.

graa *interj*

Onomatopeia del rugit del lleó.

➢ [*Un lleó salta i rugeix:*] GRRAAA [Josep M. Madorell, «Jep», a *Cavall Fort*, núm. 86, 1967]

gralla *f*

Ocell de la família dels còrvids (*Corvus monedula*), d'uns 33 cm, de plomatge molt fosc, amb el cap de color gris clar. // Instrument musical.

Del ll. *gracŭla*, íd., d'origen onomatopeic, que imita el so estrident de la veu de l'ocell. Mot present en diverses llengües romàniques.

F. m.: grall, grallar, graller, grallera, gralló, graula.

grémola *f* i *adj*

Ploricó, lamentació enfadosa per fer llàstima o obtenir alguna cosa. // *adj.* Que té per costum fer la grémola. // *Fer la grémola*: demanar fent gemecs insistentment.

Mot relacionat amb el fr. *gromeler* 'rondinar', fr. antic i dialectal, *gremeler*, *grimoler*, i l'angl. *grumble*, íd. Probablement, en tots els casos, es tracta d'una formació onomatopeica.

F. m.: gremolejar.

griac *interj*
Onomat.: Crac-crac (corb).

gri-gri *interj*
Onomat.: Ric-ric.

➢ [...] ¿que t'ofenen amb sos racs / les granotes de la bassa / o amb son gri-gri fastigós / los grills que per l'herba salten? [Jacint Verdaguer, «Cap al vespre», *Jovenívoles* (1863-1865), 1924]

gri-gric *interj*
Onomat.: Ric-ric. // *m.* Grill (insecte).

grill *m*
Nom donat a diverses espècies d'insectes ortòpters, de la família dels gríl·lids, de cos curt i de color negre rogenc, que es caracteritzen per les notes agudes que produeix el mascle amb la fricció dels èlitres.
Del ll. *grillus*, íd., d'origen onomatopeic, que imita el cant agut i metàl·lic de l'insecte. Pel que fa als altres sentits d'aquest mot, relacionats amb el món vegetal (brots, gèrmens; parts separades de què consten certes fruites com la taronja, etc.), l'origen és més incert i no és gens segur que tinguin relació amb l'insecte.
F. m.: desengrillonar, engrillonar, esgrillar, grell, grella, grellada, grillada, grillar, grillera, grilló.

grinyolar *v intr*
Fer grinyols, crits de dolor, el gos i altres animals. // Fer sorolls estridents alguna cosa a causa d'un fregadís extern o intern.
Variant de *ganyolar*, derivat del ll. *gannīre* 'fer lladrucs aguts', d'origen onomatopeic (veg. *ganyolar*).
F. m.: grinyol.

grr *interj*

Onomatopeia del soroll que fa una persona o una bèstia que gruny, o que rugeix, o que ronca, etc.

➢ —Grr, grr, grràcies a Déu que he arribat. És molt lluny això! / —Per què serveixes tu? —li preguntà l'home. / —Per tot! —respongué el porc exsenglar. [*En Patufet*, 1937]

➢ Molt original, oi? Molt graciós, oi? Grrr! [Ramon Folch i Camarasa, «Fer-se gran de debò» a *Quinze són quinze*, 1974]

➢ [*Gent que dorm:*] GRRR Zzz [Joaquim Carbó; Josep M. Madorell, *La casa sota el mar*, 1986]

➢ Damunt del llit hi havia el gos cargolat, que quan em va veure em va fer ggrrr, ggrrr. [Enric Larreula, *T'han enganyat, Immaculada*, 1989]

grunyir *v intr*

El porc, fer grunys. // El gos i altres animals, rondinar.

Del ll. *grŭnnīre*, íd., d'origen onomatopeic.

F. m.: engrony, engronyament, engronyar, engronyat, grony, gruny, grunyidor, grunyit.

guac *interj*

Onomat.: Quac-quac.

➢ Tothom anava preguntant què deia l'Excels, i ell anava fent «guac, guac, guac», com un pobre ànec [...] [Terenci Moix, *El sexe dels àngels*, 1992]

guac-guac *interj*

Onomat.: Quac-quac.

guatlla *f*

Ocell de la família dels fasiànids (*Coturnix coturnix*), migrador, d'uns 20 cm de llarg, el cap i les parts superiors d'un bru negrós, amb ratlles més clares, i les inferiors d'un cendra clar.

Del baix ll. *quaquĭla*, i aquest d'un germànic antic, *quahtĭla*, íd.

—importat com a terme de falconeria—, en la formació del qual devien intervenir-hi factors onomatopeics, com per exemple un *uak!*, escarnidor de la veu de l'ocell.

F. m.: guatllot.

güè *interj*

Onomat.: Enguè.

➢ [...] va tornar enrera / sentint lo *güè güè* / d'un infantó tendre. [Jacint Verdaguer, «Los bruixots del Gorg Negre», *Jovenívoles* (1863-1865), 1924]

güec *interj*

Onomatopeia del grinyol del porc, del gos i d'altres animals.

➢ [...] era interromput per a escarnir la donçaina al gos quan el bou envestia fort un torero i aquest es veia apurat, fent: güec, güec, güec [...] [Francesc Martínez, *Coses de la meva terra (la Marina)*, 1947]

gue, gue *interj*

Onomat.: Enguè.

güei *interj*

Uei.

gu-gu *interj*

Onomatopeia del so que fan els infants en balbotejar.

➢ El Quim s'estava quiet i assegut a terra amb el xumet a la boca i el dodotis per estrenar. Mira cap al lloc d'on li arriba la veu de l'àvia i després es mira a ell assegut a terra, tan quietet, tan bon minyó. Aquesta àvia! / —Gu-gu-gu! —li respon enèrgic. [M. Àngels Bogunyà, *Embolica que fa fort!*, 1991]

gu-gu-glu *interj*

Onomat.: Glu-glu.

➢ [...] un escamot de galls dindis, els quals, en veure la cabra, s'inflen com unes bombes i es posen a fer la roda amb un ingrat soroll de gu-gu-glus. [Joan Santamaria, *Visions de Mallorca*, 1935]

guinyar *v intr*

Fer guinyades, alteracions momentànies de la ruta, una nau o una aeronau.

D'origen incert, probablement d'un radical *giny-*, de creació expressiva, ja que és una síl·laba que, mitjançant la curta durada del so oclusiu i el timbre agut de la vocal, pot suggerir la idea d'un moviment instantani i gairebé invisible, com el de les parpelles. Mot comú amb altres llengües romàniques.

F. m.: guinyada, guipar.

guirigall *m*

Confusió de molts que parlen o criden alhora, etc.

Mot d'origen onomatopeic, expressiu d'un parlar i un cridar confusos, probablement creat en espanyol i de formació semblant a la de *gori-gori* (veg. *gori-gori*).

guitza *f*

Acció d'alçar i llançar violentament endarrere una o ambdues potes posteriors un cavall, un ase, un mul, etc.

D'origen incert, sembla derivat del verb dialectal *guitzar* 'tirar guitzes', germà de l'it. *guizzare* 'moure's amb brusquedat', probablement mots de creació expressiva d'un moviment brusc, relacionats amb l'it. *squizzare* i el seu equivalent català *esquitxar*.

F. m.: reguitnador, reguitnant, reguitnar, reguitnós.

guu *interj*

Onomat.: Uè, uuh.

➢ S'acabava de sentir un udol de gos, fondo, molt fondo, que ressonava a través de cingles i muntanyes com un gemec de dolor, *Guuuu... guuuu...!* [Raimon Casellas, *Els sots feréstecs*, 1901]

H

ha *interj*

Expressa incredulitat o desafiament.

De creació expressiva.

➢ —Que quan et vegin a tu et regalaran un cardo! / —Ha, em sents? Ha! A mi en Vicentet Viaducte em regalarà una rosa florentina [...] [Maite Carranza, *Frena, Càndida, frena!*, 1993]

haaic *interj*

Onomat.: Ihà.

➢ Un ase, quan veu la somera, tantost corre: «Haaaic!» [Sant Vicent Ferrer, *Sermons* (s. xv), 1932-1934]

ha, ha, ha *interj*

Onomatopeia del so que es fa en riure.

➢ I vaig sentir el riure d'en Quimet, ha, ha, ha... [Mercè Rodoreda, *La plaça del Diamant*, 1962]

hala *interj*

Expressió usada per encoratjar, donar pressa, incitar al moviment o a continuar una acció.

Mot de creació expressiva. Trobem interjeccions semblants en molts idiomes.

➢ Batle: Hala, feis via! [Pere d'Alcàntara Penya, *El cordó de la vila*, 1866]

he *interj*

Ha.

De creació expressiva.

➢ —He! Ja ni ell tot sol no s'atreveix a enfrontar-se amb un home que els té ben posats! [Baltasar Porcel, *La lluna i el Cala Llamp*, 1963]

he, he, he *interj*

Onomatopeia del so que es fa en riure, sobretot d'una manera irònica.

➢ A riure de seguida! De seguida! He, he, he! [Àngel Guimerà, *Terra baixa*, 1897]

hem *interj*

Ehem. Expressa dubte, desconfiança, etc.

D'origen onomatopeic.

➢ En un arranc s'adelanta amb Aspàssia, i aquesta fa com qui tus perquè Arquelao se n'adoni. / ASPÀSSIA: Hem! Hem! [Frederic Soler (Serafí Pitarra), *Els herois i les grandeses*, 1866]

heu *interj*

Eu.

➢ —Aquesta nit t'ho diré... Heu!, si ets bon minyó. [Carles Bosch de la Trinxeria, *Records d'un excursionista*, 1887]

➢ Tal dit, tal fet: mireu lo que hi ha: heu! Feu's compte que no sabeu res, perquè aixís m'ho ha fet jurar [...] [Marià Vayreda, *La punyalada*, 1904]

hi *interj*

Onomatopeia del soroll del plor.

➢ —Ja tens una capella: los nois no demanen aquestes coses. / —Doncs jo sí: jo vull que me'l compri... hi, hi, hi! / —I ara! De què plorem? Que va de bo? / —Hi, hi! [Emili Vilanova, «Lo primer amor», *Lo primer amor i altres narracions*, 1879-1906]

hic *interj*

Onomat.: Hip.

➢ [*Un home que va begut diu:*] —Si la terra d'aquest planeta és de formatge, el mar hauria de ser de vi!... hic! [Picanyol, *Sopars de duro*, 1998]

hi, hi, hi *interj*

Onomatopeia del soroll que es fa en riure amb un to agut, sobretot d'una manera histèrica o burleta.

➢ I la Rita tornava amb aquella mena de riure, hiiiii... hiiiii... hi... un riure molt estrany. [Mercè Rodoreda, *La plaça del Diamant*, 1962]

hii *interj*

Onomatopeia del crit d'histèria, del xiscle, del renill del cavall, del crit de l'elefant, del mico, de la gavina, de la rata i del ratolí, del clapit del gos, etc., i també del soroll de frenada sobtada d'un cotxe o una moto.

➢ O, millor, xiscla. Fa: «Hiiiii!... Hiiiiiiii!» perquè la seva veu empleni les grans concavitats de la terra, a cavall dels vents. [Eugeni d'Ors, *La Ben Plantada*, 1911]

➢ Hiiiiii —va fer el dimoniet amb un xiscle de rata pinyada, i es va escapar xemeneia amunt. [Josep Carner, *El cavall encantat i altres contes*, 1924-1926]

➢ [*Un cotxe frena de cop:*] HHIIIIIIIIII! [Josep M. Madorell, «El nostre concurs», a *Cavall Fort*, núm. 23, 1963]

➢ [*Un elefant crida:*] HII [Joaquim Carbó; Josep M. Madorell, *La casa sota la lona*, 1984]

➢ [*Una gavina crida:*] HIII [Joaquim Carbó; Josep M. Madorell, *La casa sobre el gel*, 1987]

➢ [*Un cavall renilla:*] HIIIIIIIIIIIIII [Ramon Folch i Camarasa; Josep M. Madorell, *En Massagran i el gegant del mar*, 1992]

hip *interj*

Onomatopeia del soroll del singlot.

➢ Una nosa que creixia, a la gola; un sacseig sobtat, i aquell horrible soroll: hip! I tornem-hi. Feia més de vuit hores que En Ricard tenia singlot, i en feia dues que no era més que singlot o espera i record de singlot. [César August Jordana, «El singlot», *Tot de contes*, 1929]

hippy *m* i *f* i *adj*

Membre d'un moviment que defensava una moral basada en la no-violència i en l'hostilitat a la societat industrial, amb uns hàbits de vida que pretenien la llibertat en tots els àmbits i també la vida en comunitat. // *adj.* Relatiu al moviment hippy.

De l'argot anglès nord-americà *hippy*, de formació onomatopeica, *hip*, *hep*, que en principi designava un ritme de jazz.

F. m.: hippiós, hippiositat.

hissar *v tr*

Fer pujar enlaire alguna cosa estirant la corda de la qual penja.

Probablement del fr. *hisser*, d'origen onomatopeic. Sembla que antigament significava 'aquissar', 'instigar'. El punt de partida fou l'imperatiu *hissa*, usat com a expressió exhortativa i urgidora per a la marineria que hissava una vela, un arbre, una bandera, etc. En català també trobem documentat 'hissar els gossos', que mostra l'origen onomatopeic del mot: *hiss!*

hmm *interj*

Hum.

➢ —Hmm —va dir en Fabià—, té gràcia. Sense mirar. Potser et despatxen si se n'adonen. [Josep M. Fonalleres, «Una tarda al club», *Avaria*, 1990]

ho, ho, ho *interj*

Onomatopeia del soroll que es fa en riure, sobretot d'una manera exagerada.

➢ Godofredo (sarcàstic): Ho, ho, ho, ho! [Frederic Soler (Serafí Pitarra), *El castell dels tres dragons*, 1865]

hola *interj*

Expressió usada per saludar o manifestar estranyesa.

Mot de creació expressiva, paral·lel a *hala*.

➢ —Hola, hola! —pensà el senyor Benet—. Lo pare vol portar tot a punta d'espasa lo que el fill vol amansir... [Carles Bosch de la Trinxeria, *L'hereu Noradell*, 1889]

➢ Li diria hola, Gemma, com et va la vida i ella, ei, Miquel, et presento el Ricky, és americà. [Jaume Cabré, *L'ombra de l'eunuc*, 1996]

hop *interj*

Expressió usada per incitar al moviment, molt corrent com a veu inicial d'un exercici de circ.

De creació expressiva.

➢ *(Se sent petar el fuet a fora, a l'establa veïna, i el potejar d'un cavall, al mateix temps que la veu de Víctor que diu cridant):* [...] Alça!... Murri!... Hop! Hop! [Joan Puig i Ferreter, *La dama enamorada*, 1908]

hu *interj*

hu, hu, hu *interj*

Onomatopeia del so que es fa en riure, sobretot d'una manera grollera i, a vegades, bestial.

➢ Aleshores, l'home, com revenint-se, desvià les ninetes amagades i es posà a riure també. / —Hu, hu, hu!... Bones tardes... [Víctor Català, *Solitud*, 1905]

hu-hu-hu *interj*

Onomatopeia del so que fa algú que xiula una tonada.

hum *interj*

So que es fa per expressar incredulitat, desconfiança, dubte, fruïció, menyspreu, reticència, i també so que es fa abans de començar a parlar. // Onomatopeia del soroll que es fa en aspirar o en flairar alguna cosa.

➢ Hum, dubtava que pogués sortir amb en Quelot: portava una torrada! [Salvador Espriu, *Laia*, 1932]

➢ Rei: [...] Un jueu, hum! Un jueu? [Salvador Espriu, *Primera història d'Esther*, 1948]

➢ Hum, aquesta truiteta de carbassó promet, em recorda el convent aquell... [Joaquim Soler i Ferret, *A una sola veu*, 1992]

huuh *interj*

Onomatopeia de la veu d'alguns simis.

huuu *interj*

Onomat.: Uuh (ocell nocturn, udol, vent).

➢ A mi doneu-me tràmpol fort, i aigua a dalt i a baix, i aquell huuu... de vent que sembla que tot renega! [Joaquim Ruyra, «El rem de trenta-quatre», *Pinya de rosa*, 1920]

➢ Aquella nit el gamarús deixava oir el seu cant basardós revestit d'una estranya energia. *Hu, hu, huuuuu!...* en trèmol horripilant. [Prudenci Bertrana, *L'hereu*, 1931]

I

iaio, iaia *m, f*

Avi, àvia.

Formació de caràcter expressiu del llenguatge infantil.

F. m.: jai, jaio.

ihà *interj*

Onomatopeia del bram de l'ase.

iii *interj*

Onomat.: Hii.

➢ —[Un cotxe frena en sec.] Iiiiiiii [Marc Mateu, «El gos perdut», a *Cavall Fort*, núm. 566, 1986]

➢ —Iiii, iiii! —na Flau, histèrica, gesticulant frenèticament com una marioneta desguitarrada, havia aconseguit que la veu li sonés com el xiulet d'un municipal [...] [Pau Riba, *ENA*, 1987]

➢ Perquè mira que és una misèria de gos això. Va! Aguanteu-lo fort! —i va agafar una xeringa. / En Brillant no veia de bon ull tots aquells preparatius. Fins que: / —Iiiiiiii!!! Iiiiiii!!! —va cridar quan el van punxar. [Enric Larreula, *Brillant*, 1987]

J

jaupar *v intr*

Lladrar.

Probablement del fr. *japper* 'clapir els cadells' i segurament d'origen onomatopeic. En l'occità antic ja trobem *jap* i *jaup* 'lladruc'.

K

kitsch* *m*

Obra artística considerada de mal gust o que té poc valor estètic.

De l'al. *Kitsch* 'mal gust, obra d'art cursi', molt probablement procedent d'un verb dialectal *Kitschen* 'fregar, untar, relliscar', d'origen onomatopeic.

L

lap-lap *interj*

Onomatopeia del soroll que fan alguns animals en beure, com el gat, el gos i altres mamífers.

De l'angl. *to lap*, 'menjar o beure amb la llengua'.

lelo -a *adj*

Beneit, ximple.

Mot de creació expressiva, mitjançant la repetició sil·làbica, que suggereix una expressió lingüística i mental mal articulada i limitada, a vegades amb dissimilació de *l* en *r* o alternança de sons.

F. m.: alelar-se, alelat.

leri-leri *adv*

Prop d'esdevenir-se, si cau no cau.

Locució de creació expressiva, de tipus iteratiu, com *poti-poti*, *tau*, etc.

lero -a *adj*

Beneit, ximple.

Mot de creació expressiva, semblant a *lelo*.

li-li *interj*

Onomat.: Tirurit.

➢ [...] al li-li de la flauta / que amb espignet respon, / pugen fent la passada / de fadrins un estol. [Jacint Verdaguer, «Mal d'amors», *Jovenívoles* (1863-1865), 1924]

liro -a *adj*

Lelo.

Mot de creació expressiva, semblant a *lelo*.

llis -a *adj*

Que té una superfície tan igual que el tacte no hi percep la menor aspresa.

D'origen incert, podria ser preromà o bé a partir d'una base romànica **līsius*, probablement de l'onomatopeia *lis/liz-*, que imita la fressa que fa una cosa quan llisca sobre una superfície mullada, lubricada o greixosa. Mot comú a moltes llengües romàniques.

F. m.: aerolliscador, allisada, allisador, allisadora, allisadures, allisar, allisatge, antilliscant, llisall, llisar, lliscada, lliscadís, lliscador, lliscament, lliscant, lliscar, lliscós, lliseta, llisó, llisona, llisor, llisquent, llisquet, llisquívol, relliscada, relliscall, relliscar, relliscós, rellisquent.

llufa *f*

Expulsió de gasos intestinals per l'anus, sense estrèpit.

D'origen onomatopeic i expressiu.

F. m.: llufar-se.

M

mama *f*

Familiarment, mare. // Mamella.

Del ll. *mamma*, íd., de creació expressiva infantil. Sol ser la primera cosa que els infants aprenen a dir a la seva mare. Trobem aquest mot en moltes llengües de famílies diferents.

F. m.: desmamador, desmamament, desmamar, desmamellar, mam, mamà, mamada, mamador, mamaire, mamar, mamari, mamella, mamellam, mamelló, mamellot, mamellut, mamerri, mamífer, mamiforme, mamil·la, mamil·lar, mamil·liforme, mammilinció, mamotejar, mamussar.

mamau *interj*

Onomat.: Mèu.

mameu *interj*

Onomat.: Mèu.

➢ [...] cantant a crit pelat i fent mil mameus [...] [Joan Moreira, *Del folklore tortosí*, 1934]

marmita *f*

Olla gran de metall.

Del fr. *marmite*, íd., que antigament era sempre d'aram, amb peus, i que acostumava a estar al costat de la llar, com s'hi sol posar el gat quan té fred. D'origen incert, probablement també nom anterior del gat, compost de *mar-*, onomatopeia d'un murmuri o del ronc del gat, i de *mite-* 'mixeta'.

F. m.: marmitó, mitena.

marmota *f*

Mamífer rosegador, de la família dels esciúrids (*Marmota sp.*), que viu a les muntanyes altes d'Europa, de cos rodó i aixafat i pelatge molt espès, que s'amaga sota terra, on hiberna.

Del fr. *marmotte*, d'origen incert, que sembla que és una alteració de **mormont*, del ll. *mus montis* 'rata de muntanya', per influència del fr. *marmotter* 'mormolar, xiuxiuejar', d'origen onomatopeic. També podria ser un desplegament d'una arrel onomatopeica *mar-*, que imita el murmuri o el ronc de certs animals, com la mateixa marmota.

F. m.: marmotejar.

marramau *interj*

Onomat.: Marrameu.

➢ [...] esperaven amb la fruïció dels esperits forts el destrempat marramau de la moral davant el caràcter pornogràfic de moltes pàgines d'aquesta novel·la. [Manuel de Montoliu, «Llibres nous: *Vida privada*, de Josep M. de Sagarra», a *Catalunya social*, núm. 602, 1933]

➢ Amb la glaçada que cau, / mau, mau, mau, marramau, / fent-los l'amor els veureu [...] [Joan Amades, «Hivern», *Costumari català*, 1952]

marrameu *interj*

Onomatopeia del miol del gat, especialment quan està enfurismat o espantat.

➢ Els joves lleopards comentaven a crits, de vegades amb el ¡marrameu! que era llur crit distintiu, les incidències del viatge. [Cèsar August Jordana, «Txossep» (1938), *Quimet dels lleopards i altres contes*, 1985]

➢ Aurora: ¿A mi? Ara que ho dius... Un gat molt negre i que ha fet un marrameu... [Josep M. Benet i Jornet, *Revolta de bruixes*, 1976]

marramiu *interj*

Onomat.: Marrameu.

➢ [...] prenen l'hivern per l'estiu, / miu, miu, miu, marramiu, / i per l'agost i el setembre / s'estan prop del caliu. La gent no sap de què els ve / que remenin tant la cua / pel mes de gener. [Joan Amades, «Hivern», *Costumari català*, 1952]

marranyau *interj*

Onomat.: Marrameu.

➢ Marranyau! Marranyeu! D'aquest gat no us en fieu [Damas Calvet de Budallés, *La Romeria de Recasens*, 1964]

marranyeu *interj*

Onomat.: Marrameu.

marranyiu *interj*

Onomat.: Marrameu.

➢ Tota la nit he sentit marranyius i marranyaus. [DCVB]

marrucar *m*

Fer, el colom i la tórtora, el seu cant.

D'origen onomatopeic, semblant a *parrupar*, probablement amb la intervenció de la partícula *mar-* de mots que expressen el ronc del gat.

F. m.: marruc, marruqueig, marruquejar.

marruixa *f*

Designació afectuosa del gat.

Mot hipocorístic d'origen onomatopeic, a partir de *marrameu*.

F. m.: marruix.

mau *interj* i *m*

Onomat.: Mèu. També s'usa per expressar desconfiança. // *m*. Gat.

➢ Bordet: Com a guapesa, ua; però, mau... que és una llumí que... mau. [Juli Vallmitjana, *Els zin-calós (Els gitanos)*, 1911]

➢ Tan bon punt sent mau-miau / i qualque unglada / que hàbits i pell li forada. [Antoni M. Alcover, *Aplec de rondaies mallorquines d'En Jordi des Racó*, 1936-1972]

F. m.: maula maular, mauleria.

mè *interj* i *m*

Onomat.: Bee. // *m*. Anyell, xai.

➢ [...] surten brunents, com un pinyol de cirera, es gallet fent *quec-querequec!* i s'anyellet *mèèè mèèè!* [Antoni M. Alcover, *Aplec de rondaies mallorquines d'En Jordi des Racó*, 1936-1972]

mec *adj m* i *f*, i *m*

Barbamec, ximple. // *m*. Vedell.

D'origen expressiu o onomatopeic (a partir del soroll del quequeig, o del crit del vedell i de la becada) i, en algun dels seus significats, amb una influència probable del ll. *moechus*, i aquest del gr. *moikhós* 'efeminat, adúlter'.

F. m.: meix.

mec-mec *interj*

Onomatopeia del so d'una botzina.

➢ Meec! Meec!... Imitant el so de la botzina i entusiasmant-se. [Joaquim Riera i Bertran, *Narciset*, 1924]

➢ Vaig obrir la porta del meu cotxe i vaig tocar el clàxon: Meeeecc, Meeeecc, Meeeecc... [Enric Larreula, *T'han enganyat, Immaculada*, 1989]

memeu *interj*

Onomat.: Mèu.

➢ En venir devers les deu / ja me'n vaig prop de sa plaça, / i amb una gran catxassa / 'gaf un gat i faç memeu. [cançó popular]

mem-mem *interj*

Onomatopeia del soroll que fa un infant o un cadell quan mamen.

➢ Fer mem-mem. [DCVB]

merita *f*

Fredeluga (ocell).

Malgrat que hi ha una hipòtesi segons la qual aquest mot podria venir de l'àrab *bârit* 'fred', sembla més probable que sigui de creació onomatopeica, a partir del crit de l'ocell, un so planyívol, com nasalitzat, articulat sota el nucli **merit* (o **mirit*), que també és l'origen de les variants valencianes *nivit* i *nyivit*. Hi ha formes romàniques i extraromàniques del nom d'aquest ocell unides per trets comuns imitadors del seu crit.

mèu *interj* i *m*

Onomatopeia de la veu del gat. // *m*. Gat, en llenguatge infantil.

➢ Amb diferents matisos / d'ira o de goig, arreu / el meu instint modula / el mèu o el marramèu. [Josep Carner, «El gat», *Bestiari*, 1964]

F. m.: meuca, meulada, meuladissa, meular, miol, miolador, miolaire, miolar.

miau *interj*

Onomat.: Mèu.

➢ Pujant a les fosques, alerta a no caure, passaven el replà del pis dels gats, és estrany que no en surta cap miol, ni un miau ni un mèu [...] [Joan F. Mira, *Els treballs perduts*, 1989]

➢ Morè.— Ca! Hi ha el gos, tu. I me la té jurada; com que sempre li faig «miiiauuu». [Josep Vallverdú, «Noi, quina poma!», a *Cavall Fort*, núm. 656, 1989]

miè *interj*

Onomat.: Uè.

➢ «Miè! miè! miè!» Aquell ploricó no podia venir més que de la caixa. [Carles Riba, *Les aventures d'en Perot Marrasquí*, 1924]

mim *m*

Representació amb què l'actor imita personatges, explica una història o descriu una situació a base de gestos i sons, però sense paraules.

Mot d'origen expressiu i onomatopeic. El reduplicament de l'arrel *m-m-* podia expressar tant la xerrameca, és a dir, la parla buida del còmic de cantonada, com el balbuceig. Pres del ll. *mimus*, i aquest, del gr. *mĩmos* 'actor, imitador'.

F. m.: mimar, mimesi, mimètic, mimetisme, mímic, mimosa, mom, moma, pantomim, pantomima, pantomímic.

minyó, minyona *m*, *f*

Noi, noia.

Suposa una base romànica, **minnione* o **minione*, a partir de l'arrel *min-*, de creació expressiva, comuna també en altres llengües i grups de llengües (cèltiques, germàniques, etc.), que recull la idea de petitor. També ens podria haver arribat a través del fr. *mignon*, íd.

F. m.: desminyonar, minyonejar, minyoneria, minyonesa, minyonia, minyonívol.

mirlitó *m*

Flauta feta amb una canya o un canó de cartó.

Probablement del mot dialectal de creació expressiva *mirlis* 'borratxo, borratxera', o bé del nom del llegendari savi Merlí.

miu *interj* i *m*

Onomat.: Mèu. // *m*. Gat, en llenguatge infantil.

➢ I es moix fa: / —Miu!!! Miu!!! [Antoni M. Alcover, *Aplec de rondaies mallorquines d'En Jordi des Racó*, 1936-1972]

mix, mixa *m, f*

Gat, gata.

D'origen expressiu. Hipocorístic del gat (també hi ha la variant *mixo*), ja que sovint es fa servir aquest so per cridar-lo (veg. *moix*). Trobem formacions semblants en moltes llengües del món.

F. m.: mixarda, mixarri, mixarrona, mixet, mixeta, mixinet, mixinirri, mixino, mixo, mixola, mixona, mixoner, mixoneria, mixorrer.

mm *interj*

Hum.

➢ —¿Què et passa? ¿No pots parlar? ¿Hi ha algú i per això no pots parlar? / —Mm... Sí. [Quim Monzó, «Quarts d'una», *El perquè de tot plegat*, 1993]

mmm *interj*

Hum. // Onomatopeia del soroll que fa un vaixell, un avió, una batedora elèctrica, un borinot, etc., i també del crit del bestiar boví.

➢ Aquella consonant del mugit, aquella consonant del rodar, ja no són per a ell en so mmmmm... [Eugeni d'Ors, *La Ben Plantada*, 1911]

➢ I mentre ells parlaven ell feia: «Mmmmm! Mmmmm!» I un sorollet amb la boca com si es xuclés un queixal. [Maria Aurèlia Capmany, *Feliçment jo sóc una dona*, 1969]

➢ [...] la Maria potser una mica atordida per la llargada i la intensitat del petó, car ha mormolat: / —Mmmm... [Anònim, *Els quaderns d'en Marc*, 1984]

➢ En Poulait ignora en Bravo fins que li pregunta directament: / —Com és que s'ha incorporat a l'equip italià? Vol dir que és prou bo? Senyor... Mmmmm... Bravo! [Emili Castellanos; Miquel Colomer, *La mort arrenca en primera*, 1988]

➢ —Molt bé, m'ha agradat molt! —diu l'àvia quan la confitura és llesta—.

La vols tastar? / En deixen refredar una cullereta plena. / —MMMM! Boníssima! —va dir la Lola. [Esther Prim, *L'àvia Pepa i el circ de confitura*, 1994]

➢ Tenia els ulls oberts i no sé si em veia. I la suor ja començava a amarar el llençol. / —Tens febre? / —Mmm. / —Vaig a la farmàcia. T'he de fer baixar la febre. [Jaume Cabré, *L'ombra de l'eunuc*, 1996]

m, m, m *interj*

Onomatopeia del soroll que fa un remugant quan menja.

moc-moc *interj*

Onomatopeia del soroll que fa una botzina, especialment la d'un vehicle gros. També s'usa com a escarni per coronar una afirmació massa retòrica o un discurs massa altisonant.

➢ En aquell moment el del costat va fer sonar el clàxon fort: Mooooc! Mooooc! [Enric Larreula, *La propina*, 1990]

mofa *f*

Burla, escarn, que hom fa d'algú.

Mot de creació expressiva moderna, que indica la inflor despectiva dels llavis bufats amb què es fa un so *fff*, despectiu o de burla.

F. m.: mofador, mofaire, mofar-se, mofeta.

moix, moixa *m*, *f* i *adj*

Gat, gata. // *adj*. Abatut, trist.

De creació expressiva. De fet, *mix* i *moix* procedeixen de les dues variants *mix/muix* que es feien servir per adreçar-se a l'animal. Més endavant, *moix* ha agafat altres sentits relacionats amb algunes de les característiques dels gats: silenciós, callat, etc.

F. m.: amoixador, amoixament, amoixar, amoixir-se, moixaina, moixament, moixí, moixoni, moixonia.

mooc *interj*

Onomat.: Moc-moc. També onomatopeia del soroll que indica l'acció de mocar.

➢ [*Un home es moca:*] Mooc! [Picanyol, «Ot el bruixot», a *Cavall Fort*, núm. 724, 1992]

morro *m*

Musell, part anterior sortint de la cara de certs mamífers, peixos i altres animals on hi ha la boca i els forats del nas.

D'origen incert, probablement a partir de l'onomatopeia *murr-*, que imitava el mormoleig del gat i el rondineig. És una creació paral·lela al ll. *mur-mur-are* i a l'al. *mur-mel-n*. Després degué passar a expressar la idea de 'fer el bot, posar morros', 'mostrar ressentiment o mal humor, amb botiment dels llavis'.

F. m.: amorrallar, amorrar, amorronir, desamorrar, desemmorrallar, emmorrallar, emmorronar-se, esmorrar-se, esmorrell, esmorrellar, esmorronar, morrada, morral, morralejar, morralet, morraller, morralles, morrejar, morrió, morritort, morrofès, morrot, morrut, murrissà, musell, muserola, museta.

morsa *f*

Mamífer carnívor pinnípede (*Odobaenus sp.*), molt gros, de pell gruixuda, cos allargat, amb defenses desenvolupades.

A partir del fr. *morse* i aquest del rus *morju* o el finès *morsu*, provinents del lapó *morssa*, íd., probablement onomatopeia del crit de l'animal.

mosso, mossa *m, f*

Noi, noia.

De l'esp. *mozo*, d'origen incert. Probablement, al principi devia significar 'pelat, rapat', ja que els nens acostumaven a portar els cabells molt curts. Després, aquesta paraula també es va aplicar a la gent adulta. Pot ser que pertanyi a la família del basc *motz* 'motxo, rapat', mot de creació expressiva (veg. *mus*).

mot *m*

Element lingüístic significatiu compost d'un o més fonemes, que conserva la seva forma en tot o en part dins la cadena parlada.

Del ll. vg. *mŭttum* 'xiuxiueig', d'origen onomatopeic.

F. m.: motada, moteig, motejador, motejaire, motejament, motejar, motet, motiu.

mu *interj*

Onomatopeia del so que emet una persona quan balbuceja.

➢ E, puix, Zacaries exie del temple, e interrogaven-lo, e no podie parlar sinó «Mu! Mu!», e conegueren que visió havie haüda. [Sant Vicent Ferrer, *Sermons* (s. xv), 1932-1934]

muà *interj*

Onomat.: Muac.

➢ Somreia com si desparés una maquineta de ser ben educada, amb les intermitències d'un far, i besava les senyores, un petó a cada galta, muà, muà. [Blai Bonet, *Mister Evasió*, 1969]

muac *interj*

Onomatopeia del soroll d'un petó.

➢ [*Un príncep troba un gripau i li fa un petó:*] MUAC! [Pere Puig i Ricard Monrós, «Manel el màgic», a *Cavall Fort*, núm. 647, 1989]

murmurar *v intr*

Fer una fressa suau l'aigua corrent, les fulles agitades pel vent, etc. // Parlar en veu molt baixa, especialment queixant-se d'algú o d'alguna cosa.

Del ll. *murmurare*, íd., der. ll. de *murmur*, *-uris* 'remor, soroll confús', d'origen onomatopeic.

F. m.: mormol, mormolar, mormoleig, mormolejar, murmuració, murmurador, murmurejar, murmuri, murmuriós.

murri, múrria *adj* i *m* i *f*

Sagaç, hàbil per aconseguir el que vol.

Probablement de la mateixa arrel que *morro*, d'origen incert, potser onomatopeic (veg. *morro*).

F. m.: desemmurriar, emmurriament, emmurriar-se, murriada, murriejar, murrieria, murriesc.

mus -ssa *adj*

Esmussat.

D'origen incert, probablement de creació expressiva, ja que sembla que procedeix d'una arrel alternant *bot-*, *mot-*, *mots*, *motx-*, *muts-*, que trobem en diverses llengües romàniques i no romàniques, fins i tot en una possible base llatina **mŭttius*, que evoca la idea d'esmussament, arrodoniment. La força expressiva neix de la conjunció de la labial primera, la vocal labial i el xoc immediat de l'oclusiva o africada que ve després.

F. m.: desesmussar, esmús, esmussador, esmussament, esmussar.

mut, muda *m*, *f* i *adj*

Persona privada físicament de l'ús de la paraula.

Del ll. *mūtus*, *-a*, *-um*, íd., d'origen onomatopeic.

F. m.: emmudiment, emmudir, mudament, mudesa, mutis, mutisme.

muu *interj*

Onomatopeia del crit del bestiar boví.

➢ Per tota resposta es va sentir un «muuuu...» allargadíssim, perquè l'ésser interpel·lat per aquell comentarista de la història, de la política i de la filologia era una vaca que estava mastegant unes fibres de canyota tendra. [Josep M. de Sagarra, *Vida privada*, 1932]

N

nang *interj*

Onomatopeia del so d'una campana, i també d'un rellotge de caixa.

➢ Però va pegar al llibant una altra estiragassada forta, i, donant allavores tot un tomb, la campana va parlar: *Nang!*... [Raimon Casellas, *Els sots feréstecs*, 1901]

➢ René Le Sueur de la Pomme admirà en aquell instant un rellotge de caixa, enorme, que tocava les quatre. / (Nang... Nang... Nang... Nang...!) / Prou. Quatre. [Francesc Trabal, *Temperatura*, 1947]

nang-nang *interj*

Onomat.: Ning-nang.

➢ A mig sopar es sentia el nang-nang de la campana de la porta [...] [Josep M. de Sagarra, *Memòries*, 1954]

neng *interj*

Onomatopeia del so d'una campana mitjana.

neng-neng *interj*

Onomatopeia del so repetit d'una campana mitjana.

➢ La Petra Maria Teresa retumbant / a neng-neng, la nang-nang / lo beato ja n'és sant. [cançó popular]

nin, nina *m, f*

Nen, nena.

De creació expressiva infantil, procedent d'un ll. vg. **ninus, -a* 'infant petit', que podria venir de la frase 'ninna-nanna', dirigida als infants de bressol perquè s'adormin.

F. m.: nen, ninada, ninesa, nineta, ninó, ninoi, ninot, ninotaire.

ni-na *interj*
Onomat.: Ni-no.

ning *interj*
Onomatopeia del so d'una campaneta, d'una esquelleta, d'uns picarols, etc.

➢ [...] la senyora Vayreda, endolada de negre prenent la fresca al balcó per si algú surt de l'església de Sant Antoni, etcètera, de manera que Carmesina hi entrava / ning! [Oriol Pi de Cabanyes, *També les formigues, Dylan, algun diaploraran de solitud*, 1975]

ning-nang *interj*
Onomatopeia del so repetit d'una campana.

➢ Per la gola negra de la finestra entraven dintre la cambra les darreries somortes del rosari que s'acabava, i l'espaiós i desolat *ning!... nang!...* de les campanes. [Víctor Català, «Conformitat», *Ombrívoles*, 1904]

ning-ning *interj*
Onomatopeia del so repetit d'una campaneta o d'un cascavell.

➢ Vostè veurà com li trec el cascavell. [...] I és ben cert que en Matheu eixí de casa el metge sense sentir-se aquell terrible ning-ning per molt que sorollés el cap [...] [Narcís Oller, «La indiscreció», *Notes de color*, 1883]

➢ [...] i, anant-se'n cap a la campana xica, va agafar el batall amb una mà, i vinga repicar tant com podia! *Ning, ninining*...! *Ning, ning*...! [Raimon Casellas, *Els sots feréstecs*, 1901]

ning-nong *interj*
Onomat.: Ning-nang.

➢ Ning-nong, les campanes de Salom / cauen a terra / i fan ning-nong. [cançó popular]

ni-no *interj*
Onomatopeia de la sirena d'una ambulància, d'un cotxe de bombers, etc.

➢ Ni-no! Ni-no! De pressa, a l'hospital. Hi ha hagut un accident! [Maica Bernal; Noëlle Granger, «En Roc», a *El Tatano*, núm. 5, *Cavall Fort*, núm. 683, 1991]

nirining *interj*

Onomat.: Ning.

➢ En aquell punt, el romflet del vent li portà a l'orella un nirining metàl·lic. / —Reina! —exclamà la dona, escruixida—, el Mut de Murons! / A Murons hi havia un captaire mut que portava una esquelleta penjada al coll. [Víctor Català, *Solitud*, 1905]

nnn *interj*

Onomat.: Zzz.

➢ [*Un home dorm estirat al sofà:*] Nnnnn [Picanyol, «Ot el bruixot», a *Cavall Fort*, núm. 695, 1991]

nong *interj*

Onomat.: Nang.

➢ —Nang... ning... nooong!... Nong... ning... naaang...! —entretant ploraven les campanes, com si acompanyessin amb sanglots la silenciosa tragèdia [...] [Raimon Casellas, *Els sots feréstecs*, 1901]

nxt *interj*

So que es fa en tocar l'ase, és a dir, en aplicar la llengua a la part anterior del paladar i abaixar-la de cop produint un so que expressa contrarietat.

nyac *interj*

Onomatopeia del soroll que fan dues coses que es tanquen violentament encloent-ne o empresonant-ne una altra, com per exemple en l'acció de mossegar, mastegar, etc., i també, en sentit figurat, d'un fet sobtat (aparèixer, desaparèixer, transformar-se, etc.).

➢ I de sobte... nyac! El gos estrany havia clavat els ullals al coll de l'altre i semblava decidit a mantenir-los sempre d'aquella manera. [Cèsar August Jordana, *El món de Joan Ferrer*, 1971]

F. m.: nyacar, nyaclar.

nyaca-nyaca *interj*

Onomat.: Txaca-txaca.

➢ Fer nyaca-nyaca. [DES]

nyaf *interj*

Onomatopeia del soroll amb què es representa l'acte d'agafar sobtadament una cosa.

➢ Qualque peixot... que, en veure cap mariner gens descuidat, deu fer nyaf!, i venga aquell marinerat dins sa panxota! [Antoni M. Alcover, *Contarelles d'en Jordi des Racó*, 1915]

nyam *interj*

Onomat.: Nyam-nyam.

➢ GANYOTA: [...] Van voler aquest assaltar / vénen aquí sans i bons, / entren, surten tres dragons / i nyam! *(Al nas d'Ignasi.)* [Frederic Soler (Serafí Pitarra), *El castell dels tres dragons*, 1865]

nyama-nyama *interj*

Onomat.: Nyam-nyam.

➢ [...] se torna abordar an es menjar que tenia davant, i *nyama-nyama!* fins que sa panxa li digué: —Ja no em queda cap budell buit. [Antoni M. Alcover, *Aplec de rondaies mallorquines d'En Jordi des Racó*, 1936-1972]

nyam-nyam *interj*

Onomatopeia del soroll que es fa en menjar. // *Fer nyam-nyam*: menjar, en llenguatge infantil.

➢ Eren tigres afamats, perquè en un tris-tras, nyam-nyam-nyam, van cruspir-se tot el menjar dels plats. [Miquel Obiols, *Habitants de Bubo-Bubo*, 1982]

nyanyo *m*

Bony que surt a algú a conseqüència d'un cop.

De creació expressiva infantil.

nyap *interj* i *m*

Onomatopeia del soroll amb què es representa l'acte d'agafar sobtadament una cosa. // *m.* Cosa mal feta.

➢ Fer nyap. [DCVB]

nyau *interj*

Onomat.: Mèu. També onomatopeia del lladruc.

➢ I el gat feia: nyau! [Esteve Caseponce, *Rondalles*, 1915]

➢ Si el gos s'ha perdut per dins algun fons d'allau o algun precipici, i comprèn que no pot eixir-se'n per ell mateix, es posa a fer uns clapits de «nyau! nyau! nyau!» [...] [Joan Lluís i Josep, *Records de la meva vida de pastor*, 1955]

F. m.: nyaular, nyaulit, nyaupit.

nyaufar *v tr*

Aixafar, abonyegar.

De creació expressiva i onomatopeica, a partir de la síl·laba *nya(u)ff-*.

F. m.: nyapa, nyefa, nyiflar.

nyau-nyau *interj*

Onomat.: Nyeu-nyeu.

➢ Però a les afeccions no els cerqueu raó d'existència: l'un les pegava amb el seu posat de mosca morta; l'altre, amb el seu parlar nyau-nyau; el de més enllà no podia contemplar sense frisança el sistema de vida mesquí i puntual d'aquell home. [Narcís Oller, *L'Escanyapobres*, 1884]

➢ Cara de nyau-nyau. [DRP]

nyec *interj* i *m*

Onomat.: Nyac, nyic. També onomatopeia del grinyol o

gemec de gos, d'ànec o d'altres animals que fan un crit semblant. // *m.* Criatura molt petita.

➢ Però en aquell mateix punt caigueren en una cosa: no havien sentit un lladruc de gos, un nyec d'oca, un renill de poltre, cap senyal d'alarma dels guardians d'un mas a l'apropament de gent estranya. [Víctor Català, «La "tomia" de l'Estrany», *Ombrívoles*, 1904]

➢ El porticó va fer nyeeec, i la mare va espolsar-se les mans. [Gemma Lienas, *Així és la vida, Carlota*, 1989]

nyec-nyec *interj*

Onomatopeia del soroll que expressa les raons de dues persones que tot el dia estan com gat i gos.

➢ Sempre estan nyec-nyec, amoïnant-se l'un a l'altre. [DL]

nyee *interj*

Onomat.: Zzz (insecte).

➢ [*Una mosca voleia al voltant del cap d'un home:*] NYEEEEE! [Picanyol, «Ot el bruixot», a *Cavall Fort*, núm. 392, 1978]

nyema-nyema *interj*

Onomat.: Nyam-nyam.

➢ I s'animaló ja fonc partit a fer nyema-nyema, i En Bernat lo mateix, fent una bona sopada. [Antoni M. Alcover, *Aplec de rondaies mallorquines d'En Jordi des Racó*, 1936-1972]

nyem-nyem *interj*

Onomat.: Nyam-nyam.

➢ Sa dona li du es cavallot frit, i es gegant ja s'hi aborda, i nyem! nyem!, bons buidoixos i bones xuclades [...] [Antoni M. Alcover, *Aplec de rondaies mallorquines d'En Jordi des Racó*, 1936-1972]

nyep-nyep *interj*

Onomat.: Nyic-nyac.

➢ Es cus, *nyep-nyep*, torna partir corrents, fins que el va agafar i el va fer tornar arrera. [Andreu Ferrer, *Rondaies de Menorca*, 1914]

nyerra *f*

Mandra.

D'origen incert, potser de creació expressiva.

nyesclo *m*

Cop violent.

De creació expressiva.

nyeu *interj*

Onomat.: Mèu, nyec (grinyol).

nyeu-nyeu *interj*, *adj*, *m* i *f*

Onomatopeia del so amb què s'indica el parlar gemegós i nasal d'una persona gata maula, hipòcrita. // *adj*., *m*. i *f*. Persona hipòcrita.

➢ [...] la senyora Ferrer se li acosta i amb veu de nyeu-nyeu remuga: «Elisenda, maca, ja saps que fan córrer que ets lesbiana?» [Terenci Moix, *El sexe dels àngels*, 1992]

nyi *interj*

Onomat.: Nyic. També onomatopeia del so del violí, i del crit dels garrins.

➢ —Què li'n comprarem, a la senyora? / —Li'n comprarem un violí, / nyi, nyigo, nyi. [«Què li'n comprarem, a la senyora?», cançó popular]

➢ Camina caminaràs, troba una trutja que menava nou o deu porcellins que li corrien darrera, tots fent *nyi! nyi!* [Antoni M. Alcover, *Aplec de rondaies mallorquines d'En Jordi des Racó*, 1936-1972]

nyic *interj*

Onomatopeia d'un soroll agut, estrident, com el que fa una porta o alguna cosa que grinyola, i també del gemec o grinyol del gos, del porc, o del soroll que fa un vehicle en frenar sobtadament.

➢ Just quan el director ha alçat la batuta, l'emprenyamenta de les sabates de xarol d'un abonat a les primeres files de butaques: nyic, nyec, nyic, nyec... [Xavier Benguerel, *Gorra de plat*, 1967]

➢ I era un soroll tan inesperat: rac, rac, rac, rac, i un lament tan escanyolit: nyiiiiiic, nyiiiiiic, nyiiiiiic [...] No va haver d'obrir gaire per saber d'on venia aquell gratar i aquell grunyir; la claror del replà va mostrar-li un gat més petit que un cabdell de llana [...] [Maria Aurèlia Capmany, *Compta'ls bé, que tots hi són*, 1984]

➢ El senyor travessa sense mirar i un taxi fa la frenada del segle: / —Nyiiiiicccc!!! [M. Àngels Bogunyà, *Embolica que fa fort!*, 1991]

➢ [*Un home obre la porta d'un passadís secret:*] Nyiiic [Roser Capdevila; Mercè Company, *Les tres bessones i en Barbablava*, 1995]

nyic-i-nyac *interj*

Onomat.: Nyic-nyac.

➢ Sempre estaven nyic i nyac. [Joan Puig i Ferreter, *Servitud*, 1926]

nyic-i-nyec *interj*

Onomat.: Nyic-nyac.

➢ Seguiren aquestes completes de nyic i nyec fins que es blonco tragué defora en Gostí. [Antoni M. Alcover, *Contarelles d'en Jordi des Racó*, 1915]

nyic-nyac *interj*

Onomatopeia dels grinyols dels gossos, dels crits o xiscles d'una baralla i, en sentit figurat, de les raons o renyines contínues entre dues persones.

nyic-nyec *interj*

Onomat.: Nyic-nyac.

➢ [...] sens preocupar-se per aquestos nyich-nyech impropis de gent formal. [Josep Torras i Bages, *Cartes*, 1926]

nyic-nyic *interj*

Onomat.: Nyec-nyec, txaca-txaca. També onomatopeia d'un soroll insistent i desagradable, com el que fa una cosa que grinyola o una persona que molesta amb la seva insistència.

➢ [...] si de cop i volta l'esparvera el nyic-nyic inquietant d'un corc. [Josep Carner, «El Pare Gegantàs», *Tres estels i un ròssec*, 1927]

➢ REGINA: No siguis nyic-nyic! Per què no intervens?; ningú no te'n priva. [Joan Oliver, *Primera representació*, 1955]

nyic-nyigo *interj*

Onomat.: Nyigo-nyigo.

➢ L'endemà en lo vilatge / fan la festa major: / del violí al nyic-nyigo, / de la viola al ronc [...] [Jacint Verdaguer, «Mal d'amors», *Jovenívoles* (1863-1865), 1924]

nyicris *m* i *f*

Persona escarransida, escanyolida, malaltissa.

Probablement d'origen expressiu, encara que també pot ser una deformació popular del ll. medieval *nichil*, ll. cl. *nihil*, que els estudiants de llatí aplicaven a algú d'aspecte escanyolit en el sentit de 'no res'.

nyiec *interj*

Onomat.: Nyic (gemegar, grinyolar).

➢ Pel demés, seguí el ritme del seu gemegor... nyieec! nyieec!... i sempre lo mateix. [Marià Vayreda, *La punyalada*, 1904]

➢ Dos soldats van aixecar la tapa de fusta i NYIEEECCCCCC! un pou inacabable va quedar al descobert. [Sebastià Roig, *El cogombre sideral*, 2000]

nyigo-nyago *interj*

Onomat.: Nyigo-nyigo.

➢ Encara em botia pel cap el nyigo-nyago de Pergolese quan Carlotta, a qui Jasper abraçava, s'apropà a recitar-me Rimbaud: [...] [Oriol Pi de Cabanyes, *Oferiu flors als rebels que fracassaren*, 1973]

nyigo-nyic *interj*
Onomat.: Nyigo-nyigo.

nyigo-nyigo *interj*
Onomat.: Nyic (grinyolar), nyic-nyic (parlar). També onomatopeia del so del violí, del violoncel, etc., especialment mal tocats.

➢ Un nyigo-nyigo fi de violins se sentia de lluny. [Emili Vilanova, «Falòrnies», *Lo primer amor i altres narracions*, 1879-1906]

➢ Tret del nyigo-nyigo de les cadires, per una estona hi va haver silenci [...] [Quim Monzó, «Un cinema», *...Olivetti, Moulinex, Chaffoteaux et Maury*, 1980]

➢ [...] em va recordar allò del nyigo-nyigo-nyigo, calces de paper, que dèiem de petits... [Enric Larreula, *La propina*, 1990]

➢ ZOILA: Parlar? Si d'això en dius parlar... Comença la Júlia: «nyigo-nyigo», ell, quiet. [Mercè Rodoreda, «La senyora Florentina i el seu amor Homer», *El torrent de les flors*, 1993]

nyigui-nyogui (de) *loc adj* i *adv*
Fet de qualsevol manera, de construcció defectuosa, feble.
D'origen onomatopeic.

nyim-nyem *interj*
Onomat.: Nyam-nyam.

nyip-nyap *interj*
Onomat.: Nyic-nyac.

➢ Justament N'Aineta pellucava herbetes per dinar, i es cans del Rei l'aglapeixen, *nyip-nyap nyip-nyap*, cap a ella! [Antoni M. Alcover, *Aplec de rondaies mallorquines d'En Jordi des Racó*, 1936-1972]

nyip-nyep *interj*
Onomat.: Nyic-nyac.

➢ Mentres estaven amb aquestes, es cans ervissencs mouen una llebre; i *nyip-nyep nyip-nyep*, i tots darrera ella com a coets. [Antoni M. Alcover, *Aplec de rondaies mallorquines d'En Jordi des Racó*, 1936-1972]

nyip-nyop *interj*
Onomat.: Nyic-nyac.

➢ Un se cansa de roegar i de no trobar gens de popa, i, cregut de que s'altre en devia trobar més, s'hi afua per prendre-la-hi; i tots dos ja estan embolicats, i nyip-nyop. / Es Batle, amb aquells lladrs, tot amb u se despert. [Antoni M. Alcover, *Aplec de rondaies mallorquines d'En Jordi des Racó*, 1936-1972]

nyiu-nyiu *interj*
Onomat.: Nyeu-nyeu.

➢ Pobreta!, miri la vergonyosa! Com fa escarafalls davant de la justícia per no dir lo pecat, més que nyiu-nyiu! I no hi ha cap carreter que la guanyi! [Emili Vilanova, «A casa l'Arcalde», *Quadros populars*, 1906]

nyonya *f*
Mandra somnolenta.
De creació expressiva.

O

---

o *interj*
Oh.

➢ O Jesús, en Betlem nat, / Tu és home deïficat [...] [Ramon Llull, «De Jesús», *Los cent noms de Déu*, 1285]

➢ Joseph: O de la casa, hostaler! [Anònim, «Relació dragmàtica de la nativitat del Fill de Déu» (s. xvii-xviii), dins *Teatre català del Rosselló*, 1989]

➢ ¡O quin ofec, parets i sostre, / igual que d'un taüt! [Josep Carner, «La fulla», *Arbres*, 1953]

oc *interj*

Onomat.: Oc-oc.

➢ Quan de vespre tornaren les oquetes a casa, la mestressa els preguntà si estaven satisfetes de la novella pastora i les oquetes contestaren: / oc, oc, oc, / d'herbetes no n'hem menjades, / però hem vist molt rica dama. [Joan Amades, *Les cent millors rondalles populars*, 1948]

➢ El Corb, també el coneixeu. És aquell ocell gros i negre, que vola més alt que els núvols; passaria per ser un ocell molt seriós, no fos que té un defecte: que és molt babau. Oc, oc!, gralla amb la seva veu de nas. [Joan Sales, *Rondalles gironines i valencianes*, 1951]

oc-oc *interj*

Onomatopeia de la veu del corb i de l'oca.

oh *interj*

Expressió usada per manifestar diferents emocions segons el to i la manera de ser proferida, com sorpresa, admiració, pena, alegria, desaprovació, por, dolor.

De creació expressiva.

➢ Oh senyor! Com sots Vós ací? E no morís l'altre dia? [Bernat Metge, *Lo somni*, 1398]

➢ Tots *(indignats)*: Oh, oh, oh, oh! [Apel·les Mestres, *En Joan de l'Ós*, 1907]

➢ Obrí la tapa, i Anna no pogué apagar en la seva gorja un / —Oh...! / d'horror. [Francesc Trabal, *Temperatura*, 1947]

➢ —És verd —ha dit la teva mare Prada. / —Oh, no, d'argent —ha dit ton pare el Riu. [Josep Carner, «El fullam de l'àlber», *Arbres*, 1953]

➢ Estels ràpids es creuaren en mil filigranes que feren aixecar a tot el poble una exclamació allargassada: / —Oooooh! [Xesc Barceló; Eduard Cortès, *L'illa de Saturn*, 1991]

oi *interj* i *m*

Expressa la confirmació del que es diu, l'assentiment a una demanda, i també, dolor, sorpresa. // *m*. Dolor, mal físic.

De creació expressiva, a partir de l'alternança vocàlica com *ai*, *ei*, *ui*.

➢ MARIONA: Oi, oi, oi! No, no, que ella s'ho creuria, la bèstia, i jo em moriria de gelosa [...] [Àngel Guimerà, *La filla del mar*, 1900]

➢ ¿Oi que et penses que sempre vaig amb noies? [Mercè Rodoreda, «La sang», *Vint-i-dos contes*, 1957]

➢ T'has fet oi-oi? [DCVB]

➢ Oi! oi!, quin mal que em fas! [GDLC]

oic *interj*

Onomatopeia del gruny del porc.

➢ Un porquet li vull comprar. / Oic, oic, oic, farà el porquet. [«A Betlem me'n vull anar», cançó popular]

oinc *interj*

Onomat.: Oic.

oisque *interj*

Oixque.

oix *interj*

Uix.

oixque *interj*

Expressió usada pel carreter per fer anar l'animal cap a l'esquerra.

De creació expressiva.

➢ La vida del llaurador / n'és una vida molt mala; / tota la setmana està: / «Arri, blanca! Oixque, negra!» [Joan Amades, «Estiu», *Costumari català*, 1952]

ollaó *interj*

Expressió que s'adreça als animals per fer-los anar cap a la dreta.

De creació expressiva. Probablement té una base en *allà*.

➢ Rei: Uf, la positura! Els bíceps em formiguegen, tu, redreça't. I vosaltres bifurqueu-vos, ollaó! [Salvador Espriu, *Primera història d'Esther*, 1948]

op *interj*

Onomat.: Oc-oc.

➢ I li pegà amb so puny estret damunt es cap, i es corb fa *¡op!* [Antoni M. Alcover, *Aplec de rondaies mallorquines d'En Jordi des Racó*, 1936-1972]

op-op *interj*

Onomat.: Oc-oc.

➢ Al punt sent *op-op*; alça es cap, i veu es corb que cau afuat damunt es dos gegants, i amb dues espipellades a cada un, los treu ets uis. [Antoni M. Alcover, *Aplec de rondaies mallorquines d'En Jordi des Racó*, 1936-1972]

orxegar *v tr*

Especialment els animals i els embriacs, vomitar.

D'origen incert, probablement onomatopeic i expressiu a partir de la síl·laba *orx*, *ox*, o *rox*, amb què s'imita el soroll que es fa en vomitar i que ha donat diverses variants: *orxegar*, *otxegar* i *rotxegar*.

osque *interj*

Oixque.

➢ El cavall s'apressa sota una volta de salzes que cobreix la baixada. / —Eeeep!... Xooo!... No, no: osque, Menut! [Narcís Oller, «Nocturn», *De tots colors*, 1888]

ou *interj*

Oh. Expressió que s'adreça als animals per aturar un moviment o una acció.

➢ D. Cosme: Ou, ou! / Tomeu: Déu lo guard, don Cosme! [Pere d'Alcàntara Penya, *El cordó de la vila*, 1866]

P

pac-pac-pac *interj*

Onomat.: Tacatac.

➢ [...] i tu passant pel mur mentre senties un odiós pac-pac-pac-pac-pac-pac-pac-pac-pac- de metralladora que t'anava dirigit perquè sí [...] [Jaume Cabré, *L'ombra de l'eunuc*, 1996]

paf *interj*

Onomatopeia del soroll que fa algú o alguna cosa que cau o que topa violentament contra el sòl, contra algú o contra un altre objecte, com per exemple un cop de puny, una bufetada, un cop al cap, una patacada, etc., o del que fa una cosa que esclata, i també, en sentit figurat, d'un fet sobtat (aparèixer, desaparèixer, transformar-se, etc.).

➢ Deixà el cos a la bella vora del marge i cercà un pedral; desenrotllà la faixa d'En Ton, ben empapada de sang, va lligar-la d'un extrem al pedral i de l'altre al coll de la víctima, ho féu rodolar tot fins al peu del segat, donà una bona empenta i... paf! [Víctor Català, «El pastor», *Drames rurals*, 1902]

➢ [...] se'n va cap a la cambra on es pensava que l'Andreuet dormia, i també: Paf!, deixa caure amb tota la fúria el sabre sobre el manyoc de roba del llit. («El castell d'iràs i no en tornaràs», *La Rondalla del Dijous*, 1924]

➢ Sóc formidable. Em van fer a mi, i paf! van trencar el motlle. [Joan Oliver, «Cambrera nova», *Contraban*, 1937]

➢ Però a còpia de sentir les versions dels diferents lectors i potser a còpia d'amoïnar-s'hi, se li va estimular la imaginació i un dia, paf!, en obrir el llibre, hi va veure el **seu** text... [Joles Sennell, *La guia fantàstica*, 1977]

➢ [*Un home clava un cop de puny a un altre:*] PAAAF!!! [Jesús Blasco; Adrià Blasco; Víctor Mora, «El tresor de Barcelona», *Tallaferro*, 1997]

pam *interj*

Onomatopeia del soroll que fa un tret, un cop violent o una explosió, com per exemple una roda que es rebenta, una porta o un llibre que es tanca bruscament, el tap d'una ampolla de xampany quan surt disparat, o algú que truca a una porta, o quan algú o alguna cosa cau, etc., o del que es fa en picar de mans, i també, en sentit figurat, d'un fet sobtat (aparèixer, desaparèixer, transformar-se, etc.).

➢ Quan veus aquí que tot espiant li vingué un esternut i pam!, vet-lo aquí descobert! [Maria de Bell-lloc, *Vigatans i botiflers*, 1878]

➢ No reveli mai el seu entusiasme: vingui qui vingui i passi el que passi, vostè aguanti el tipus i no hi està mai de més un badallet simulat. Això i fer així, veu?: pam... pam...! fer veure que aplaudeix. [Francesc Trabal, «Notes per a una o dues biografies» (1925), *De cara a la paret*, 1984]

➢ [...] i, tot de sobte: Pam! pam! pam! uns trucs eixordaven aquell tros de suburbi negrós, en aquella hora de quietud. No calia preguntar qui era. [Joan Puig i Ferreter, *Camins de França*, 1934]

➢ Pam!... Plantofada, una altra guitza del ruc i una mica més de cantera del seu amo. [Joan Santamaria, *Visions de Mallorca*, 1935]

➢ [*Un home clava claus amb un martell:*] —PAM! PAM! PAM! [Maria Novell; Manel, «De Balaguer a Kunfram», a *Cavall Fort*, núm. 168, 1970]

➢ AURORA: Fan ballar les taules i se senten cops. Pam, pam-pam, pam-pam, pam. [Josep M. Benet i Jornet, *Revolta de bruixes*, 1976]

➢ Saps, avui l'Adrià m'ha explicat una llarguíssima història de *vaquerus*, diu que de gran serà *vaqueru*, agafarà la pistola i pam, pam, pam, matarà tots els Francos del món. [Montserrat Roig, *L'hora violeta*, 1980]

pam-pam *interj*

Onomatopeia del soroll que fan cops repetits, com els de pegar, de trucar a la porta, etc.

➢ Fer pam-pam. [DCVB]

➢ El timbal fa «pam-pam, pam-pam». [Joan Brossa, *Fregolisme o monòlegs de transformació (1965-1966)*, 1983]

pang *interj*

Onomat.: Pam (cop que ressona, tret, explosió i semblants).

➢ La Kati va enxiquir els ulls i, en reconèixer-lo, va simular una pistola amb els dits de la mà dreta, li va apuntar acuradament i va fer: / —Pang, pang! [Ofèlia Dracs, *Negra i consentida*, 1983]

➢ [*Es rebenta el pneumàtic d'un camió:*] PANG [Joaquim Carbó; Josep M. Madorell, *La casa sota la lona*, 1984]

➢ [*Un home en colpeja un altre amb una gran paella:*] PAAANGG! [Jesús Blasco; Adrià Blasco; Víctor Mora, «L'enigma de la ciutat perduda», *Tallaferro*, 1997]

pànyeu *interj*

Onomatopeia del so que fan els infants amb la veu per imitar un tret de bala.

pap *m*

Bossa membranosa que molts ocells tenen sota la gola i on els aliments sofreixen una maceració preliminar abans de passar a l'estómac.

Del verb ll. *pappare*, que el poble romà usava com a terme pintoresc i acriaturat per dir 'menjar'. L'arrel expressiva *papp-* ha generat diversos mots de creació paral·lela en diverses llengües indoeuropees.

F. m.: arrepapar-se, empapussar, papa[1] 'cuca', papada, papadiners, papafiga, papamosques, papaorelles, papar, paparotes 'farinetes', papaterra, papau, papil·la, papil·lar, pap-roig, papu, pàpula, papulació, papular, papulós, paput, repapar-se.

papa[1] veg. *pap*.

papa[2] *m* i *m pl*

Familiarment, pare. // *m. pl.* Pare i mare, pares. // *m.* Cap de l'Església catòlica.

Del ll. cl. *papas*, ll. td. *papa*, i aquest, del gr. *pápas* 'pare, bisbe', mot de creació expressiva infantil, igual que la paraula grega. És un tipus de formació present en molts idiomes de famílies diverses. El caràcter expressiu va impedir la sonorització de la *-p-* interna, que hauria destruït la reduplicació.

F. m.: antipapa, papable, papal, papat, papisme, papista.

papam *interj*

Onomat.: Pam (caure, cop, explosió, fet sobtat).

➢ Li dóna empenta, i es fraret, *papam*, va caure de morros ben allargat. [Andreu Ferrer, *Rondaies de Menorca*, 1914]

paplaf *interj*

Onomat.: Paf, xaf.

➢ En Pere pega s'empenta an es senyor, i sa mòpia, fent es molinet a l'aire..., *paplaf*, pega damunt s'aigo [...] [Antoni M. Alcover, *Aplec de rondaies mallorquines d'En Jordi des Racó*, 1936-1972]

paplam *interj*

Onomat.: Plam.

➢ Ses portes des castell a sa darrera bataiada *paplam!* se tanquen i apleguen mitja coa des cavall [...] [Antoni M. Alcover, *Aplec de rondaies mallorquines d'En Jordi des Racó*, 1936-1972]

➢ La Balaga agafa el coixí i paplam!, al mig del nas d'en Baliga. [Cèlia Riba, «Xist!!!», a *Tretzevents*, núm. 729, 1997]

pap-pap *interj*

Onomat.: Tup-tup.

➢ Em mirava la fumera, tot remembrant la solitud de Neàpolis, a l'hivern, i el pap-pap-pap de les barques que van i vénen, de buit o bé carregades, *i que sigui per molts anys*. [Oriol Pi de Cabanyes, *Oferiu flors als rebels que fracassaren*, 1973]

parrac *m*

Tros de roba mig separat per un estrip de la resta d'una peça de vestir.

Mot comú només amb el gascó i algun parlar basc, d'origen incert. Podria ser de creació onomatopeica, per imitació del soroll que fa la roba quan s'esqueixa, o bé d'origen preromà, o creat a partir d'*esparracar*, d'origen incert, però relacionat amb l'it. *sparare* 'estripar', derivat negatiu del ll. *parare* 'arranjar'.

F. m.: aparracar, esparrac, esparracadament, esparracament, esparracar, esparracat, esparrec, parracaire, parraquer.

parrup *interj*

Onomatopeia del cant del colom i de la tórtora. // *m.* Cant del colom i de la tórtora.

➢ «Ja vorem, què collirem, enguany! Tant de colom i tant de parru-pa-parrup a totes les hores del dia!» [Joan F. Mira, *Els cucs de seda*, 1975]

F. m.: parrupar, parrupeig, parrupejar.

patac *m*

Cop violent, batzac.

D'origen onomatopeic, format amb els esclats de les dues oclusives consecutives i un final sec -ák.

F. m.: patacada, pataquejar.

pataf *interj*

Onomat.: Paf.

➢ [*Un home és envestit per un estruç i cau a terra:*] PATAF! [«En Bufa i en Pumpum», a *L'Infantil*, 1962]

patam *interj*

Onomat.: Pam (cop violent, caiguda, explosió, tret i semblants).

➢ *(Patam. Cop de porta:)* —Que tindrien segells de quaranta? [Francesc Trabal, «Notes per a una biografia» (1926), *De cara a la paret*, 1984]

➢ [...] li canviarem el cotxe, i quan digui: «Aquest, aquest!», patam, ja és seu. [Francesc Trabal, *Quo vadis, Sànchez*, 1931]

➢ —Patam, pam, pum! / Una descàrrega de diverses armes a la vegada va interrompre la peroració pacifista del nostre dilecte Pere Fi. [Josep M. Folch i Torres, *Les formidables aventures de Pere Fi*, 1934]

patapaf *interj*

Onomat.: Paf.

➢ Avui, amb el mur que tanca la vila per la banda de l'Ebre, una caiguda com aquella hauria estat gairebé impossible. Llavors no hi teníem ni una trista espona. L'avi, distret, va perdre peu i patapaf. [Jesús Moncada, *Calaveres atònites*, 1999]

patapam *interj*

Onomat.: Pam (soroll fort, caiguda, explosió i so del timbal i semblants).

➢ Què ha estat aquest patapam tan fort? [GLC]

➢ Patapam! un cop de porta, i Lola queda tota sola. [Josep Carner, «L'armari», *La creació d'Eva i altres contes*, 1922]

➢ I movia el canó en els dos sentits, apuntats per l'ànima. Patapam! Boom! [Avel·lí Artís-Gener (Tísner), *556 Brigada Mixta*, 1945]

➢ [*Dos nens s'entrebanquen i cauen:*] PATAPAM! [Pineda Bono, «Quina trepa», a *Cavall Fort*, núm. 106, 1967]

➢ Patapam, patapam, patapam... tambors de plata, escuts daurats, soldats nus de mig cos en amunt. [Mercè Rodoreda, «Viatge al poble dels guerrers», *Viatges i flors*, 1980]

➢ [*Un globus explota:*] PATAPAM [Joaquim Carbó; Josep M. Madorell, *La casa sota el mar*, 1986]

➢ ASSUMPTA: [...] Aleshores, sense solució de continuïtat amb el que li acabava de dir, que no sé què era, li vaig engaltar, patapam, que havia tingut un amant. [Josep M. Benet i Jornet, *E. R.*, 1994]

patapim *interj*

Onomat.: Pam (caure, colpejar, explosió suau). Sol usar-se en combinació amb *patapam* o *patapum*.

➢ L'havien trepitjada, empentada i esquitxada de capellans, a canvi de veure una piloteta que PATAPIM! PATAPUM! rebotava tossuda contra la paret. [Sebastià Roig, *El cogombre sideral*, 2000]

pataplaf *interj*

Onomat.: Paf, xaf.

➢ [...] la Colometa, el dia que la vaig conèixer a la plaça del Diamant, va arrencar a córrer i davant mateix de la parada del tramvia, pataplaf! els enagos per terra. [Mercè Rodoreda, *La plaça del Diamant*, 1962]

pataplam *interj*

Onomat.: Plam.

➢ Com va veure que els tenia bé a tir, pega tirada a ses cordellines, i ¡pataplam! se disparen escopetes, fusells, trabucs i pistoles [..] [Antoni M. Alcover, *Aplec de rondaies mallorquines d'En Jordi des Racó*, 1936-1972]

➢ Jo em trobava bé, no em feia mal res, ni el fetge, ni la melsa, ni la panxa, ni res; només que la meva pell s'havia tornat del color de la ginesta, pataplam!, d'una grogor que esparverava. [Joles Sennell, «Groc de ginesta», a *Tretzevents*, núm. 314, 1978]

pataplim *interj*

Onomat.: Plam. Sol usar-se en combinació amb *pataplam*.

➢ [...] si algú em ve amb pataplam i pataplim i em diu això i aillò, seran brams d'ase. [Josep M. de Sagarra, *Marçal Prior*, 1926]

pataplof *interj*

Onomat.: Plof.

➢ [...] vaig recordar el passat; i, decididament, vaig començar la història pel principi; o sigui, vaig escriure: BARRABAAAMMM!!! PATAPLOOOFFF!!! BOUUUMMM!!! [M. Lluïsa Solà, *Un fantasma anomenat...*, 1990]

patapluf *interj*

Onomat.: Plof.

pataplum *interj*

Onomat.: Plam.

➢ Pau: La paren *(En son grupo.)* / o altres vegades l'aixequen, / li apunten... i pataplum! / lladra el gos, i cau la peça. [Josep M. Arnau, *La pubilla del Vallès*, 1865]

➢ M'hi fico, i quan més content anava perquè no sentia tantes bales xiular... pataplum! em despenyen un gran còdol damunt les anques del cavall. [Narcís Oller, *La febre d'or*, 1890-1891]

patapuf *interj*

Onomat.: Puf (topada, caiguda, explosió i semblants).

➢ Ell no movia ni peu ni cama, i l'amo agafa un còdol, l'hi tira i el va endevinar tan bé que, *patapuf*, es frare va caure ben estirat. [Andreu Ferrer, *Rondaies de Menorca*, 1914]

patapum *interj*

Onomat.: Pum (caiguda, cop, explosió, tret).

➢ [...] es va sentir una veu que deia: «*Los carlistas, fuego.*» I, noi, *patapum*, prou les vaig sentir xiular. [Josep d'Argullol i Serra, *La Guerra* (1863), 1989]

➢ [...] de cop, al voler-se asseure: patapum!, la barca es capgirà omplintse i els tres prenguérem un bany rus no molt divertit el mes de gener, sort de saber nedar. [Carles Bosch de la Trinxeria, *Records d'un excursionista*, 1887]

➢ [...] fins que agafa un còdol, i amb tanta força l'hi tira, tan dret que el va ben ferir, i ja ho crec que *patapum*, caigué en terra tan llarg com era. [Andreu Ferrer, *Rondaies de Menorca*, 1914]

patatam *interj*

Onomat.: Pam (caiguda, cop, explosió, tret), patatim.

patatim *interj*

Onomatopeia del so d'una cosa que cau donant cops repetits, o d'una conversa que insisteix monòtonament sobre les mateixes coses (sol combinar-se amb *patatam*).

➢ No vaig veure l'escala, i patatim patatam per avall! [DCVB]

➢ Mentrestant el ferro es refreda... i hala! patim; patam! patatim! patatam! les espurnes salten... [Francesc Pelagi Briz, *La Panolla*, 1873]

➢ Tia sempre en va rondinar, d'aquell present. [...] Que si patatim que si patatam. [Maria Barbal, *Pedra de tartera*, 1985]

patatim-patatum *interj*

Onomat.: Patatim.

➢ Nosaltres no en sabíem gaire, de lligar la cordilla, que deixàvem massa fluixa, de manera que, patatim-patatum, l'escaibrot rodava d'esquenes [...] [Josep-Sebastià Pons, *Llibre de les set sivelles*, 1956]

patatrac *interj*

Onomat.: Crac (esbotzar, trencar-se).

➢ Joan *(deixant caure el diari)*.— Patatrac...! Ja l'hem fregida...! I enveja de què, si es pot saber? [Carles Bosch de la Trinxeria, *Records d'un excursionista*, 1887]

patatrap *interj*

Onomatopeia d'un soroll sec i repetit, com el que fan les potes d'un cavall, uns esclops, el batec del cor, etc.

➢ Vàrem sentir un bell patatrap de cavalls. [Martí Genís, *Narracions casolanes*, 1907-1922]

patatrip-patatrap *interj*

Onomat.: Patatrap.

patatrop *interj*

Onomat.: Patatrap.

➢ I el cavall florejarà sota el balcó. Trop, patatrop, trop! [Joaquim Riera i Bertran, *Narciset*, 1924]

patatuf *interj*
Onomat.: Paf (caure, topar, xocar).

➢ Ball del Patatuf: ballet molt senzill de melodia i graciós de moviments, que comença amb un picament de mans per part dels dansaires [...] [Joan Amades, «Hivern», *Costumari català*, 1952]

patatum *interj* i *m*
Onomat.: Paf (caure, topar, xocar). // *m.* Contratemps, adversitat sobtada.

➢ [...] s'entaulà i menjà postres, i begué vins i licors, sense pensar en el risc d'un patatum a què l'exposava la seva complexió evidentment apoplèctica. [Narcís Oller, *Vilaniu*, 1885]
➢ [...] amb el patatum de la caiguda [...] [Joaquim Ruyra, *La parada*, 1919]

patatxaf *interj*
Onomat.: Xaf.

➢ La Pona passa enmig d'un bassal. Patxip! Patxap! / —Que bé! / La Pona fa un salt de bassal a bassal. Patatxaf! [Teresa Duran; Montse Tobella, «Botes d'aigua», a *El Tatano*, núm. 13, *Cavall Fort*, núm. 725, 1992]

patatxap *interj*
Onomat.: Xap.

➢ Havia caigut per la resclosa, Patatxap, i s'havia quedat allà, davant meu. [Albert Draper, *Vuit dies de juny*, 1987]

patatxip-patatxap *interj*
Onomat.: Xip-xap.

patatxof *interj*
Onomat.: Xaf.

patatxop *interj*

Onomat.: Xap.

➢ L'alçada és considerable, i, tanmateix, la xicota estira els braços, arqueja el cos fimbrant i bonic, i patatxop!, es tira daltabaix, i tot nedant submergida se'n va a sortir qui sap a on. [Joan Santamaria, *Visions de Mallorca*, 1935]

patatxuf *interj*

Onomat.: Xaf.

patatxup *interj*

Onomat.: Xap.

patim-patam *interj*

Onomat.: Patatim. Onomatopeia d'un soroll de cops forts i secs, com de potes de bèstia.

➢ El matxo també rumflava de tant en tant amb aire de fatiga, i el patim-patam de ses potes ferrenyes era més lent i feixuc que de costum. [Víctor Català, *Ombrívoles*, 1904]

➢ Gira: Oi! I patim! patam! / Arrenca: I... un cop el tenim fet una coca... [Apel·les Mestres, *En Joan de l'Ós*, 1907]

➢ Quin silenci! Ni una mosca! Un «silenci de cendra». No, res de cendres. «Renaixeré un migdia bru en l'illa nova...» Patim-patam... Saps què vull dir? [Joan Oliver, *Una drecera*, 1960]

patim-patum *interj*

Onomatopeia del soroll d'esbatussada.

➢ Els pastorets, en veure'l, / s'hi tiren al damunt, / patim-patum [...] [«El dimoni escuat», cançó popular]

patrap *interj*

Onomat.: Patatrap.

➢ De sobte, sona una mena de galop aspre i sord... —trap, trap, patrap— i van apareixent les Senyoretes del Mar, muntades unes sobre vermells llagostins, i altres, al damunt de crancs grossos, vells, revestits de molsa marina. [Joaquim Ruyra, «Les Senyoretes del Mar», *Pinya de rosa*, 1920]

patrap-patrap *interj*
Onomat.: Patatrap.

➢ Però l'esglai més fort va ésser quan de sobte, tot de sobte, se va sentir un soroll acompassat i indesxifrable, com si vingués de molt lluny, del capdamunt de la vila. Patrap, patrap! Patrap, patrap! [Raimon Casellas, *Les multituds*, 1906]

patric-patroc *interj*
Onomat.: Patatrap.

➢ [...] el cavall que fa patric-patroc sus l'empedrat. [Pau Berga, *La Mare-Terra*, 1913]

patrip-patrap *interj*
Onomat.: Patatrap.

➢ A prop d'allí passava / un dimoni escuat, / patrip-patrap [...] [«El dimoni escuat», cançó popular]
➢ He sentit el patrip-patrap dels esclops de la noia. [DCVB]
➢ El cor li feia patrip-patrap. [DCVB]
➢ En això —estaven sonant les dotze hores al campanar de Falgars—, es va sentir el patrip-patrap d'unes ferradures a les lloses de l'era, i una remor seca i estranya, com la d'un feix de llenya quan el sacsegeu. [Joan Sales, *Rondalles gironines i valencianes*, 1951]

patrip-patrop *interj*
Onomat.: Patatrap.

➢ Quan es desperten, ja les Senyoretes del Mar han desaparegut, i no s'ou més que el patripatrop de llurs estranyes cavalcadures, que corren a capbussar-se a l'aigua. [Joaquim Ruyra, «Les Senyoretes del Mar», *Pinya de rosa*, 1920]

patrop *interj*

Onomat.: Patatrap.

➢ Sents quin trop-patrop? [Joaquim Ruyra, *El país del pler*, 1906]

patufet, patufeta *m, f*

Criatura petita.

Nom afectiu i familiar, de creació expressiva, format segurament a partir de *petit*, *petarrell*, *pet*, *llufa*, que recullen la idea bàsica d'infant de bolquers.

F. m.: patufa.

patum *interj*

Onomat.: Pam (cop violent, caiguda, explosió i semblants).

➢ ¡Com els hi deu retrunyir en els racons de l'ànima aquell melangiós ¡patum!... Patum-tum-tum-tum... ¡patum!... [Antoni Sansalvador, *La Patum*, 1916]

patxap *interj*

Onomat.: Xap.

➢ [*Un home va en barca i rema:*] PATXAP [Joma, «Cresques», a *Cavall Fort*, núm. 758, 1994]

patxif-patxaf *interj*

Onomat.: Xip-xap.

➢ Jo, quan nedo, faig patxif patxaf! [Roser Ros, «S'ha perdut un esternut», a *El Tatano*, núm. 5, *Cavall Fort*, núm. 683, 1991]

patxip-patxap *interj*

Onomat.: Xip-xap.

➢ —Després la terra es beu l'aigua, i, en el fang, les teves sabates, amb aquella sola que té tres dits de gruix, fan «patxip-patxap». [Mercè Rodoreda, «Trossos de cartes», a *Contes de guerra i revolució: 1936-1939*, 1982]

patxoca *f*

Goig que fa una persona per la seva presència ufanosa, l'exuberància del seu cos, l'elegància del seu vestir, etc.

D'origen expressiu, l'arrel evoca fonèticament la idea de grassor.

pessigar *v tr*

Prémer una petita porció de pell o de carn (d'algú) agafant-la entre el dit polze i un altre dit.

De creació expressiva, d'una arrel *pitsik-*, *pitsk-*, que pot suggerir la sensació de carn premuda entre els dits i després cargolada, i que ha donat formes semblants en diverses llengües romàniques.

F. m.: espessigar, pessic, pessigada, pessigaire, pessiganassos.

pessigolles *f pl*

Sensació que produeix sobre certes parts del cos una successió ràpida de tocaments lleugers, que provoca la rialla i, si és continuada, una convulsió.

D'origen expressiu, que pot relacionar-se amb el tipus *pitsik-*, de pessigar, i que té un significat semblant.

F. m.: pessigolleig, pessigollejar.

pet *m*

Soroll sec que fa alguna cosa en trencar-se, badar-se, disgregar-se, bruscament, en esclatar, en batre l'aire violentament. // Gas evacuat per l'anus amb soroll.

Del ll. *pēdĭtum*, íd., derivat del ll. *pēdĕre* 'fer pets', d'origen onomatopeic.

F. m.: arrepetellar-se, espetarrec, espetarregar, espetec, espetegadís, espetegar, petada, petador, petaire, petament, petaner, petar, petard, petardejar, petarder, petardista, petarrell, petarrellada, petarrelleig, petarrellejar, peter, petrell, repetell, repetellar-se.

petit, petita *m, f* i *adj*

Que no ateny les dimensions ordinàries, la mesura ordinària, entre les coses de la mateixa espècie; tot altre que gran o gros, en nombre, grau, durada, valor, etc.

Del ll. vg. *pittittus*, de creació expressiva, paral·lela a *pitinnus*, *pitulus*, *piccinus*, *pikkinnus*, *pitikkus*, que trobem en altres llengües romàniques, sempre amb el valor de 'petit'. En creacions d'aquest tipus sovint hi tenia una intervenció important la parla infantil, que té una predilecció per l'oclusiva *p*-, d'articulació senzillíssima, i, en qualitat d'exponent semàntic, el timbre agut de la *i*, que evoca la idea de diminut.

F. m.: empetitiment, empetitir, petifloc, petimetre, petitament, petitesa.

petó *m*

Acte de tocar amb els llavis algú o alguna cosa cloent-los en el moment del contacte i descloent-los tot seguit, en senyal d'afecció, salutació, reverència, etc.

Dissimilació de *potó*, mot del català antic, i avui encara dialectal, procedent d'una arrel *pott*-, que es referia a matèries carnoses, especialment els llavis. Tant la *p*- com la vocal labial d'aquest radical fan pensar que devia ser de creació expressiva, sobretot tenint en compte que va generar mots semblants al nostre 'petó' no sols en llengües germanes, sinó també en zones prou allunyades del nostre país i de dependència lingüística diferent. Curiosament, a més, alguns mots d'origen desconegut de diverses llengües, i que tenen el sentit de 'besar', inclouen també l'element *pu-/po-*, de *p* inicial i vocal labial, cosa que en confirma el caràcter bàsicament fonosimbòlic.

F. m.: apetonar, petoneig, petonejar, petoner.

pf *interj*

So que es fa per manifestar decepció, menyspreu, indiferència. // Onomat.: Puf (cosa que falla, escapar-se el riure, escopir).

➢ Sentir això els mals esperits i posar-se a botre com unes cabres va ser tot u, amb uns xisclets que feien venir xerricar de dents. A l'últim, tot fent: Pf!, pf!, pf!, van desaparèixer enmig d'una fumerada. [Joan Sales, *Rondalles gironines i valencianes*, 1951]

➢ [...] mentre Samanta escopia pinyols de fruita sota la celístia, indiferent potser, Candi preguntant-se com el vell els podia tolerar, ells, música, tot plegat, la fressa de passos avançats per l'oh món, Samanta / pf! pf! / amb els pinyols, pentinant-se amb petxines foradades [...] [Oriol Pi de Cabanyes, *També les formigues, Dylan, algun dia ploraran de solitud*, 1975]

pffss *interj*

Onomat.: Pfu.

➢ [*A un home se li escapa el riure tot i que es tapa la boca:*] PFFFFSSSSSSS [Joma, «Cresques», a *Cavall Fort*, núm. 732, 1993]

pfu *interj*

So que es fa per manifestar cansament, decepció, menyspreu, indiferència. // Onomatopeia del soroll sord que fa una cosa que havia d'explotar i fa llufa, una explosió molt petita o un motor que falla, i també del soroll que es fa en escopir i en escapar-se el riure per sota el nas.

➢ Després, arrapant-se al petge, s'enfilà al llit com va poder i s'hi deixà caure pesadament, panteixant. / —Pfuuu!... [Víctor Català, «Parricidi», *Drames rurals*, 1902]

pfuit-pfuiu *interj*

Onomatopeia del so que es fa en emetre un xiulet doble, generalment d'admiració.

➢ Alçava una altra carta, xiulava: «Pffuuuiit pfuuiu [...] [Joan F. Mira, *Els treballs perduts*, 1989]

pi *interj*

Onomat.: Piip, pit.

➢ —Pi, pi, pi! / Era un pardalet molt menut que volava al voltant del seu cap. [Empar de Lanuza, *Bon viatge, Pitblanc!* 1982]

➢ [*Hi ha un embús de cotxes*:] Piiiii! Meeecc! [Fer, a *Avui*, 06.12.2000]

piafar *v intr*

Alçar, el cavall, estant parat, les potes del davant, adés l'una adés l'altra, i deixar-les caure amb força.

Del fr. *piaffer*, íd., d'origen expressiu.

piaong *interj*

Onomat.: Pànyeu.

➢ [*Un home apunta amb una pistola una bola del món i diu:*] Piaong! Piaong! Piaong! [Fer, a *Avui*, 18.10.2000]

pic[1] *interj*

Onomat.: Clic (degotar). També onomatopeia del soroll agut que fa un cos dur quan en colpeja un altre que també ho és.

➢ [...] en Brianet agafà la maceta i pic-pic, pic-pic, amb el mànec anà trucant el sòl, tot vora la paret, fins al balcó... [Víctor Català, «El Carcanyol», *Caires vius*, 1907]

➢ La pluja petava amb estrèpit sobre la teulada, i en un cantó se sentia el pic, pic, pic porfidiós d'una gotera. [Víctor Català, «La "tomia" de l'Estrany», *Ombrívoles*, 1904]

pic[2] veg. *picar*.

picar *v tr* i *intr*

Fer un petit forat a la pell (d'algú, d'una part del cos), amb el bec, el fibló, etc., un ocell, un insecte, etc., o amb una agulla o un altre objecte punxegut. // *v. intr*. Causar coïssor en una part del cos. // *v. tr*. Agafar, un ocell, el menjar amb el bec. // *v. tr*. Colpejar amb algun objecte.

D'origen expressiu i onomatopeic, és un mot comú a totes les llengües romàniques d'occident. Es tracta de la mateixa arrel que ja tenim en ll. *pīcus* 'pigot', al·lusiu al soroll que fa aquest ocell en colpejar constantment els troncs dels arbres. El caràcter onomatopeic es manifesta a través de la *p-* i la *-k-*, que imiten directament el so de la percussió. I el caràcter expressiu el transmet el contacte visible i enèrgic dels llavis en fer l'oclusió labial i també la vocal *i*, que suggereix un matís penetrador. De fet, l'onomatopeia es va crear dues vegades, en llatí i en romànic. Un primer cop, amb *-c-* simple llatina. D'aquesta arrel tenim els llatins *pīcus* i *pīca* 'piga', d'on els derivats catalans amb *-g-*. Després, una segona vegada, amb *-cc-* o amb *-c-* sense sonoritzar a causa del caràcter onomatopeic del mot. D'aquesta segona arrel tenim molts altres derivats catalans en *-c-*, sobretot *picar*.

F. m.: contrapicat, embicar, empiconar, espicassar, espicossar, pic², pica, picaaranyes, picabaralla, picacancell, picacarrasques, picada, picadís, picador, picadura, picaferro, picaflor, picallós, picamà, picamatalassos, picament, picant, picantment, picantor, picapedra, picapedrell, picapedrer, picapedres, pica-pica, picapinyes, picaplatges, picaplets, picapoll, picaport, picaporta, picapunt, picarda, picardia, picardiós, picardona, picardonet, picaresc, picarescament, picarol, picaroleig, picarolejar, picarot, pica-soques, picassa, picassó, picat, picatatxes, picó, picola, picoladora, picolar, piconador, piconament, piconar, picor, picossada, picot, picotejar, picotera, piqué, piquer, piqueta, repic, repicada, repicadissa, repicador, repicament, repicar, repicatalons, repicó.

pif *interj*

Onomatopeia del soroll que fa una cosa flonja o tova quan topa amb una de sòlida o més forta, i també del soroll suau que fa un líquid en sortir amb una mica de pressió d'un conducte molt estret.

➢ [...] Jack Tinyeta giravoltant en el somni de qualsevol dia, pistoletes de plàstic a banda & banda per defensar-se / pif! pif! / raig d'aigua a la cara

[...] [Oriol Pi de Cabanyes, *També les formigues, Dylan, algun dia ploraran de solitud*, 1975]

pif-paf *interj*

Onomatopeia del soroll de dues bufetades o de dos cops donats l'un darrere l'altre, o del que fa la topada de dos cossos blans o un dels quals almenys és blan.

➢ Botxí: Pif-paf, pif-paf! Et masego, maco i casco, fins a anestesiar-te a patacades [...] [Salvador Espriu, *Primera història d'Esther*, 1948]

pif-pof *interj*

Onomat.: Pif-paf.

➢ —Peti, peti, el nas del gos, / que les botes van a dos; / pif, pof. [Joan Amades, «Corpus-primavera», *Costumari català*, 1952]

piga *f*

Taca petita groguenca o bruna que surt a la pell, especialment a les zones exposades al sol.

Sorgeix d'una onomatopeia com la que ha donat lloc al verb *picar*, que degué expressar primer la idea de 'pegar un cop' i després la de la taca que així es produeix o d'una de semblant. De fet, és el mateix mot que el català antic *piga* 'garsa', que és un ocell que té un plomatge tacat (veg. *picar*).

F. m.: picornell, pigallat, pigallós, pigard, pigardós, pigat, pigós, pigot, pigota, pigotós.

piip *interj*

Onomatopeia del xiulet d'un àrbitre, d'un guàrdia urbà, etc., del d'un contestador i d'altres aparells electrònics, i també del soroll que fa la botzina d'un tren, d'un cotxe, etc.

➢ —Piiip!! Piiip!!! —va protestar un Golf que feia estona que teníem enganxat al para-xocs del darrere. [Pep Coll, *Què farem, què direm?*, 1992]

pim *interj*

Onomat.: Pam (caure, colpejar, disparar).

➢ Un revòlver a una mà, un màuser a l'altra i, si convé, un canó Krupp a l'altra... i al primer criminal que se'ns posi al davant, pim!... [Apel·les Mestres, *Justícia!*, 1913]

pim-pam *interj*

Onomatopeia del soroll produït per una sèrie de cops secs, d'explosions o de trets d'arma de foc, i també, en sentit figurat, d'una acció ràpida i decidida.

➢ L'hèroe: [...] Doncs anàvem seguint un torrent cap a Pampanga, i... pim, pam!, pim pam!, l'enemic, només per fer mal, darrere de les bardisses, anava tirant de cada banda. [Santiago Rusiñol, *L'hèroe*, 1903]

➢ Aurora: Tot s'ho fa vostè. La bata, que no el vull fer patir. Jo sóc de les que pim-pam, pim-pam, dos segons i llesta. [Josep M. Benet i Jornet, *Revolta de bruixes*, 1976]

➢ [...] tenia una vara per pegar-me i aquell dia va treure la vara i pim-pam, pim-pam, me va bastonejar tota la carcanada [...] [Ramon Solsona, *Figures de calidoscopi*, 1989]

pim-pam-pum *interj* i *m*

Onomat.: Pim-pam, especialment quan se senten molts trets, i també, en sentit figurat, batibull. // *m.* Paradeta de fira on es tira al blanc amb escopeta.

➢ Senyor Cunilleres: I si és en Carnassa, pim! pam! pum! I tot s'haurà acabat. [Apel·les Mestres, *Justícia!*, 1913]

➢ Una vegada més, la crítica i la bugada coincidien i degradaven la vida de les persones en comentari xaró, en objecte de pim-pam-pum. [Terenci Moix, *El sexe dels àngels*, 1992]

pim-plam *interj*

Onomat.: Pim-pam (cops secs repetits).

➢ Com sa mare el sentí, no pogué pus: s'hi aborda, i *pimplam, pimplena*, li féu ses galtes vermeies i blaves ses anques [...] [Antoni M. Alcover, *Aplec de rondaies mallorquines d'En Jordi des Racó*, 1936-1972]

pinça *f*

Instrument format per dues peces a manera de mandíbules, que poden estrènyer-se per l'acció de la mà o una molla, que serveix per agafar coses petites, subjectar papers, una peça de roba o una cordeta, etc.

Del fr. *pince*, procedeix de la base expressiva *pitsik-pitsk-*, com *pessigar*.

F. m.: pinçada, pinçament, pinçanàs, pinçar.

ping *interj*

Onomat.: Clinc (xocar, caure, colpejar, tancar).

➢ VISITANT I.— [...] Mines? *(Fa el gest de cavar.)* Ping, ping, ping! [Joan Oliver, *El 30 d'abril*, 1935]

ping-pong *m*

Tenis de taula.

De l'angl. *ping-pong*, íd., onomatopeia usada com a marca registrada del joc, inventat cap al 1880 per l'enginyer James G. Wartburg.

pinsà *m*

Ocell de la família dels fringíl·lids (*Fringilla coelebs*), de plomatge castany al dors, gris blavós al cap, i amb dues barres blanques a les ales, d'uns 15 cm de llargada.

En ll. vg. segurament devia tenir una forma **pincianus (pincio, -ōnis)*, formada a partir de l'onomatopeia *pink*, que imitava el cant de l'ocell, un repetit «txuinc». Mot comú a moltes llengües romàniques, cèltiques, germàniques, eslaves i d'altres.

pinyac *m*

Cop de puny.

Derivat onomatopeic de *pinya* o encreuament del mot *pinya* amb l'onomatopeia *nyac* 'mossegada', 'rèplica brusca', 'cop brusc'.

pínyau *interj*

Onomat.: Pànyeu.

pip *interj*

Onomat.: pip-pip.

➢ «Contestador automàtic de Pau Martí. Si vol deixar un missatge, comence a parlar després del senyal.» Pip. [Josep Lluís Seguí, *Comèdia*, 1984]

pipa *f*

Petit recipient, generalment cilíndric, de fusta, arrel de bruc, guix, escuma de mar, etc., amb un tub prim que arrenca del fons terminat generalment en una peça tubular de fusta, banya, ebonita, ambre, etc. (broquet), usat generalment per fumar tabac.

Del ll. vg. **pipa* 'flauteta', derivat de *pipare* 'piular', d'origen onomatopeic, ja que es comparava el so del flabiol amb el piular dels ocells. En un passatge de Llull ja es fa servir aquest terme també en el sentit de tub per fer baixar o pujar aigua o un altre líquid. Més endavant es va aplicar aquest mateix terme al conducte de fusta que es feia servir per fumar.

F. m.: desempipar, empipada, empipador, empipament, empipar, espipellar, pipada, pipar, pipeta.

pipioli *m*

Jove de la primera volada, inexpert.

Del cat. *pipir* (s. XVII), ll. *pipīre* 'piular', mot onomatopeic del crit dels ocells.

pipirigall *m*

Trepadella, herba farratgera (*Onobrychis viciifolia*), de fulles imparipinnades, flors vermelles i llegums monosperms.

De l'esp. *pipirigallo*, íd., i aquest, del port. *perigalho*, amb alteració per etimologia popular, que hi va veure una al·lusió a la cresta del gall i hi va adaptar l'onomatopeia del seu crit.

pipiripip *m*

Rosella, herba anual (*Papaver rhoeas*), híspide, de flors solitàries amb quatre pètals vermells, que creix sobretot als sembrats.

De creació expressiva i infantil, probablement sobre la base de l'arrel del ll. *papaver*, *-ĕris* 'rosella'.

pi-po *interj*

Onomat.: Ni-no.

pip-pip *interj*

Onomat.: Bip-bip. També onomatopeia del soroll d'una alarma, d'una botzina, etc.

piruleta *f*

Caramel que s'aguanta amb un bastonet.

De creació expressiva, amb un radical *pir-* que apareix en mots que signifiquen 'pal, estaca', com l'it. *pirolo* 'bastó cilíndric', i 'moviment rotatori', com el fr. *pirouette* i l'it. *piroetta* 'pirueta'.

F. m.: pirueta, pirulí.

pispar *v tr*

Furtar, robar.

Mot de creació expressiva.

F. m.: pispa.

pit *interj*

Onomatopeia del crit de les orenetes i d'altres ocells.

➢ Després, a l'hora d'ajocar-se, se sentia el «pit, pit, pit!» d'una merla als arbres del parc. [Marià Manent, *El vel de Maia*, 1975]

piu *interj* i *m*

Onomat.: Piu-piu. // *m.* Mínima expressió de paraula, com en la locució *no dir ni piu.*

Hi ha formes paral·leles del derivat *piular* en altres llengües romàniques.

➢ No, no es sentia ni un piu. [Joaquim Ruyra, *La parada*, 1919]

➢ Piu!... piu!... piu!... —responien els pollets, saltant i estiregassant els brins de crin que eixien per les rebentadures del collar. [Víctor Català, «Creu i ratlla», *Caires vius*, 1907]

F. m.: contrapiu, desempiular, empiocar-se, empiuladura, empiular, empiulat, pioc, piocar, pioquejar, piuar, piula, piulada, piuladissa, piulador, piulaire, piular, piulejar, piulet, piuleta, piuló.

piu-piu *interj* i *m*

Onomatopeia del crit que fan alguns ocells, especialment els pollets. // *m.* Piuladissa.

➢ Si el dia tres d'abril / el cucut no fa piu-piu, / o és mort o és viu, / o senyala mal estiu. [Joan Amades, «Corpus-primavera», *Costumari català*, 1952]

➢ Algunes de les veus ocellívoles semblaven excusar-se amb piu-pius puerils [...] [Cèsar August Jordana, *El món de Joan Ferrer*, 1971]

pixar *v intr*

Orinar.

D'origen onomatopeic. Aquest mot, sorgit d'una onomatopeia *pxx*, *piss* o semblant, apareix en moltes llengües d'arreu del món amb petites variants.

F. m.: compixar, empixonament, empixonar, pipí o pipi, pixa, pixada, pixador, pixallits, pixaner, pixarada, pixa-reixes, pixarelles, pixatinters, pixats, pixavagant, pixera, pixó, pixota, pixotera, pixum, repix, repixar.

plaf *interj*

Onomat.: Paf, xaf.

➢ Avançaren per ell, encara enlluernades pel sobtat traspàs de la fosca del temple a aquell devessall de llum i coloraina bellugosa, cercant, inútilment, sense dir-s'ho, en Deberga..., i, al cap de deu passos... plaf!... mare i fill Roig, desprenent-se d'un grup, me les emprenen ja amb grans aixeres d'alegria [...] [Narcís Oller, *Pilar Prim*, 1906]

➢ Plaf! Va rebentar amb un soroll semblant al que fan els globus de gas. [*En Patufet*, 1937]

➢ MARIA: Sí... Li direm que ha de fer veure que és un peix... i plaf! a l'aigua. [Mercè Rodoreda, *Un dia*, 1959]

➢ [...] així que hom va poder distingir en Tinyeta al fons, allí baix, nedant com un gosset / plaf! plaf!... [Oriol Pi de Cabanyes, *També les formigues, Dylan, algun dia ploraran de solitud*, 1975]

➢ [*Uns quants homes xoquen amb una de les línies que emmarquen la vinyeta:*] PLAF [Xots&Mautro, «En Camús», a *Cavall Fort*, núm. 384, 1978]

➢ El Rodríguez li va endinyar un mastegot amb la mà oberta, un mastegot d'aquells que vénen de lluny i amb ganes. / *Plafff!* [Andreu Martín i Jaume Ribera, *Tots els detectius es diuen Flanagan*, 1991]

➢ —I plaf! —ha dit picant de mans. [Sergi Pàmies, *La primera pedra*, 1990]

plam *interj*

Onomatopeia del soroll que se sent quan una persona o cosa és colpejada amb un objecte sòlid, o quan cau feixugament o molt a plom, o rebota, o explota, o quan una porta, una finestra, un llibre o alguna altra cosa s'obre o es tanca violentament, i també, en sentit figurat, d'un fet sobtat (aparèixer, desaparèixer, transformar-se, etc.).

➢ Al cap d'un any, plam, a l'hora de dinar se'm presenta a la botiga, amb la gorra a la mà i fent cortesies a les cadires [...] [Emili Vilanova, «Una recepta vella», *Lo primer amor i altres narracions*, 1879-1906]

➢ I fos per la banda que fos que jo volgués sortir, plam!, la mà al cap, castigada! [Mercè Rodoreda, *La plaça del Diamant*, 1962]

➢ —Plam, plam, plam. / GLADYS: Són passes! És un soroll de passes misterioses que vénen cap aquí! [Josep M. Benet i Jornet, *Supertot*, 1974]

➢ [*Una porta es tanca de cop:*] PLAM! [Picanyol, «Ot el bruixot», a *Cavall Fort*, núm. 750, 1993]

plas *interj*

Onomat.: Paf, xaf.

➢ [*El gnom intenta aixafar una cuca a cops d'escombra:*] Plas! [Àngel Segura, «El gnom Papirulí», a *Tretzevents*, núm. 316-317, 1978]

plas-plas *interj*

Onomat.: Pif-paf. També onomatopeia del soroll que es fa en picar de mans.

➢ Al barri hi havia una comunitat gitana que, a poc a poquet, s'anaven passant a l'Església Evangelista perquè els permetien resar com ells disfrutaven, o sigui a base de guitarretes, castanyoles, crits esqueixats d'ai-ai, plas-plas i olé. [Joaquim Soler i Ferret, *A una sola veu*, 1992]

plic *interj*

Onomat.: Pic.

➢ [...] el vent en els arbres de la riera mentre Candi fumigava al bosc, Samanta picant el cuir amb un martellet / plic! plic! plic! [Oriol Pi de Cabanyes, *També les formigues, Dylan, algun dia ploraran de solitud*, 1975]

plif-plaf *interj*

Onomat.: Pif-paf.

➢ I el general li bramava que per què havia matat el cirerer, i el sergent de la guàrdia civil, plif-plaf, que per què, i ell els barbotejava que era un bon hortolà [...] [Joan Rendé, *El barber violador*, 1997]

plim *interj*

Onomat.: Plam (aparèixer, colpejar suaument, desaparèixer, transformar-se).

plim-plam *interj*

Onomat.: Pim-pam (cops secs repetits).

➢ I En Pere se treu una verga de bou que duia amagada dins una cama d'es calçons, i ja és partit, *plim-plam!*, *plim-plena!*, *plim-plam! plim-plena!*, per damunt s'espinada [...] [Antoni M. Alcover, *Contarelles d'en Jordi des Racó*, 1915]

ploc *interj*

Onomat.: Cloc (colpejar, xocar).

➢ Eixint del marge, la font plora, / Plic! Ploc!, i s'ou tarda i matí / [...] [Josep Sebastià Pons, *El bon pedrís*, 1919]

➢ [*Un home n'estaborneix un altre d'un cop de puny al cap:*] Ploc! [Jesús Blasco; Adrià Blasco; Víctor Mora, «La batalla de Filadèlfia», *Tallaferro*, 1996]

plof *interj*

Onomatopeia del soroll d'una cosa que cau damunt un cos tou o hi topa, i també, en sentit figurat, d'un fet sobtat (aparèixer, desaparèixer, transformar-se, etc.).

➢ Plof! fa al caure a l'aigua, esquitxant-la amb el seu aleteig de l'agonia... [Carles Bosch de la Trinxeria, *Records d'un excursionista*, 1887]

➢ [*S'esclafa un ou damunt la cara d'un noi:*] Ploff! [A. Martín; Mariel, «Joanot trobador», a *Cavall Fort*, núm. 385-386, 1978]

plop *interj*

Onomat.: Plof, pup.

➢ [*Una flor s'obre de sobte i en surt un colom:*] Plop [Joaquim Carbó; Josep M. Madorell, *La casa sota el mar*, 1986]

➢ I d'alguna manera tots desitjaríem ser una mica bruixots i davant d'una situació que no ens agrada poder fer «plop!» i canviar-la. [Josep Lluís Picanyol, a *Cavall Fort*, núm. 655, 1989]

➢ Es consum d'impaciència i de pena. Desplega peces de roba a sobre del taulell de fusta —plop, plop, plop. [M. Mercè Roca, *Cames de seda*, 1993]

pluc-pluc *interj*

Onomat.: Dum-dum.

pluf *interj*

Onomat.: Plof.

➢ Rafela: M'ho va explicar una veïna. Diu que no se n'ha sabut mai més res. Pluf! Desaparegut. [Mercè Rodoreda, *Un dia*, 1959]

plum *interj*

Onomat.: Plam.

➢ [...] i a cada un que s'acostava a sa serra-porra, ella *plum*! li enflocava ventai, que s'hi posava sa mà. [Antoni M. Alcover, *Aplec de rondaies mallorquines d'En Jordi des Racó*, 1936-1972]

➢ Encara no havien traspassat el riu Pilote que va començar a ploure despietadament, amb una pluja compacta que el tras, plum, tras, plum del netejador del parabrisa no arribava a dissipar. [Avel·lí Artís-Gener (Tísner), *Les dues funcions del circ*, 1965]

poc *interj*

Onomatopeia del soroll que es fa en colpejar una pilota amb un bat, una raqueta, una paleta, i també del que fa una cosa que rebota.

➢ [*Un home colpeja una pilota de tenis amb la raqueta:*] Poc [Josep M. Madorell, «Jep», a *Cavall Fort*, núm. 54, 1965]

pof *interj*

Onomat.: Paf, puf (topar, caure, explotar, xocar).

➢ [*Un home clava un cop de puny a la cara d'un altre:*] Pooof!!! [Jesús Blasco; Adrià Blasco; Víctor Mora, «La batalla de Filadèlfia», *Tallaferro*, 1996]

poing *interj*

Onomat.: Boing.

➢ [*A un home li surt disparat un cabell com si fos una molla:*] Poing! [Picanyol, «Ot el bruixot», a *Cavall Fort*, núm. 780, 1995]

pom *interj*

Onomat.: Pam (caure, colpejar, explotar, tancar, trucar).

➢ Pom, pom, pom! —féu altre cop el trucador. [Narcís Oller, «La bufetada», *De tots colors*, 1888]

➢ Estiren, i —pom!— cauen tots dos d'esquena, l'un amb la cua, l'altre amb les orelles. [Joan Sales, *Rondalles gironines i valencianes*, 1951]

➢ Pom pom pom, pegà uns altres tres colps amb el martell, s'ajustà les ulleres i agafà el paper amb les dues mans, amb veu tranquil·la començà la lectura [...] [Joan F. Mira, *Els treballs perduts*, 1989]

pop *interj*

Onomat.: Pup.

➢ Pop! Dins la campana hi va aparèixer una crispeta. [Sebastià Roig, *El cogombre sideral*, 2000]

popa *m*

Mamella.

Del ll. *pŭppa*, variant del ll. *pūpa* 'nena', 'nina', tots dos probablement de creació expressiva. Mot comú amb altres llengües romàniques, tot i que en algunes té el sentit de 'nina'.

F. m.: despopar, popar.

poti-poti *m*

Desgavell, desori.

De formació expressiva, sobre la base de *potina* 'farinetes', *potiner*.

prr *interj*

Onomatopeia del soroll que fa un ocell petit en aletejar.

➢ Prrr! Piu, piu, piu! / Què passava? / El canari acabava de sortir de la boca de la trompa. [Teresa Bonaventura, *Contes dels instruments de la música*, 1986]

prreep *interj*

Onomat.: Pfu (escapar-se el riure).

➢ Quan va començar amb aquest problema del riure, sempre que l'atac l'enxampava de ple, era d'aquells que fan com si escarnissin una trompeteta de fira: l'aire de la rialla que, en trobar la boca tancada, pugna per escapar-se pel nas i... prrreeeep! [Joaquim Soler i Ferret, *A una sola veu*, 1992]

prrop *interj*

Onomat.: Prrut.

➢ [*Un home fa un pet:*] PPRRROOOP...! [Xavier Escura; Oriol Garcia; Francesc Riart, *Gorja mortal*, 1994]

prrt *interj*

Onomat.: Prrut.

➢ [...] pedalejaves baixaves la palanca i el motoret feia puf puf prrt prrt [...] [Joan F. Mira, *Els treballs perduts*, 1989]

➢ [*Una dona plora i es moca:*] PRRRRRRT! [Picanyol, *Sopars de duro*, 1998]

prrut *interj*

Onomatopeia del soroll que fa un motoret que espetega, del que fa una persona o un animal quan fa un pet (ventositat) o del que fa una persona quan es moca.

➢ [...] mentre em sacsejava la gropa i em feia saltar com si jo fos efectivament sobre un cavall i que li escapés un petarró: «Prrrruuuuuttt...!» [Vicent Valencià, *Memòries de la viuda reposada*, 1991]

ps *interj*

Pse, pst (cridar l'atenció, rectificar), xit. // Onomatopeia del soroll que es fa en expel·lir l'aire dels pulmons, especialment quan es dorm (a vegades es combina amb la forma *rnc*, formant el conjunt *rnc ps*, per indicar que es ronca), o del que fa la gent quan xiuxiueja o resa en veu baixa, i també del que fa una manxa, un esprai, un gas quan surt, etc.

➢ A l'entrada del davant s'obre el cancell amb un repic de campanetes, i apareix com un bulto, que, amb la fosca, només se li veu lo davantal blanc. / —Ps! —fa el bulto. / —*Voy* —diu lo de la madrilenya, traspassant lo carrer i ficant-se dins de l'entrada. [Emili Vilanova, «Últimes escenes d'un drama», *Lo primer amor i altres narracions*, 1879-1906]

➢ Lo senyor Quim està ple de vanitat per los elogis que li tributen, però fa el paperot i diu: / —Ps!... Un prou veu les coses, sinó que de vegades, i segons a on, no tot se pot dir [...] [Robert Robert, «La rebotiga», *Barcelonines*, 1907]

➢ [...] i callaren totes: —psss... la filla...! Ve la pigada! [Sebastià Juan Arbó, *Narracions del Delta*, 1965]

pse *interj*

So que es fa per expressar indiferència, vacil·lació, menyspreu, etc.

➢ —Què, fa efecte? / —Pseeè... Pareix que sí. El cop fort m'ha passat, però... [Baltasar Porcel, *Els Argonautes*, 1968]

➢ —Pse... És ben poca cosa. [Josep Pla, «Família a l'estranger», *Narracions*, 1985]

psit *interj*

Pst (cridar l'atenció, rectificar), xit.

➢ GENÍS: Psit! / ROSETA: Qui? *(Equivocant-se de cantó.)* / GENÍS: Psit! / ROSETA: Ah! Ets tu? [Frederic Soler (Serafí Pitarra), *La dida*, 1872]

➢ —Ets el prototipo del fill de la sort. Jove, robust, guapot, expansiu, ric, bon marit, bon creient... / — Psit, psit, psit! Poc a poc: jove, robust, expansiu, sí. Ric? [Narcís Oller, «Un petó», a *L'Avens*, juliol-setembre, 1884]

➢ —Psit!... —va fer Sor Laura amb el dit sobre els llavis—. Acatem la voluntat de Déu... No blasfemis. [Carles Soldevila, *Eva*, 1931]

pst *interj*

Xit. So que es fa per cridar l'atenció d'algú sense anomenar-lo, i que també es fa servir com a precedent d'una objecció o d'una rectificació. // Onomat.: zas (moure's veloçment).

➢ —Pst! Recordi's que aquí baix hi ha gent, senyor De Rocatallada. [Carles Riba, *Les aventures d'en Perot Marrasquí*, 1924]

➢ Sentir el tret sec de l'antitanc i la ràfega del fusell-metrallador. I el *psssst* de la granada de morter, que aixeca un blindat, allí, al teu costat. [Avel·lí Artís-Gener (Tísner), *556 Brigada Mixta*, 1945]

➢ [...] la persiana es va obrir de bat a bat i un jove amb pijama va fer pst... pst... amb els llavis, i, amb un dit fent ganxo, em feia senyal que m'hi acostés. [Mercè Rodoreda, *La plaça del Diamant*, 1962]

psxt *interj*

Pst (cridar l'atenció, rectificar), xit.

➢ Un dels qui són a la porta es gira: / —Psxt! Psxt! [Jordi Sarsanedas, «El bust de guix», *Plou i fa sol*, 1959]

ptuït *interj*

Onomat.: Tuït.

➢ Li mudava l'aigua de l'abeurador, li netejava les canyes, li posava una fulla d'escarola, li bufava la menjadora, com si hi tingués realment menjar. I ademés li feia festes: Ptuït! Ptuït!... [Raimon Casellas, «En Pere Perdis o l'ocell artificial», *Llibre d'històries*, 1909]

pu *interj*

Puah, uf.

➢ ¿Hi havia molta gent? —Pu! Era un negrer! [DCVB]

puà *interj*

Puah.

➢ Ell l'havia vista i respectada sempre com a la verge de l'altar, mes ara que la sabia tarada i coberta de... *Puà!*... totes aquelles seves veneracions, tota aquella adoració malaguanyada, es convertien en fàstic i en rancúnia... [Víctor Català, «El Carcanyol», *Caires vius*, 1907]

➢ [...] llançant una grossa escopinyada, barbollejà: / —Puà!... Maleït siga el suc de la pipa!... [Joaquim Ruyra, «El rem de trenta-quatre», *Pinya de rosa*, 1920]

puah *interj*

Expressa repulsió, fàstic.

De formació expressiva.

➢ Tinc els guants tots empeguntats... Sembla vesc; quina porqueria... Puah! Quin fàstic...! [Carles Bosch de la Trinxeria, *Records d'un excursionista*, 1887]

puf[1] *interj*

So que es fa per manifestar decepció, menyspreu, indiferència. // Onomatopeia del soroll sord que fa una cosa flonja i inelàstica en topar amb una altra, en caure, o del que fa una cosa que havia d'explotar i fa llufa, o una explosió molt petita, o un motor que falla, o del soroll que es fa en escopir i en expulsar aire, com quan s'escapa el riure, i també, en sentit figurat, d'un fet sobtat (aparèixer, desaparèixer, transformar-se, etc.).

➢ PERE MÀRTIR (davant d'ella somrient): Mireu que és prou la mossa! Sembla un coet: puf! pam! Quin geni! [Àngel Guimerà, *La filla del mar*, 1900]

➢ BARTOMEU: Només dels llibres que té te podries comprar un tros de terra. / MANSO: Els llibres! Puf...! Més m'estimo això. / *(Alçant el braç com qui beu.)* [Joan Puig i Ferreter, *Aigües encantades*, 1907]

➢ [*Els motors d'una nau espacial deixen de funcionar:*] PUF! PUF! PUF! [Picanyol, *Sopars de duro*, 1998]

puf[2] *m*

Tamboret molt baix encoixinat, generalment cilíndric.

Del fr. *pouf*, íd., d'origen onomatopeic.

puh *interj*

Puah, uf.

pum *interj*

Onomatopeia del soroll sobtat i fort provocat per una explosió, una caiguda, un tret, un cop fort que ressona, un truc a la porta, o del que fa, en sortir disparat, el tap d'una ampolla de xampany, i també, en sentit figurat, d'un fet sobtat (aparèixer, desaparèixer, transformar-se, etc.)

➢ ¿què són aquests cops tan fondos que sento? / —Quins? / —Dona! aquest pum!... pum!... pum!... [Narcís Oller, «Gangues de l'ofici», *De tots colors*, 1888]

➢ L'home devia palpar un xic fins a trobar el picaportes. Després va trucar. / —*Pum, pum!*... [Raimon Casellas, *Els sots feréstecs*, 1901]

➢ [*El tap d'una ampolla de xampany surt disparat:*] Pum [Josep M. Madorell, «El nostre concurs», a *Cavall Fort*, núm. 28, 1964]

➢ Goliat l'apunta al pit i amb la boca fa: / —Pum! Pum! —Es tomba cap a Virtus—. És això, el sentit de l'humor? [Manuel de Pedrolo, *Acte de violència*, 1975]

pup *interj*

Onomatopeia del soroll d'una cosa poc sòlida que esclata, i també, en sentit figurat, d'un fet sobtat (aparèixer, desaparèixer, transformar-se, etc.).

➢ Un dia sa mare pastava, i vénga bones punyades a sa pasta; i així va fer *pup* i va sortir una paparreta petitona que es va posar davall sa pastera [...] [Andreu Ferrer, *Rondaies de Menorca*, 1914]

pupa *f*

Mal, dolor físic.

D'origen expressiu, propi del llenguatge infantil.

pupuf *interj*

Onomat.: Puf (caure, topar).

➢ Podeu pensar quins comptes devia fer ella com veia que ses banyes no es movien! [...] li posa un poc de suc de pera, i tot d'una, *pupuf*, li cauen totes dues d'una vegada. [Andreu Ferrer, *Rondaies de Menorca*, 1914]

pupum *interj*

Onomat.: Pum (caure, colpejar, explotar).

➢ Ella el va tocar i ell se desperta, alça es cap tot deveres, i pu-pum, va pigar un bon carabassot a ses bigues. [Andreu Ferrer, *Rondaies de Menorca*, 1914]

pu-put *interj*

Onomatopeia de la veu de la puput.

➢ Put fort el puput / cantant «pu-pu-put», vistós, crestallut / i renyant tossut / amb bec llargarut. [Celdoni Fonoll, *Veus d'ocells*, 2000]

F. m.: puput, putput.

pxe *interj*

Pse.

➢ —Pxe!... Què em fa de tot a mi, ja?... Per lo que tinc de viure... [Víctor Català, «Contraclaror», *Caires vius*, 1907]

pxii *interj*

Onomat.: Xii.

pxst *interj*

Pst (cridar l'atenció, rectificar), xit.

➢ Pxst!... Que el rei que vàrem despreciar, l'Amadeu, s'assentava detràs d'un servidor. [Emili Vilanova, «Lo manquet», *Lo primer amor i altres narracions*, 1879-1906]

pxt *interj*

Pst (cridar l'atenció, rectificar), xit.

➢ OLIVA I [com cridant:]: Pxxxt! [Eduard Girbal, *El castell d'iràs i no en tornaràs*, 1913]

pxx *interj*

Onomat.: Xii, ps (desinflar-se, fuita de gas).

➢ [*Un ocell forada amb el bec un globus ple de gas:*] Pxxxxx [Josep M. Madorell, «Jep i Fidel», a *Cavall Fort*, núm. 167, 1970]

Q

quac *interj*

Onomat.: Quac-quac.

➢ [*Un ànec crida:*] QUAAAC! [Ramon Folch i Camarasa; Josep M. Madorell, *En Massagran i el gegant del mar*, 1992]

quac-quac *interj*

Onomatopeia de la veu de l'ànec.

➢ [*Uns ànecs criden:*] QUAC! QUAC! [Josep M. Madorell, «Jep», a *Cavall Fort*, núm. 55, 1965]

quec[1] *interj*

Onomat.: Cloc-cloc.

➢ I allà, aquesta gallina, quec! quec! quec! com veia que la se'n duien a l'aire. [Antoni M. Alcover, *Aplec de rondaies mallorquines d'En Jordi des Racó*, 1936-1972]

quec[2] veg. *quequejar*.

qüec *interj* i *m*

Onomat.: Quac-quac. // *m.* Crit estrident i inarticulat, especialment d'una persona que es mor. // *Fer qüec*: Familiarment, morir-se.

qüec-qüec *interj*

Onomat.: Quac-quac.

➢ Amb la boca —cuec, cuec— feia l'ànec. [Blai Bonet, *Haceldama*, 1959]

quecquerequec *interj*

Onomat.: Quiquiriquic.

➢ Passada mitja nit, es gallet fa *quec-quere-quec*! [Antoni M. Alcover, *Aplec de rondaies mallorquines d'En Jordi des Racó*, 1936-1972]

quequejar *v intr*

Parlar fent interrupcions i repeticions de sons involuntàries, espasmòdiques.

D'origen onomatopeic, imita la persona que repeteix involuntàriament les síl·labes de les paraules.

F. m.: quec[2], quequeig, quequesa, quequia.

quequerequec *interj* i *m*

Onomat.: Quiquiriquic. // *m.* Rosella.

➢ Quan faran quequerequec, / los duràs a vendre a plaça. [cançó popular]

quicaraquic *interj* i *m*

Onomat.: Quiquiriquic. // *m.* Rosella. // Sobrenom que donaven als botiflers o partidaris de Felip V.

➢ ¿Ara no ho coneixeu, pastanaga, que és un gran rebaix, per a un home, això de que el vegin esvolotegar com un pollastre que vol rompre un quicaraquic? [Joaquim Ruyra, «El rem de trenta-quatre», *Pinya de rosa*, 1920]

quicquiriquic *interj*

Onomat.: Quiquiriquic.

➢ Al cap d'una estona de la mitjanit el gall va cantar: «Quic quiri quiic, quic quiri quiic!» [Joan Amades, *Les millors rondalles catalanes*, 1974]

quincalla *f*

Objectes de metall d'escàs valor.

Del fr. ant. *quincaille*, íd., variant de *clincaille*, que és l'onomatopeia del soroll del metall *kink*. No es pot assegurar, però, si aquesta onomatopeia es va crear en francès, en neerlandès o en fràncic.

F. m.: quincallaire, quincaller, quincalleria, requincalla.

quiquerequic *interj*

Onomat.: Quiquiriquic.

quiquiriquí *interj*

Onomat.: Quiquiriquic.

➢ Clown: [...] Quan vaig ésser clown, quan me vaig veure la perruca, la blanca cresta a sobre el cap, cap gall ha fet quiquiriquí com la rialla burleta de tot el que em rodejava. [Santiago Rusiñol, *L'alegria que passa*, 1891]

quiquiriquic *interj* i *m*

Onomatopeia del cant del gall. // *m.* Gall, en llenguatge infantil. // Rosella. // Instrument de vent fet amb dos tronquets disposats paral·lelament i que imita el cant d'un gall jove.

➢ El quiquiriquic dels galls i l'escataineig de les gallines van despertar el noi de bon matí. [Emili Teixidor, *Cor de roure*, 1994]

quisso *m*

Gos petit.

D'origen expressiu, a partir d'una manera afectiva de cridar els gossos: *quis-quis* (veg. *gos*, *bissar*).

F. m.: aquissar, quissó, quissoi, quissoiar.

R

rac *interj*

Onomatopeia de la veu de la granota i del gripau, i també del soroll de l'acció de mastegar, de gratar, de rascar, de rosegar, o de donar corda a alguna cosa, o del soroll que fa una cosa que s'esqueixa o que s'estripa, com ara una peça de roba o un full de paper, i de guixar o ratllar amb força, i del que fa una cosa que frega una superfície aspra, com per exemple quan es fa córrer un forrellat, quan s'encén un llumí, i també del soroll que es fa en treure un full de paper d'una màquina d'escriure, etc.

➢ [...] ¿que t'ofenen amb sos racs / les granotes de la bassa [...] [Jacint Verdaguer, «Cap al vespre», *Jovenívoles* (1863-1865), 1924]

➢ Però tot d'una... rac!... obren la portella [...] [Narcís Oller, *Pilar Prim*, 1906]

➢ —I què són per a vostè dues mil peles? Amb cinc mil més vesteix els quatre fills de l'obrer pres. Treu el talonari de la bossa i, rac, rac, rac. Dos minuts i llestos. [Teresa Pàmies, *Dona de pres*, 1975]

➢ A casa meva hi ha rates. A la nit, rac, rac, rac, no em deixen dormir. [Pep Albanell, «Rates», a *Cavall Fort*, núm. 405, 1979]

➢ L'Andreu, que aquells dies pensava fer-se ric en l'explotació industrialitzada dels cucs de seda, guaitava abstret les pudents erugues com rac! rac! rac! devoraven a mossades semicirculars les fulles de morera [...] [Avel·lí Artís-Gener (Tísner), *Els gossos d'Acteó*, 1983]

➢ [*Un home fa girar una clau dins un pany:*] RAC RAC [Ramon Folch i Camarasa; Josep M. Madorell, *En Massagran i el gegant del mar*, 1992]

➢ Les fulles li esquinçaven el jersei, li rebentaven els pantalons mentre RAC-RAC-RAC uns garfis li estripaven els sostens sense ferir-la. [Sebastià Roig, *El cogombre sideral*, 2000]

rac-a-rac *interj*

Onomat.: Rac (rascar, rosegar).

➢ [...] i amb sa cadenota rac-a-rac rac-a-rac, just per moure fressa. [Antoni M. Alcover, *Aplec de rondaies mallorquines d'En Jordi des Racó*, 1936-1972]

rac-rac *interj*

Onomatopeia de la veu de la granota i del gripau.

➢ Les granotes que pul·lulaven per l'estany i que amb llur rac-rac solien acompanyar més del compte els recitats i les audicions que es donaven al teatre [...] [Francesc Curet, *Visions barcelonines: 1760-1860*, 1956]

rai

Partícula intensiva que, unida a un membre de proposició (nom, pronom, infinitiu, oració subordinada, etc.), forma, sense l'ajut de cap verb, una proposició completa en què s'expressa que allò que hom tem, plany, que sap greu, que reca, etc., no és gens o tant de témer, de plànyer, etc., i, si s'adjunta a un adverbi (o frase adverbial), no ho és almenys en la circumstància expressada per aquest adverbi. Partícula de caràcter el·líptic, d'origen incert, però probablement de creació expressiva, paral·lela al gascó *harai*, amb hac aspirada i erra simple, amb els mateixos usos (present a l'aranès).

ram-ram *interj*

Onomatopeia del so del timbal (sovint combinada amb *pataplam* i altres variants) i també del batec del cor.

➢ Si n'eren tres tambors / que en vénen de la guerra: / el més petit de tots / porta un ram de rosetes. / *Ram, ram, pataplam!* [«Els tres tambors», cançó popular]

➢ MARREKA: Toqueu-me el cor; raam, raam, ram. / *Imitant un timbal amb to lúgubre i majestuós.* [Frederic Soler (Serafí Pitarra), *Els herois i les grandeses*, 1866]

ranera *f*

Soroll anormal que produeix el pas de l'aire per les vies respiratòries baixes a causa de la presència de líquids o secrecions patològiques. // *Ranera de la mort:* respiració fatigosa, ronca i sorollosa que solen tenir els moribunds.

Malgrat que hi devia influir el nom ll. *rana* 'granota', es tracta, sobretot, d'una forma paral·lela a l'oc. ant. *renar* 'rondinar, grunyir' i l'it. *rantolo* 'ranera', mots d'origen onomatopeic. Hi ha diverses variants: *ranell*, *ranedissa*, *ransill*, *rangall*, etc.

rang-catarrang *interj*

Onomatopeia del so d'una guitarra.

rap *interj*

Onomatopeia del soroll que fa un motor.

➢ Ell, en rigor, hauria volgut ésser barrobiner, però un cop a la caserna li entrà mandra i, a més, allò dels motors li despertava un relatiu interès. Tocar un parell de peces i rap, rap, rap, tot es posava en marxa. [Baltasar Porcel, *La lluna i el Cala Llamp*, 1963]

ra-rac *interj*

Onomat.: Ric-rac.

➢ Agafa ses claus d'aquella cambra, i ra-rac, ja ha obert. [*L'Aurora*, 1905-1916]

ras *interj*

Onomatopeia del soroll que es fa en escombrar, fregar o rascar algunes superfícies més aviat dures.

➢ [*Un home neteja el terra amb aigua i un raspall:*] RAS RAS RAS [Joma, «Cresques», a *Cavall Fort*, núm. 721-722, 1992]

rata *f*

Mamífer rosegador de la família dels múrids, de pelatge fosc i orelles dretes.

D'origen incert, però probablement d'un tipus ll. **rattus*, *ratta*, onomatopeia de la fressa que fa la rata en rosegar i en arrossegar objectes cap al seu cau. Aquest mot es troba en gairebé totes les llengües romàniques d'Occident i és comú en les llengües germàniques occidentals i les cèltiques.

F. m.: desratització, desratitzar, rat, ratador, ratadura, ratapenada, ratapinyada, ratar, ratat, rat-buf, rater, rateria, rateta, raticida, ratolí, ratonejar, ratoner, ratpenat.

rataplam *interj*

Onomat.: Ram-ram.

➢ Tot cordant-se el gipó sent un gran rebombori... espinguets de trompetes, rataplams de tabals i potejar i renilleig de poltres. [Víctor Català, «Giselda», *Caires vius*, 1907]

ratatatà *interj*

Onomat.: Tacatac.

➢ Prou feina tenien a intercanviar trets i insults amb una dotzena de gallimarsots que, voleiant en cercle per sobre d'ells, els fustigaven amb munició de tot tipus. XIU! XIU! RA-TA-TA-TÀ! [Sebastià Roig, *El cogombre sideral*, 2000]

rau *interj*

Onomat.: Rac (raucar).

➢ [...] els ininterromputs sonors «rau» «rau» dels incomptables centenars de granotes [...] [Joan Moreira, *Del folklore tortosí*, 1934]

rauc¹ *interj*

Onomat.: Rac (raucar). // *m.* Crit de la granota i del gripau.

➢ —*Rauc!* —fa una altra de les granotetes—. No pensaràs beure't tota aquesta aigua! [Pau Riba, *ENA*, 1987]

rauc² veg. *ronc.*

rau-rau *interj* i *m*

Onomatopeia del soroll produït per alguna cosa que rosega, que rasca o que frega, que ronca. // *m.* Malestar produït per una afecció nerviosa, per la gana, etc. // Dolor moral, recança, remordiment, rosec de la consciència.

➢ S'adormí amb el rau-rau de la mola. [GDLC]

➢ Feia gairebé tres dies que no tastava res i la panxa li començava a fer rau-rau. [Joles Sennell, *El núvol de la gana*, 1988]

rec *interj*

Onomat.: Rac. També onomatopeia del soroll d'una màquina d'afaitar i altres aparells elèctrics.

➢ I, enfonsant la mà per entre sedes i malles, agafà el finestró, i amb molt de compte el badà mig pamet; però, així i tot, va sentir un rec!, per les altures, que el féu tot estremir: havia esqueixat el transparent de punt. [Narcís Oller, *La febre d'or*, 1890-1891]

➢ La Càndida va fer un crit d'alegria en sentir el rec rec de la cremallera amunt. [Maite Carranza, *Frena, Càndida, frena!*, 1993]

rec-rec *interj*

Onomat.: Rac (donar corda, fregar, gratar, rascar, rosegar).

➢ Sa llebre passa com cent mil llamps, i ell s'hi aborda, i *rec-rec, rec-rec*, la me deixa sense un pelet dalt tot es seu cos. [Antoni M. Alcover, *Aplec de rondaies mallorquines d'En Jordi des Racó*, 1936-1972]

➢ Jo ja m'havia avesat a tot: al rec-rec del corcó i a la pols, a la foscor, al fred de l'hivern i a la densa xafogor de l'estiu. [Miquel Obiols, *Ai, Filomena, Filomena! i altres contes*, 1977]

renillar *v intr*

El cavall, cridar.

Derivat de l'antic *enillar*, íd., del ll. vg. **hinnīclare*, anteriorment **hinnītulare*, der. de *hinnītare*, freqüentatiu del ll. cl. *hĭnnīre* 'renillar', d'origen onomatopeic.

F. m.: renill, renillador.

repapiejar *v intr*

Tenir afeblides les facultats mentals a causa de la molta edat, fer catúfols.

De creació expressiva, paral·lel al gr. *páppos* i al ll. *pappus* 'avi', en bona part a partir del parlar imitatiu dels infants. Ja en grec, *páppos*, mot infantil, va acabar convertint-se en l'expressió clàssica per anomenar l'avi.

F. m.: repapieig.

repatani -ània *adj*

Tossut, difícil de convèncer.

D'origen incert, però segurament nascut de la combinació de diversos radicals de creació probablement expressiva. Les brusques explosions de les oclusives seguides *-p-* i *-t-* evoquen la idea de brusquedat i de resistència, reforçada per aquest *re-* inicial.

F. m.: repatà, repataneria, repatàniament.

retrunyir *v intr*

Un soroll fort, ressonar a la manera d'un tro.

Del ll. *retĭnnīre* 'ressonar, retrunyir', der. de *tinnīre* 'ressonar, cascavellejar', d'origen onomatopeic, modificat per influència de *tronar*. Aquest mot també apareix en occità.

F. m.: retentir, retruny, retrunyiment.

revifar *v tr*

Fer adquirir nou vigor, nova vida (a una cosa decandida, que semblava pròxima a finar).

De fet, la grafia originària és *rebifar*, que significa 'rondinar, sentir repugnància en executar alguna cosa', del fr. *se rebiffer* 'revoltar-se', probablement de creació expressiva. Modernament, per influència de *revivar*, *reviscolar-se* i altres derivats de *viu*, ha pres el sentit que té actualment.

F. m.: revifador, revifalla, revifament.

ric *interj*

Onomat.: Ric-ric.

➢ [...] no s'ou lo pic del llenyataire, / los racs de la granota, los rics dels grills cadells. [Jacint Verdaguer, «L'enramada», *Amors d'En Jordi i Na Guideta* (1863-1865), 1924]

ric-i-rac *interj*

Onomat.: Rac-rac, ric-rac.

➢ [...] m'agrada el gri-gri dels grills, / lo ric-i-rac de les grauxes [...] [Jacint Verdaguer, «Cap al vespre», *Jovenívoles* (1863-1865), 1924]

ric-rac *interj*

Onomatopeia del soroll produït per coses que es freguen

amb alguna violència, com per exemple el que es fa en serrar, en gratar-se, en obrir o tancar un pany, o el que fan les rodes d'un carro, algunes caixes enregistradores, etc.

➢ Tot eren tossetes, ric-racs de vanos de nacre, mirades i ullets maliciosos. [Narcís Oller, *Vilaniu*, 1885]

➢ Com ell, tot explicant-se, es gratés el cap d'uns grans ric-racs d'ungles, ella el pentinà per veure si havia arreplegat cap *papu* [...] [Víctor Català, *Solitud*, 1905]

➢ [...] va agafar la creu de fusta dels seus rosaris, la va enforatar dins del pany i, ric-rac, la porta es va obrir. [Esteve Caseponce, *Rondalles*, 1915]

➢ [...] esperava que vinguessin festes per poder fer força paquets i sentir el ric rac de la màquina cobradora i la campaneta de la porta. [Mercè Rodoreda, *La plaça del Diamant*, 1962]

ric-rec *interj*

Onomat.: Ric-rac.

➢ L'aire era pesat, com si s'acostés tempesta, i de tant en tant ratxes isolades de vent de grop feien rossolar sobre la paret de la caseta les branques de la figuera del pati del costat, amb un ric-rec agre, d'ungles que esgratinyessin [...] [Víctor Català, «L'empelt», *Drames rurals*, 1902]

ric-ric *interj* i *m*

Onomatopeia del so que fan els grills. // *m.* Grill (insecte).

➢ En els concerts nocturns, el seu ric-ric domina el so de l'orquestra. El refrec dels seus èlitres produeix aquest crit agut que esqueixa com un finíssim glavi l'aire de la nit calmosa i es clava orella endins. [Antoni Rovira i Virgili, «Els grills», *Teatre de la natura*, 1928]

rifar *v tr*

Sortejar un objecte expenent separadament un cert nombre de bitllets, de participacions, etc., de manera que tots junts sumin almenys el preu estimat de l'objecte, que és adjudicat a la persona que posseeix el bitllet, la participació, etc., que la sort ha afavorit.

Probablement d'origen expressiu. Mot estès per totes les llengües romàniques d'Occident a partir d'una arrel *rif-* o *raf-*, que suggereix un moviment ràpid d'arrabassar o de colpejar, i amb el sentit de 'barallar-se, arrabassar, saquejar'. Modernament s'usa també en el sentit de 'burlar-se d'algú', que és una aplicació figurada a partir del sentit de venda i de contesa brutal que tenia el mot.

F. m.: rifa, rifada, rifaire.

rifle *m*

Fusell de repetició que té un mecanisme que, després de cada tret, deixa l'arma en posició de disparar de bell nou.

De l'angl. *rifle* 'fusell estriat', derivat de *to rifle* 'estriar', del fr. ant. *rifler* 'barallar-se, arrabassar', d'origen semblant al del cat. *rifar*, de creació expressiva.

rigo-rago *interj* i *m*

Onomat.: Ric-rac, rim-ram. // *m.* Instrument musical fet amb dues fustes que tenen una sèrie de solcs en una cara i que es freguen l'una contra l'altra.

rim-ram *interj*

Onomatopeia d'un soroll aspre i repetit de cosa que va i ve.

➢ Amb el rim-ram del serrar, la barretina se li havia posat dreta, i el niu mirava el cel. [Víctor Català, «La "tomia" de l'Estrany», *Ombrívoles*, 1904]

ring *interj*

Onomatopeia del so que fan alguns timbres, alguns telèfons, etc.

➢ [...] topa a les fosques amb el despertador, el despertador cau a terra arrossegant les ulleres, les ulleres són trepitjades quan es lleva per aturar el «riiing», etc., etc. [Josep M. Espinàs, *Els nostres objectes de cada dia: petit diccionari irònic i sentimental*, 1981]

➢ [...] vai trucar a la porta, riiiing i me vai magar, que si te veuen per la mirilla no t'obren i te quedes amb les ganes [...] [Ramon Solsona, *Figures de calidoscopi*, 1989]

ring-rang *interj*

Onomatopeia del soroll que fa una caixa enregistradora.

➢ Vaig pagar amb una de cent. / La va agafar, va anar a la caixa, ring-rang, ring-rang, a la pantalleta hi va aparèixer el noranta-cinc. [Enric Larreula, *La propina*, 1990]

rinxolar *v intr*

Roncar.

Del ll. *zinzilulare* (*zinzire*), íd., mots d'origen onomatopeic. Però també pot ser que *rinxolar* sigui una variant dissimilada de *ronxolar*, derivat de *ronxar* 'roncar'.

F. m.: rinxol, rinxola.

rnc *interj*

Onomatopeia del soroll dels roncs d'una persona, del porc o d'altres animals. A vegades es combina amb les formes *ps* o *zzz*.

roac *interj*

Onomat.: Rac (raucar).

roc-roc *interj*

Onomat.: Crac-crac (corb).

➢ [...] es roc-roc d'una parella de corbs tips del budellam d'una auveia estimbada. [Coloma Rosselló, *Valldemossines*, 1911]

rogall *m*

Inflamació de la laringe que fa fer una veu aspra i sorda.

Derivat del cat. ant. **roc, roga*, del ll. *raucus, -a, -um* 'ronc', d'origen onomatopeic. Com que era inviable en català per raons d'homonímia amb *roc* 'pedra', es devia formar un derivat *rogallós*. D'aquí degué sortir regressivament *rogall*.

F. m.: desenrogallar, enrogallament, enrogallar-se, rogallós, rogallosament.

rom *interj*

Onomat.: Brum (accelerar, tronar).

➢ [...] encara tornà a retrunyir-li sota d'ella el *room-room!* de la fogaina, una fressa i remenament sord, com si la casa tingués mal de ventre... [Víctor Català, «La vella», *Drames rurals*, 1902]

➢ [*Un home engega un cotxe:*] ROOM ROOM [Toni Vinyes, «Grau i Segimon. Les coves del bandoler», a *Cavall Fort*, núm. 171, 1970]

ronc -a *adj*

Que té un so aspre, rude. // Enrogallat, que pateix de ronquera.

Del ll. *rhoncu*, íd., que prengué el caràcter adjectival de *raucus, -a, -um*, íd., d'origen onomatopeic.

F. m.: enronquir, rauc[2] 'ronc', raucar, roncament, ronquejar, ronquera.

rondinar *v intr*

Murmurar manifestant desgrat, malcontentament, disconformitat amb allò que és constret a fer, que observa.

Probablement de l'oc. *roundinà*, íd., derivat segurament del sinònim *roundí*, aplicat a animals (especialment porcs), objectes (portes) i persones. Sembla que prové del ll. *grŭndīre*, íd., amb influx d'altres sinònims començats amb *r-* (*rumir*, *runyir*, *ronar*, *renar*), d'origen onomatopeic.

F. m.: rondinada, rondinador, rondinaire, rondinament, rondineig, rondinejar, rondinós.

rong-catarrong *interj*

Onomatopeia del so del guitarró.

➢ —Què li'n comprarem, a la senyora? / —Li'n comprarem un guitarró, rong-catarrong [...] [«Què li'n comprarem, a la senyora?», cançó popular]

rrit *interj*

Onomatopeia del soroll que es fa en marcar els números en un telèfon antic de disc, o del que fan algunes coses que es desplacen o que giren sobre una altra, etc.

➢ «Rrrrit!», ha fet la cortineta quan ell ha volgut cridar. [Narcís Oller, *La febre d'or*, 1890-1891]

rrr *interj*

Onomatopeia del soroll de l'acció de rosegar, o d'un motor, com per exemple una serra elèctrica, una avioneta, la mola dels dentistes, el carro d'una màquina d'escriure, un rodet de pescar, etc., i també del soroll que fa algú que dorm i ronca (a vegades combinada amb *zzz*) o un gat quan ronca perquè està content.

➢ La segona visita fou més breu: m'alliberà de l'altre queixal. [...] Una desfila, o un rrrrrrr! posant-me cada vegada els nervis de punta, o una punxada, i ja estava. [Francesc Trabal, *Era una dona com les altres*, 1932]

➢ Pausa breu, nou cop de mà a la maneta i la serra es posava altra vegada en marxa: Rrrrr... Rrrrrrr... [Xavier Benguerel, *Gorra de plat*, 1967]

➢ [*Un home dorm i ronca:*] Rrrzzzzz [Josep M. Madorell, «Jep i Fidel», a *Cavall Fort*, núm. 194, 1971]

➢ [*Un home recull el fil de pescar amb el rodet:*] Rrrrrrr [Joma, «Cresques», a *Cavall Fort*, núm. 744, 1993]

➢ [*Un gos dorm i ronca:*] Rrrrr [Joma, «Cresques», a *Cavall Fort*, núm. 757, 1994]

ruc -a *m*, *adj m* i *f*

Ase. // *adj.*, *m.* i *f.* Dit de la persona d'enteniment obtús, no gens intel·ligent.

Mot peculiar del català, d'origen incert però probablement

afectiu, de tipus pejoratiu, sorgit d'uns crits de creació expressiva dirigits a l'animal: *arruk!*, *arrutx!*, *txuk!*, etc. (veg. *arri*).

F. m.: ruca, rucada, ruquejar, ruqueria.

rugir *v intr*

El lleó, cridar.

Del ll. *rugīre*, íd., d'origen onomatopeic.

F. m.: rugent, rugit.

rum *interj*

Onomat.: Brum (accelerar). També onomatopeia del soroll que fan les baldufes que ballen veloçment.

rum-rum *interj* i *m*

Onomatopeia de la remor, del soroll confús, com el d'una conversa o una barreja de converses, el so d'una guitarra, o del soroll que fa un gat quan ronca de content. // *m.* Rumor, notícia que corre de boca en boca.

➢ Tan sols el públic de les altures paradisíaques, que no estava en antecedents del fet sensacional que removia la gent de sota, se mostrava queixós del rum-rum, rum-rum, que pujava de palcos i platea. [Raimon Casellas, *Les multituds*, 1906]

➢ La barca rumbeja com una oca per un estany, el mar només fa rum-rum com un gat que s'adorm [...] [Joaquim Ruyra, «El rem de trenta-quatre», *Pinya de rosa*, 1920]

➢ Encara devia ressonar dins les seves orelles el dolç rum-rum de la veu d'aquell benavirat amfitrió, el qual, dret a un cap de taula, li narrava els viatges a Mallorca [...] [Joan Santamaria, *Visions de Mallorca*, 1935]

➢ Un eixam de consideracions i de reflexions que no se li havien ocorregut fins en aquell moment precís li anaven i venien de l'enteniment amb un rum-rum marejador que el desanimava i l'acovardia. [Josep M. Folch i Torres, *L'oculta veritat*, 1936]

➢ Li va semblar que el rum-rum del trànsit de la ciutat s'havia aquietat de cop i volta. [Joan Rendé, *El barber violador*, 1997]

ruuc *interj*

Onomatopeia del cant del colom i de la tórtora.

➢ La tórtora té un cant trist i gemegós: «Ruuuc». [Jacint Verdaguer, «Què diuen los aucells?», *Folklore*, 1907]

ruuu *interj*

Onomatopeia del soroll que fan algunes coses que es desplacen, que rodolen, que es descargolen o que giren sobre una altra, com una corda en passar per una corriola, les rodes d'un vehicle, etc.

➢ [...] amollen sa corda de tot, i es poal ¡per avall més que de pressa! i es llop, *ruuu* [...] [Antoni M. Alcover, *Aplec de rondaies mallorquines d'En Jordi des Racó*, 1936-1972]

➢ I pujàvem a la moto. Ruuuuuuuuu... ruuuuuuuuuuu... com llampecs. [Mercè Rodoreda, *La plaça del Diamant*, 1962]

rzrz *interj*

Onomatopeia del soroll de rasurar, afaitar amb navalla, etc.

➢ La navalla llisca suau per les galtes esplèndides del notari, hi fa un rzrzrz impecable. [Joan Rendé, *El barber violador*, 1997]

S

scratx *interj*

Onomatopeia del soroll que es fa en rebregar determinats tipus de paper, com per exemple el de cel·lofana.

De l'angl. *to scratch* 'esgarrinxar, ratllar, fregar'.

➢ Semblava que la banda sonora del film hagués emmudit i fos precisament pels altaveus que hi sortia l'scratx-scratx de la cel·lofana infinita. No havien acabat encara de desembolicar el primer caramel [...] [Quim Monzó, «Un cinema», *...Olivetti, Moulinex, Chaffoteaux et Maury*, 1980]

scrontx *interj*

Onomat.: Rac (rosegar).

De l'angl. *to scrunch (crunch)* 'mastegar fent soroll, cruixir, triturar'.

sit[1] *interj*

Pst (cridar l'atenció, rectificar), xit.

➢ FADRIC: Quin noble és? / BARÓ *(a Sol, amb el dit al nas)*: Sit! / FADRIC: Vamos bé, quedo enterado. [Frederic Soler (Serafí Pitarra), *El castell dels tres dragons*, 1865]

sit[2] *m*

Nom donat a diversos ocells de l'ordre dels passeriformes, de la família dels emberízids.

D'origen onomatopeic, imita la veu d'aquest ocell, un fort «tsuii», entre altres crits.

slurp* *interj*

Onomat.: Eslurp.

➢ [*Un home pren una sopa tot xarrupant:*] SLURP! [Ramon Folch i Camarasa; Josep M. Madorell, *En Massagran i els pirates*, 1990]

sniff* *interj*

Onomat.: Esnif, hum.

➢ [*Un gos ensuma un rastre:*] SNIF SNIF SNIF [Josep M. Madorell, «Jep i Fidel», a *Cavall Fort*, núm. 86, 1967]

➢ [...] es veuen obligats a publicar un anunci de ploramiques: '¿Es que en Cataluña sólo hay 20.000 lectores?' I encara ho publiquen, els Pares de la Pàtria, glup, com si demanessin caritat, sniff! [Terenci Moix, *El sexe dels àngels*, 1992]

solapa *f*

Cosa o part d'una cosa, peça o part d'una peça, doblegada damunt una altra, la qual queda parcialment coberta.

De l'esp. *solapa*, íd., derivat de *lapa* 'roca que sobresurt formant una balma', mot d'origen incert, potser d'un radical *lapp-*, de creació expressiva i paral·lel a *klapp-* 'tapar, colpejar alguna cosa tapant-la', com una cosa que penja agitada pel vent.

sonso, sonsa *m*, *f* i *adj*

Mancat de vivor, de gràcia. // *m.* Peix de l'ordre dels perciformes (*Gymnammodytes cicerelus*).

De creació expressiva, d'estructura paral·lela a la de *fofo*.

F. m.: sonsada, sonsament, sonsejar.

sotragar *v tr*

Causar una sotragada, és a dir, una batzegada, a alguna cosa.

D'origen incert, potser a partir d'un antic **soldegar* 'fer trontollar', procedent segurament del ll. *sollicitare* 'instar, demanar'. De **soldegar* s'hauria passat a *soldregar* i a *sotragar* per influx de l'onomatopeia *trak*, que imita el sotragueig continuat del carro.

F. m.: sotrac, sotragada, sotragueig, sotraguejar.

ssist *interj*

Pst (cridar l'atenció, rectificar), xit.

➢ SACERDOT: Ssisst! *(Volent dir no el destorbeu.)* [Frederic Soler (Serafí Pitarra), *Els herois i les grandeses*, 1866]

sss *interj*

Pst (cridar l'atenció, rectificar), xit. // Onomatopeia del soroll que fa una cosa que es desinfla, o del que fa un coet, una serp, etc.

➢ Mentre Pitblanc nedava recordant la sirena, va sentir que algú el cridava: / —Sssss!, sssss!, pingüí! [Empar de Lanuza, *Bon viatge, Pitblanc!* 1982]

➢ —Sssss... —va fer el manxaire per demanar silenci. [Emili Teixidor, *Cor de roure*, 1994]

sst *interj*

Pst (cridar l'atenció, rectificar), xit.

➢ —Vinga, Bet. Ja se n'han anat tots! —Era la veu de l'Iu. / —Ssst. Has vist, Iu? Aquest tub es belluga tot sol [...] [Pep Coll, *Què farem, què direm?*, 1992]

T

ta *interj*

Onomat.: Tararà.

➢ Ja lo procés me trobe clos, / e la sentència tinc al dors: / remei no hi ha. / Ja l'anafil diu: «Ta, ta, ta! / Aquest és qui del món se'n va / e fuig a Déu!» [Ausiàs March, «CXXVII», *Poesies*, s. xv]

tac[1] *interj*

Onomatopeia del soroll que fa una cosa que en colpeja una altra, com per exemple les tecles d'una màquina d'escriure, o bé que rebota, que es clava, etc., i del que fan el pica-soques i altres ocells en picotejar un arbre, i també, en sentit figurat, d'un fet sobtat (aparèixer, desaparèixer, transformar-se, etc.).

➢ Amb això, tac! arriben es quatre criats del Rei-Tortuga [...] [Antoni M. Alcover, *Aplec de rondaies mallorquines d'En Jordi des Racó*, 1936-1972]

➢ Tac tac tac, un grapat de pedres contra el metall i de seguida unes corredisses. [Cèsar August Jordana, *El món de Joan Ferrer*, 1971]

➢ *(Retornen la música i el moviment. Gladys escriu a màquina. Canta.)* / GLADYS: Tac, tac, tac, tac, tac. Clink. Rrrrr. Tac, tac, tac, tac, tac. Clink. Rrrrr. Tac, tac, tac, tac, tac. Clink. Rrrrr. Tac, tac... [Josep M. Benet i Jornet, *Supertot*, 1974]

➢ Dins el bosc, els crits dels llenyataires i el tac-tac de les destrals ressonaven com una música cadenciosa. [M. Antònia Oliver, *Crineres de foc*, 1985]

tac[2] *m*

Tros de fusta o altra matèria, curt i gros, per encaixar en algun forat o buit.

D'origen incert, és present a les principals llengües romàniques i germàniques d'Occident. Probablement, tant en romànic com en germànic, és una creació onomatopeica, *tak!*, que imita el soroll del tac o de la tatxa que es claven, i també el que fa el taló del calçat en picar a terra.

F. m.: ataconador, ataconament, ataconar, tacada, tacó, taquera, taquet.

tacatac *interj*

Onomatopeia del soroll que fa una metralladora, i també del que es fa en ballar (claqué, flamenc).

tac-tac-tac *interj*

Onomat.: Tacatac.

➢ M'ha costat bastant de reconèixer que aquell tac-tac-tac greu era l'espetegar d'una metralladora. [Marià Manent, *El vel de Maia*, 1975]

taf-taf *interj*

Onomatopeia del soroll que fa un motor d'explosió, un tub d'escapament, etc.

➢ Un seguit de tafs-tafs de motor va ofegar les meves últimes paraules. [Andreu Sotorra, *Allò que Atlanta s'endugué*, 1993]

tal·là-tal·lera *loc adv*

Ni poc ni molt, si fa no fa, mig mig.

D'origen expressiu i onomatopeic, com *taral·la*, aplicat a coses imprecises, buides de sentit.

tampatantam *interj*

Onomatopeia del so insistent d'un tambor o d'un instrument semblant.

➢ [...] i el tamborí, més de pressa, / va fent lo tampatantam! [Jacint Verdaguer, «Los camillaires», *Jovenívoles* (1863-1865), 1924]

tampó *m*

Corró de fusta folrat de cuir emprat per tamponar els corrons d'estampar.

Del fr. *tampon*, combinació, probablement, d'un derivat del fr. dial. *tamper* 'tapar' amb un del mot onomatopeic francès *taper* 'picar'.

F. m.: tamponament, tamponar.

tam-tam *interj* i *m*

Onomatopeia del so d'un timbal, d'un motor de barca o del so insistent de la pluja que cau. // *m.* Gong. // Timbal alt i estret que utilitzen diversos pobles d'Indonèsia, d'Oceania, d'Àfrica i d'Amèrica per transmetre senyals a distància.

➢ Hi quedava encara en l'aire serè d'aquella nit de Sant Joan el ressò dels crits de la diada, del *tam-tam* del tamborí [...] [Àngel Ruiz i Pablo, «Del cor de la terra», *Novel·letes menorquines*, 1910]

➢ Assistia ara, sota el tam-tam del xàfec, a cerimònies de màgia de caça. [Salvador Espriu, *Ariadna al laberint grotesc*, 1935]

➢ Els tams-tams del motor ressonen com el repic d'un tabal en les comes i turons empolsinats de lluna [...] [Joan Santamaria, *Visions de Mallorca*, 1935]

➢ Amb el cor desproporcionat al seu pit d'impúber, que bategava amb fúria de tam-tam, havia furgat en la tauleta de nit [...] [Avel·lí Artís-Gener (Tísner), *Els gossos d'Acteó*, 1983]

tango *m*

Ball argentí, lent i cadenciós, caracteritzat per una gran varietat de passos.

De l'esp. *tango*, íd., formació probablement onomatopeica que evoca el so del tambor que acompanya danses africanes, sobretot dels negres de Cuba. D'aquí s'hauria aplicat al ball argentí. Concretament, podria haver sorgit de l'onomatopeia *tang*, que expressava el so del tambor o d'un altre instrument.

tap *m*

Peça de suro, de cautxú, de vidre, etc., que, introduïda o adaptada al broc o a la boca d'una ampolla, un flascó, un pot o altre recipient o conducte, intercepta la comunicació del seu contingut amb l'exterior.

Probablement, del germànic fràncic **tappo*, íd., emparentat etimològicament amb *tapa*, procedent del germànic gòtic **tappa*. No es pot descartar, però, que el mot germànic sigui d'origen onomatopeic. I també podria ser, fins i tot, que en romànic fos igualment de creació onomatopeica i no pas germanisme.

F. m.: atapeïdament, atapeïment, atapeir, atapeït, desatapeïment, desatapeir, destapador, destapar, tapaboques, tapabruts, tapacoll, tapacostures, tapada, tapador, tapadura, tapaforats, tapajuntes, tapajunts, tapall, tapament, tapany, tapapunts, tapar, taparada, taparot, taper.

tapa *f*

Peça que tanca per la part superior una capsa, una caixa, etc., a la qual va generalment unida per mitjà d'una o més frontisses, cintes, bandes flexibles.

Probablement del germànic gòtic **tappa*, emparentat etimològicament amb *tap*. També podria ser, però, d'origen onomatopeic.

F. m.: tapeta.

tapí *m*

Mena de sandàlia de suro folrada de cuir amb una coberta de roba.

D'origen onomatopeic, a partir d'una forma variant *tap/pat/çap-*, que ha generat diversos noms en diferents llengües al·ludint al soroll que es fa en caminar amb aquesta mena de calçat.

F. m.: tapiner, tapineria.

tàpia *f*

Paret feta de terra pastada i premsada dins d'un motlle i assecada a l'aire.

Probablement del ll. vg. **tapia*, íd., de creació onomatopeica, a partir d'una arrel *tap!*, creada sobre el soroll que es fa en piconar materials o esclafar-los, amb petits xocs, tornant-los compactes per construir aquesta mena de paret.

F. m.: destapiar, tapiada, tapiador, tapiar.

tap-tap *interj*

Onomatopeia del soroll dels cops de martell, d'un timbal, dels batecs del cor o del que fan el pica-soques i altres ocells en picotejar un arbre, etc.

➢ [...] besant-se furiosament / la mateixa rojor de la sang al sexe / el tap-tap del cor [...] [Oriol Pi de Cabanyes, *També les formigues, Dylan, algun dia ploraran de solitud*, 1975]

➢ Quiet encara, va començar a remenar la cua, però com que estava ajagut, la cua anava donant copets a terra com si toqués el tambor: tap-tap-tap. [Enric Larreula, *Brillant*, 1987]

F. m.: tàpara 'ocell'.

taral·la *f*

Xerrameca. // Tonada cantada taral·lejant, sense dir-ne les paraules.

De creació expressiva i onomatopeica, que expressa el cantusseig sense lletra ni sentit, a partir d'una arrel *tara(n/l)*, i que, per tant, també pot aplicar-se a la falta de sentit en coses, frivolitat o beneitures en persones.

F. m.: taral·larejar, taral·lejar, taral·lirot, tarannà, tararot, tarit-tarot, trumlaila.

taral·larà *interj*

Onomatopeia del so que es fa en cantar una cançó, una melodia, sense dir-ne la lletra.

tarambana *m* i *f*

Baliga-balaga.

D'origen expressiu (veg. *taral·la*).

F. m.: tarambanada, tarambanejar, tarumba.

tararà *interj*

Onomatopeia del so de la trompeta.

➢ Xim-xim-buuummm, tarararaaaaaa, fosca és la música que surt dels solcs minúsculs, i mumpare dirigeix l'orquestra [...] [M. Antònia Oliver, *Coordenades espai-temps per guardar-hi les ensaïmades*, 1975]

tararé *interj*

Onomat.: Tararà.

➢ Tararé tararí, tararé tararíii!... Surt lo toro, enlluernat, furient; mira per tots costats, veu un picador, se n'hi va de frente [...] [Emili Vilanova, «¡Als toros!», *Quadros populars*, 1906]

tararí *interj*

Onomatopeia del so del clarí i d'altres instruments de vent.

➢ Professor: [...] ran d'orella, a l'orella mateix, «tararí, tararí»... sento una trompeta. [Mercè Rodoreda, *Un dia*, 1959]

➢ L'orquestrina de Solnegre feia renou, mentre en Bernat Bandoliner, el cap d'orquestra, crida amb tota l'ànima: *¡Mueran los feos, ritmo!*, i —tarariii!— engegava cornetada. [Baltasar Porcel, *Solnegre*, 1960]

taratarí *interj*

Onomat.: Tararí.

tartamut, tartamuda *m*, *f* i *adj*

Persona que parla quequejant, quec.

Compost format amb el radical onomatopeic dels mots dialectals *tartall*, *tartallejar*, *tartallós* ('tartamut', 'tartamudejar') i la paraula *mut*. Expressa la idea que la persona tartamuda, quan parla, gairebé es torna muda.

F. m.: tartamudeig, tartamudejar, tartamudesa.

tartana *f*

Embarcació provençal cobertada, d'aparell llatí, generalment d'un sol arbre vertical, amb un petit masteler, rems, etc., destinada a la pesca o al tràfic. // Carruatge de dues rodes, amb vela i seients laterals.

De l'oc. *tartana*, antigament 'aligot', probablement d'origen onomatopeic, perquè imita el crit de l'ocell. Després va passar a designar la barca que 'caça els peixos' i, més endavant, en català, el carruatge.

F. m.: tartanada, tartaner.

tastar *v tr*

Prendre una petita quantitat (d'un menjar o una beguda), posar-se'n un poc a la boca, per apreciar-ne el gust.

D'origen incert, probablement de l'onomatopeia *tas-tas*, que expressa el fet de colpejar i toquetejar. Antigament, també tenia el sentit de 'tocar, palpar'. És un mot genuí en la majoria de llengües romàniques, que el van transmetre al germànic occidental. El mot quasi-sinònim *tustar* hauria tingut una formació paral·lela a partir de l'onomatopeia *tus-tus*, que també expressa la idea de 'picar', encara que amb un altre matís, de so més apagat, més baix, potser perquè es fa sobre fusta. De fet, molts verbs que expressen la idea de 'tocar' són creacions onomatopeiques: *tocar*, *tustar*, *xocar*, *tastar*, etc.

F. m.: retast, retastar, tast, tastador, tastament, tastaolletes, tastavins, tastet, tust, tusta, tustar.

tas-tas *interj*

Onomat.: Toc-toc, tras-tras.

➢ I quan va quedar tot precintat, el conserge, amb la seva cara rovellada com la porta del dipòsit, se'n va anar pel corredor —tas, tas, tas, tas— trepitjant fort amb les seves botes clavetejades. [Blai Bonet, *El mar*, 1958]

tat *interj*

Mot amb què s'acompanya l'acció de destapar els ulls perquè puguin guaitar, l'acció d'aparèixer sobtadament a la vista.

Creació expressiva del llenguatge infantil per manifestar l'acció de guaitar.

➢ [...] vaja, que només el dia més llarg de l'any el sol hi feia l'ullet i *tat!* fins a l'any que ve si som vius. [Apel·les Mestres, *En Joan de l'Ós*, 1907]

F. m.: tatà, tatano, tatar, tato.

ta-ta-ta *interj*

Onomat.: Tacatac. També onomatopeia del soroll d'alguns motors, com per exemple una perforadora de percussió, etc.

➢ [*Un home forada el paviment d'un carrer amb una perforadora:*] TA TA TA TA TA [Granero, «Pitof», a *Cavall Fort*, núm. 162, 1969]

➢ Perdona'm. Però sóc així. Dius: «Puc pensar en la nit i en el seu gran silenci... i ta-ta-ta-ta-ta-ta-ta, s'engeguen les metralladores». [Mercè Rodoreda, «Trossos de cartes», a *Contes de guerra i revolució: 1936-39*, 1982]

ta-trac *interj*

Onomat.: Crac (trencar-se).

➢ Uns ja estan aferrats a ses auzines, uiastres i llampúdols; i tirada ve i tirada va, *ta-trac!* ses soques rompudes [...] [Antoni M. Alcover, *Aplec de rondaies mallorquines d'En Jordi des Racó*, 1936-1972]

tatxim *interj*

Onomatopeia del so d'una orquestra, d'una banda municipal, d'una marxa, etc.

➢ Quantes coses amagades a les roques del port, rera el tatxim-tatxim de ritual, acabada la traca, acabada la missa de campanya, guants blancs de festa que marcaven el pas [...] [M. Antònia Oliver, *Coordenades espai-temps per guardar-hi les ensaïmades*, 1975]

tau-tau *loc adv*

Mitjanament, passadorament.

De creació expressiva, de formació semblant a *tat*, relacionada també amb la noció d'interès, atenció, etc.

tec-tec *interj*

Onomatopeia del soroll insistent d'una cosa que dóna cops a una altra, com un ocell quan picoteja, o que es mou repetidament, com el cor.

➢ Aquells garameus hi veu, / i roman sec; / es cor li feia *tec-tec*... [Antoni M. Alcover, *Aplec de rondaies mallorquines d'En Jordi des Racó*, 1936-1972]

tentines *f pl*

Passes vacil·lants com les d'una criatura que tot just comença a caminar, un convalescent, un embriac, etc.

De formació expressiva, que, amb la repetició *t-n-t-n*, suggereix el pas feixuc i insegur de qui camina fent tortes i topant pertot arreu.

F. m.: tentinejar.

teta *f*

Terme infantívol per designar la germana gran. Mainadera. // Mamella.

De creació expressiva infantil, a partir del parlar o barboteig dels infants *tə-tə*, quan volen cridar l'atenció dels adults, i en particular de la persona que els cuida o alleta. Creació paral·lela en llengües romàniques, cèltiques i en grec.

F. m.: tetar, tetina.

tic *m*

Moviment convulsiu habitual de certs músculs, especialment de la cara.

D'origen onomatopeic, expressiu d'un moviment brusc o un so sec, que s'aplica per extensió a tota mena de gest ràpid i repetitiu.

tic-tac *interj* i *m*

Onomatopeia del soroll sec i repetit que fa el mecanisme d'un rellotge, i també del que fan el cor, les sabates d'algú que camina, etc. // *m*. Batec del cor.

➢ Els tic-tacs de les sabates de claqué. [GLC]

➢ [...] el crida i li diu: un altre rellotge; però aquest encara és més bo, fa tic-tac, tic-tac [...] [Mercè Rodoreda, «En el tren», *Vint-i-dos contes*, 1957]

➢ —Qui ha fet aquesta citació? —preguntà a un soldat oficinista que estava escrivint a màquina com un principiant: tic... tac... [Enric Valor, *Enllà de l'horitzó*, 1991]

tic-tic *interj*

Onomatopeia del soroll que fa un ocell en picotejar, o del soroll rítmic d'un objecte metàl·lic, com per exemple un rellotge.

➢ Tic-tic, a la paret, / porta sal i bastonet. (*L'ou.*) [Joan Amades, *Diccionari d'endevinalles*, 1934]

tii *interj*

Onomat.: Tit.

➢ A moments, semblava com si hi hagués lluita —segurament un torneig d'amor—, ja que entre el cantar habitual se sentia una mena de xiscle: «Ti-ti-ti-ti-ti!...» O bé les dues notes clàssiques: «Cu-cut!», eren precedides d'una nota ronca (una mica com la que precedeix el «tit-ti-tit!» de la guatlla). [Marià Manent, *El vel de Maia*, 1975]

➢ Va sortir-li un contestador automàtic amb una veu de noia jove que deia: «No sóc a casa, però si vols alguna cosa, només has de deixar el nom i el número de telèfon després de sentir el tiiiiií. Et trucaré quan arribi.» [Sergi Pàmies, «Dominical», *T'hauria de caure la cara de vergonya*, 1986]

➢ [*Un àrbitre fa sonar un xiulet:*] Tiiiiiii Tiiiiiii [Joaquim Carbó; Josep M. Madorell, *La casa sota les estrelles*, 1997]

tinc *interj*

Onomat.: Clinc, ning.

➢ [*Cau una moneda a terra i rebota:*] Tinc! Tinc! [Picanyol, «Ot el bruixot», a *Cavall Fort*, núm. 654, 1989]

tinc-tinc *interj*

Onomat.: Ning-ning.

➢ Anar ben vestit e ornat... amb campanetes, tinc-tinc. [Sant Vicent Ferrer, *Sermons* (s. xv), 1932-1934]

tipitap *interj*

Onomat.: Tipitip.

tipitip *interj*

Onomatopeia del soroll gairebé imperceptible que fa un caminar lleuger i graciós, o del que fa un parlar insistent, monòton i molest (sol combinar-se amb *tipitap*).

tip-tap *interj*

Onomat.: Trip-trap.

➢ Se'n va es fraret; / tan bon punt, *tip-tap tip-tep*, / ve una muleta [...] [Antoni M. Alcover, *Aplec de rondaies mallorquines d'En Jordi des Racó*, 1936-1972]

➢ El Papu Fred es lleva, / es posa la bata i se'n va a la cuina / tip, tap, tip, tap [...] [Roser Ros; Jordi Sales, «El Papu Fred i la Lluna», a *El Tatano*, núm. 59, *Cavall Fort*, núm. 908, 2000]

tiquitac *interj*

Onomat.: Tiquitic.

➢ La més dolça música / era el tiquitac / que feien les dones / moguent un sedàs. [Pere d'Alcàntara Penya, *Poesies*, 1892]

tiquitic *interj*

Onomatopeia d'un soroll sec i repetit (sol combinar-se amb *tiquitac*).

➢ Si això, si allò, si jo, si tu, i tiquitic, i torna, i vaja. [Lluís Galiana, *Rondalla de rondalles*, 1768]

tiró, tirona *m, f* i *m pl*

Ànec i oca domèstics. // *m. pl.* Crit per cridar els ànecs i les oques.

D'origen expressiu i, potser, onomatopeic, probablement a partir de la veu *ti!*, *tir!* que es fa servir tradicionalment per cridar aquests ocells. També hi pot haver ajudat el verb *tirar*, tenint en compte la manera que té l'ànec d'estirar el coll endavant quan camina, i alguna imitació vaga de la seva veu. Finalment, tampoc no es pot descartar la influència de l'abreujament infantil hipocorístic *ti(t)*, de *petit*. Hi ha altres noms d'ocell de formació semblant, com *tirolí*, *tiroril·lo*.

F. m.: tirorit, titar, titejar, titel·la, titeretit, titet, titeu, titi, titina, titita, titiu, titiuer, titoi, titot, tiu, tiula.

tiroliro *m*

So agut, com el del flabiol o d'un altre instrument de buf.

D'origen onomatopeic.

tirotitaina *f*

Ball popular.

De formació expressiva i onomatopeica.

tírria *f*

Forta mania contra una persona o cosa.

De creació expressiva, probablement a partir d'un so desagradable, *trr*, que expressa despit.

F. m.: tirriós.

tirurit *interj*

Onomatopeia del so d'un flabiol o una flauta.

➢ Agafa es fabiol i comença a sonar, *tirurit-tirurit* [...] [Andreu Ferrer, *Rondaies de Menorca*, 1914]

tit *interj*, *m* i *m pl*

Onomatopeia del so agut i curt d'un instrument de buf, un aparell elèctric, una màquina de tren, un telèfon, i també del xiscle del tord, la guatlla, l'oreneta, el pinsà i altres ocells, etc. // *m.* Ocell petit, en llenguatge infantil. // *m. pl.* Crit per cridar els pollets o l'aviram.

➢ Lo dependent treu del prestatge un canari embalsamat, i la senyora encara no'l veu, commoguda amb una espècie d'alegria sentimental, exclama: / —Ai, pobra bestiola! ai la prenda! Tit, tit! [Emili Vilanova, «Bèsties embalsamades», *Quadros populars*, 1906]

➢ En moviments ràpids i secs, marquen los quatre «tits» de la dolçaina. [Joan Moreira, *Del folklore tortosí*, 1934]

➢ [*Xiulet d'una màquina de tren:*] Tiiiiiiit [Toni Vinyes, «Grau i Segimon. Les coves del bandoler», a *Cavall Fort*, núm. 169, 1970]

➢ Va veure l'oreneta que volava baix tot caçant mosques i mosquits i li va demanar si havia vist el cascavell. I l'oreneta va fer: / —Tiiiit! No sé de què em parles. [Francesc Bofill, «En Jaume i el follet», a *Tretzevents*, núm. 392, 1980]

➢ [...] altres fenòmens que intentava destriar parant l'orella per saber de quina part de la casa venien, fins que es va adonar que venien tots de la ràdio que s'havia deixat encesa. Escoltà: Tiiiit. Silenci. Tiiiiit. [Joan F. Mira, *Els treballs perduts*, 1989]

➢ Tit-tit-tit, tit-tit-tit, tit-tit-tit, tit-tit-tit. Una mà li va ventar una plantofada a l'alarma del despertador. [Gemma Lienas, *Així és la vida, Carlota*, 1989]

➢ Vaig despenjar l'auricular i vaig pitjar les tecles corresponents. / *Tiiit, tiiit, tiiit.* [Andreu Martín i Jaume Ribera, *Tots els detectius es diuen Flanagan*, 1991]

tita *f* i *f pl*

Nom infantívol de la gallina i d'altres bèsties petites. // *f. pl.* Crit per cridar les gallines. // *f.* Penis.

D'origen onomatopeic i expressiu, a partir de la manera de cridar d'alguns ocells, i potser també com a abreujament infantil o hipocorístic de *petit*.

titella *m*

Ninot que es fa moure imitant els moviments d'un ésser animat.

D'origen expressiu i onomatopeic, probablement per imitació de la veu aguda *(ti-ti)* amb què el titellaire fa parlar els seus ninots.

F. m.: atitellat, titellaire.

tití *m*

Mamífer placentari de l'ordre dels primats i de la família dels hapàlids (*Hapale sp.*), amb ungles als dits que l'ajuden en la seva existència arborícola, cua gruixuda no prènsil, petit i que viu en grup.

D'origen onomatopeic, a partir del crit de l'animal.

titirití *interj*

Onomat.: Tirurit.

➢ —Què li'n comprarem, a la senyora? / —Li'n comprarem un guitarró, rong-catarrong, / i un flabiol, titiriti [...] [«Què li'n comprarem, a la senyora?», cançó popular]

titirurí *interj*

Onomat.: Tirurit.

➢ Va obrir de pinte en ample i va donar entrada a n'Aina, a tocs de fabiol: —Titiruriiii!! [M. Antònia Oliver, *Amor de cans*, 1995]

titit *interj* i *m*

Onomat.: Tit. // *m*. Ocell petit, en llenguatge infantil.

➢ —Sànchez! / —Bum! / —Ti-tit! / Efectivament: gol. [Francesc Trabal, *Quo vadis, Sànchez*, 1931]

titola *f*

Penis.

Probablement relacionat amb el mot *tudó* (ll. td. *titus*), de creació elemental expressiva infantil o popular i potser onomatopeica, amb repetició de la consonant *t-t* (veg. *tudó*).

tituti *interj*

Onomat.: Tirurit.

➢ Era un gran sonador de flabiol, i se posa sona qui sona, *ti-tu-ti ti-tu-ti*; i com més anava, més reprenia, i més vius i xalests eren es sons. [Antoni M. Alcover, *Aplec de rondaies mallorquines d'En Jordi des Racó*, 1936-1972]

toc[1] *interj*

Onomat.: Cloc.

➢ No hi ha pas res al món que faci tanta angúnia com sentir les goteres fent toc, tac, entre la fosca. [Raimon Casellas, *Els sots feréstecs*, 1901]

➢ [*Una pilota s'estavella contra el cap d'un lleó:*] Toc [Joaquim Carbó; Josep M. Madorell, *La casa sota les estrelles*, 1997]

toc[2] veg. *tocar*.

tocar *v tr*

Estendre un o més dits, una mà o les mans, un peu, etc., de manera que entrin en contacte amb alguna cosa i en sigui afectat el sentit del tacte.

Mot construït a partir de l'onomatopeia *tok*, que imita el so de les campanes i altres instruments de percussió. És una onomatopeia comuna a totes les llengües romàniques i que devia ser una herència del llatí vulgar. En general, a partir del sentit de 'pegar', que és el que fa el batall, es va passar a la idea d'exercir el sentit del tacte i, després, a altres.

F. m.: entretoc, entretocar-se, intocable, pertocar, retoc, retocador, retocar, toc[2], tocable, tocaboires, tocacampanes, tocada, tocadís, tocadiscos, tocador, tocadura, tocament, tocant, tocason, tocat, tocata, tocatardà, toquejar, toquerejar, trastocament, trastocar.

toc-toc *interj*

Onomatopeia del soroll dels cops repetits donats a un objecte dur, com per exemple a una porta per demanar que obrin, a un faristol per demanar atenció, damunt d'una taula, etc., o del que fan el pica-soques i altres ocells en picotejar un arbre, i també del soroll que fa una cosa que bota o rebota, del batec del cor, etc.

➢ Desfressat de pelegrí, s'acosta a ses portes; i *toc-toc!* [Antoni M. Alcover, *Aplec de rondaies mallorquines d'En Jordi des Racó*, 1936-1972]

➢ Tornava a ploure. El toc-toc de les gotes a la claraboia desvetllà Strip, que era feliç, encara. [Oriol Pi de Cabanyes, *Oferiu flors als rebels que fracassaren*, 1973]

➢ El cor em feia: toc-toc, toc-toc, i me'l sentia ressonar a les temples. [Robert Saladrigas, *El viatge prodigiós d'en Ferran Pinyol*, 1978]

tombar *v tr*

Fer donar mitja volta o part de volta (a alguna cosa).

D'origen expressiu i onomatopeic, ja que amb la síl·laba *tumb* imita el so fondo que fa un cos en topar contra el terra i rodolar pendent avall. Després, el sentit es va estendre en altres direccions.

F. m.: retomb, retombar, tomb, tombada, tomballar, tomballejar, tomballons, tombant, tombarell, tombarella, tombassejar, tombet.

tong *interj*

Onomatopeia del soroll que fa un objecte que colpeja algú o alguna cosa, especialment si és metàl·lica, si ressona o vibra, i també del que fa una cosa que es destensa de cop, com per exemple un arc quan és disparat.

➢ [*Un home que juga a tenis colpeja la pilota:*] TONG [Josep M. Madorell, «Jep», a *Cavall Fort*, núm. 54, 1965]

topar *v intr*

Alguna cosa, venir a tocar més o menys violentament a una altra que troba en el seu camí.

D'origen onomatopeic, a partir de la síl·laba *top*, que expressa el so d'una xocada brusca.

F. m.: atupada, atupar, entretopar-se, retop, retopada, retopar, topada, topadís, topador, topall, topament, topants, topeta, tupada, tupar.

tórtora *f*

Ocell de la família dels colúmbids (*Streptopelia turtur*), d'uns 28 cm de llargada, plomatge gris, amb ales de color castany i negre per sobre, característic pel seu parrupeig.

Del ll. *tŭrtur, -ŭris*, íd., d'origen onomatopeic, amb repetició de la consonant *t-t*, imitant la veu de l'ocell, un repetit «ruur-r». Mot comú en totes les llengües romàniques.

tòt *m*

Broc gros d'un càntir.

D'origen expressiu i onomatopeic, probablement de la mateixa base etimològica que *tuta*.

tòtil *m*

Gripau petit i rabassut (*Alytes obstetricans*), caracteritzat perquè el mascle porta els ous de la posta embolicats a les potes posteriors.

D'origen onomatopeic i expressiu. Com que el so que fa aquest animal quan canta és una mena de *ti* molt agut (de vegades acompanyat d'un altre so més obscur i baix), és probable que en la base del mot hi hagi una onomatopeia. De tota manera, l'element més important és la repetició *t-t*, que, tant o més que imitativa, té caràcter expressiu.

trac *interj*

Onomat.: Crac (esbotzar, trencar-se), garric-garrac.

➢ Els bossells repicaven tristament, com les matraques en Dijous Sant: / —Trac, trac, trac... [Joaquim Ruyra, «El rem de trenta-quatre», *Pinya de rosa*, 1920]

➢ [...] fins que el pobre, que no gosava envestir, cansat de tant de rebre, amb so companatge que duia li entaferra cebeiol, i *trac*, un braç romput. [Antoni M. Alcover, *Aplec de rondaies mallorquines d'En Jordi des Racó*, 1936-1972]

F. m.: traca, tracamanya, traqueig, traquejar.

tral·lalà *interj*

Onomat.: Taral·larà.

➢ Tral·la-là, tral·la-là, / bells estels i lluna clara. / Tra-la-là, tra-la-là, / fins al cel jo vull volar. [Lola Anglada, «El cavaller d'acer», *Contes d'argent*, 1934]

tral·larà *interj*

Onomat.: Taral·larà.

➢ Tralarà, la, la, la, / prim fila, prim fila, / tralarà, la, la, la, / prim fila i se'n va. [Joan Amades, «Corpus-primavera», *Costumari català*, 1952]

tral·laral·là *interj*

Onomat.: Taral·larà.

➢ Tral·laral·là! / Ballem, ballem, i celebrem / aquest nou dia que enfonsem. [Emili Guanyavents, «El ball dels ceps», a *Antologia de poetes catalans moderns*, 1914]

trampolejar *v intr*

Vacil·lar, oscil·lar, tot caminant.

De creació expressiva (veg. *trontollar*) o potser derivat de *tràmpol* 'ratxada forta de vent'.

trapa *f*

Porta que tanca una obertura practicada en un sostre o trespol.

Mot format a partir d'una arrel *trapp-* o *tramp-* d'origen onomatopeic, probablement de creació paral·lela en les llengües romàniques i en les germàniques, que imita el soroll que fa un cos pesant en marxa i que fa una petjada més aviat estrepitosa.

F. m.: atrapada, atrapamosques, atrapar, desentrampar, entrampar, entrapar, trampa, trampejador, trampejar, trampista, trampolí, trampós, trapeig.

trap-trap *interj*

Onomatopeia del soroll dels cops secs i repetits, com el que fa un cavall o algú que camina o corre, un cor que batega, etc.

➢ [...] fins que, a l'ésser més a la vora, ja no semblava cap fressa d'enderroc, sinó que tenia tot l'aire del trap-trap que fa la cavalleria trotant damunt les lloses dels carrers. [Raimon Casellas, *Les multituds*, 1906]

➢ Sento el trepig de la dida, que es passeja amunt i avall... trap, trap, trap... [Joaquim Ruyra, «Jacobé», *Pinya de rosa*, 1920]

tras *interj*

Onomat.: Zas (moure's).

➢ Sant Pere es va treure s'espasa, i tras!, los tallà es cap. [*La Roqueta*, 1887-1901]

tras-tras *interj*

Onomatopeia del soroll de passos d'algú que camina molt decidit.

➢ I ell tras-tras, camina que caminaràs cap al bosc se n'anava sense mirar els estels ni fer cas dels torrents ni témer els gossos, ni escoltar les gallines. [Francesc Pelagi Briz, *La Panolla*, 1873]

trecatrec *interj*, *m* i *f*

Onomatopeia del soroll que fa una cosa que es mou d'una banda a l'altra. // *m.*, *f.* Persona que té poc seny.

➢ I es ventadoret, treca-trec, venta qui venta. [Antoni M. Alcover, *Aplec de rondaies mallorquines d'En Jordi des Racó*, 1936-1972]

➢ Ell féu sortir tots ets estudiants en forma de calàpets; allà los hauríeu vists tots, treca-trec treca-trec per sa terra. [Antoni M. Alcover, *Aplec de rondaies mallorquines d'En Jordi des Racó*, 1936-1972]

trec-trec *interj*

Onomat.: Trecatrec.

➢ [...] venia de missa amb el vel senyor, de senyora, damunt els cabells blancs, pentinats de perruquera de cada dia i el ventall de fulles de tardor brodades feia trec-trec-trec-trrrrrrssssst [...] [M. Antònia Oliver, *Coordenades espai-temps per guardar-hi les ensaïmades*, 1975]

trico-traco *interj*

Onomat.: Tris-tras.

➢ I al bell tricotraco i a bon tall d'espasa. [Jaume Gassull i Almenar, *Brama dels llauradors de l'horta de València*, 1561]

trico-trico *interj*

Onomat.: Tris-tras.

➢ La Quica agafa el volant i, trico-trico, se'n vénen a passar un parell d'hores en aquests esplèndids riberals de Son Masroig. [Joan Santamaria, *Visions de Mallorca*, 1935]

➢ Júlia: De vegades el veig passar amb el bastonet, trico-trico... [Mercè

Rodoreda, «La senyora Florentina i el seu amor Homer», *El torrent de les flors*, 1993]

tric-trac *interj*

Onomat.: Tic-tac. També onomatopeia del soroll produït per una sèrie de xocs ritmats.

➢ MARREKA: Que *hermós*! No m'enganyava, no; l'estimo! / Aguanta'm. Ai! El cor me fa un tric-trac! [Frederic Soler (Serafí Pitarra), *Els herois i les grandeses*, 1866]

➢ Quasi a cada casa hi ha un o dos telers, d'aquells de la vellura, amb llur llançadora que fa un tric-trac sec i monòton. [Carles Bosch de la Trinxeria, *Records d'un excursionista*, 1887]

➢ Un cop al tren, aprofita el tric-trac per endormiscar-se [...] [Joan Rendé, *El barber violador*, 1997]

trinar *v intr*

Fer trinats, és a dir, successió ràpida i alternada de dues notes entre les quals hi ha una distància d'un to o d'un semitò.

D'origen onomatopeic, ja que imita els refilets dels ocells.

F. m.: trinat.

trinc *interj*

Onomatopeia del soroll metàl·lic o cristal·lí que fan dos objectes que xoquen.

➢ De tant en tant, se sentia un xisclet d'aucell que volava fora de vista, un escotxineig de guatlla al lluny, el *trinc-trinc* precipitat d'un rellotge de caixa tocant hores [...] [Víctor Català, «La vella», *Drames rurals*, 1902]

➢ Quants sobresalts a cada trinc del timbre de la porta. [Narcís Oller, *Pilar Prim*, 1906]

F. m.: trincar, trincó, trincola, trinquis.

trinc-tranc *interj*

Onomatopeia del soroll repetit de coses que topen.

➢ Allà, de les carretes / el trinc-tranc rítmic s'és esvanit. [Pau Berga, *La Mare-Terra*, 1913]

trinc-trinc *interj*

Onomat.: Ning-ning.

➢ Llavors, van sentir el trinc-trinc creixent d'uns cascavells de plata, i aviat arribà al seu darrere un vehicle. [Enric Valor, *Sense la terra promesa*, 1980]

tripitrap *interj*

Onomat.: Trip-trap.

➢ Els esclops d'en Pau van fer caure, van fer caure, / els esclops d'en Pau van fer caure sant Joan. / Sant Pere li va al darrere, amb el tripi-tripi-trap. [«Els esclops d'en Pau», cançó popular]

trip-trap *interj* i *m*

Onomatopeia del soroll d'un moviment sec i rítmic, com el del batec fort del cor, d'uns passos, etc. // *m*. Batec del cor.

➢ Però el cor me fa trip-trap... / Ja no puc més. ¡Quina flaca / tenim nosaltres tan gran, / que les xiques nos arrastren!... [Josep Robrenyo, *Lo jaio de Reus*, 1832]

➢ Corre, corre, Meritxell! Trip, trap, trip, trap... [Andreu Sotorra, *La medalla*, 1993]

tris-tras *interj*

Onomatopeia del soroll amb què s'expressa un caminar seguit, deliberat, cap a un punt concret, i també una acció ràpida i decidida.

➢ Al cap d'un moment, escaient-se el caminant a entrar en una clapa de llum, va esdevenir un instant il·luminat, i el rector el va poder veure com avançava a marxes dobles cap a la rectoria, tris, tras... tris, tras... [Raimon Casellas, *Els sots feréstecs*, 1901]

➢ Arriba allà, li expliquen lo que volen, i ell, amb quatre ganivetades, tris-tras, tris-tras, arregla es be i en fa quatre munts. [Andreu Ferrer, *Rondaies de Menorca*, 1914]

➢ Vaig passar uns quants mesos tranquil·la, tot just atrafegada amb el tris-tras de la casa i dels camps... [Mercè Rodoreda, «Una carta», *La meva Cristina i altres contes*, 1967]

troc-troc *interj*

Onomat.: Toc-toc (trucar).

➢ A l'arribar a l'era del Lledonell, el rector va deixar el ronsal de l'euga, i, com si tot d'una es determinés de fer el cor fort, va dirigir-se resolut a trucar a la porta de la casa: / —Troc, troc! [Raimon Casellas, *Els sots feréstecs*, 1901]

trompa *f*

Prolongament muscular llarg i flexible del nas de l'elefant. // Instrument de vent, de metall, amb broquet, format per un llarg tub enroscat que s'eixampla gradualment.

D'origen onomatopeic, tant en romànic com en germànic i en eslau, a partir de la vella onomatopeia *trrrump*, que imita el soroll de les trompes.

F. m.: atrompetat, tromba, trombó, trombonista, trompada, trompar, trompejar, trompera, trompet, trompeta, trompetada, trompeteig, trompetejar, trompeter, trompeteria, trompetista, trompis, trompitxol, trompons.

trontollar *v intr*

Especialment una cosa que està poc segura sobre el seu suport o balderament fixada, moure's amb un ràpid moviment de vaivé.

D'origen incert, segurament de creació expressiva, i també onomatopeica, amb la seva típica reduplicació *tr-tr* o *tr-t*. Expressa la idea d'un moviment de balanceig i sotragueig, d'una marxa agitada i sorollosa.

F. m.: trontoll, trontolladís, trontollejar, trontollós.

trop *interj*

Onomat.: Trop-trop.

➢ Les eugues seguien... trop, trop, trop... trotant-hi sordament entre la cantadissa d'ocells i aquell soroll de ruixim. [Narcís Oller, *Vilaniu*, 1885]

trop-trop *interj*

Onomatopeia del soroll de potes de cavalls que corren o que donen cops repetits, i també del que fan els esclops, del batec del cor, etc.

trr *interj*

Onomatopeia del soroll que fa algú que tremola intensament de fred, de por, de ràbia, etc.

trric *interj*

Onomatopeia del soroll que fa una cosa metàl·lica que és arrossegada, com per exemple el carro d'una màquina d'escriure, etc.

trrsst *interj*

Onomatopeia del soroll que fa un ventall de barnilles en plegar-lo.

➢ S'acostava amb un pas compassat de cames tortes i un ventall de veu reboua trec-trec-trec, damunt el pit de donya Maria, trrrrrrrrrsssssst es tancava amb la llatinesa de ventall bo, de senyora, fi, fina, grossa, gros, transparent de tan fi, de tan lleuger [...] [M. Antònia Oliver, *Coordenades espai-temps per guardar-hi les ensaïmades*, 1975]

trucar *v intr* i *tr*

Picar a la porta. // *v. tr.* Fer semblar una cosa allò que realment no és.

Probablement de creació onomatopeica, a partir de l'onomatopeia *trukk-*, que imita un cop que ressona, com el que se sent en picar o xocar coses entre elles, com còdols, boles de joc. A partir d'aquí va passar a expressar també la idea de fer jocs, jocs de mans i, en aquests jocs, fer enganys o trucs, i també fer passar una cosa per una altra. Mot comú amb altres llengües romàniques.

F. m.: retruc, retrucar, troc, truc, truca, trucada, trucat, trucatge.

truc-truc *interj*

Onomat.: Toc-toc (trucar), tris-tras.

➢ Sant Josep anava davant de tots, d'una porta a l'altra, tustant amb son bastó: truc, truc. [Jacint Verdaguer, «Creus», *Rondalles*, 1905]

trum *interj*

Onomatopeia d'un soroll fort, com el que fa un cop de maça, un tro, un terrabastall, etc.

➢ Trum-turutum-tumtum, trum-turutum-tum-tum, els macers davant davant amb perruca de patge i aire transcendent, cerimoniosos, impertèrrits, importants en el seu paper anyal de festa important, trum-turutum-trum-trum, ja s'acosta, ja s'acosta! [M. Antònia Oliver, *Coordenades espai-temps per guardar-hi les ensaïmades*, 1975]

trum-trum *interj*

Onomat.: Trop-trop.

➢ [...] feis-lo córrer, xerric de llengua, petar de regnes i trum-trum-trum-trum el cavallet jove i el xarretet lleuger... [M. Antònia Oliver, *Coordenades espai-temps per guardar-hi les ensaïmades*, 1975]

trup-trup *interj*

Onomat.: Trop-trop.

➢ [...] i amb el cor que li feia trup-trup. [Joan Castelló, *Rondaies d'Eivissa*, 1955]

➢ Me va dur a Sa Cova amb un carro cançoner, xarret de cavallet jove, rodes de goma, potes suaus, trup-trup-trup [...] [M. Antònia Oliver, *Coordenades espai-temps per guardar-hi les ensaïmades*, 1975]

ts *interj*
Pst (cridar l'atenció, rectificar), xit.

➢ Ts-ts, baixeu d'aquí! [GD62LC]

tse *interj*
Nxt.

➢ Llegí la instància escrita a màquina i acompanyada de la pòlissa de tres pessetes, i mentre llegia feia «tse, tse», fins que, a crits perquè ho sentís tota la cua, va dir: «*No es eso, señora*» [...] [Teresa Pàmies, *Va ploure tot el dia*, 1974]

tsist *interj*
Pst (cridar l'atenció, rectificar), xit.

tst *interj*
Pst (cridar l'atenció, rectificar), xit.

tsut *interj*
Onomatopeia del soroll d'estossegar.

ttt *interj*
Onomatopeia del soroll que fa algú que tremola, en carrisquejar-li les dents, o del que fan una metralladora, una hèlice (helicòpter, ventilador, etc.), una sirena, etc.

➢ I quan pujàvem cap a la sala... tttttt...!!!, la sirena petita, la de posar-s'hi, vull dir. [Miquel Martí i Pol, «La primera vegada» a *Quinze són quinze*, 1974]

tudó *m*
Ocell de la família dels colúmbids (*Columba palumbus*), de més de 30 cm de llarg, de plomatge gris blavós, les parts inferiors més clares i faixes blanques a les ales.
Del ll. vg. **tĭtōne*, derivat del ll. td. *titus*, íd. i, en sentit figurat, també 'membre viril', o de *tutunus*, nom d'una divinitat, mots de

creació elemental, ja siguin de base onomatopeica perquè imita un so, amb repetició de la consonant *t-t*, o de base hipocorística del llenguatge infantil, o potser totes dues coses.

tuf *interj*

Onomatopeia del soroll d'un motor que es para, que s'espatlla, etc., i també del soroll de manxar.

➢ [Una granota mata cuques amb un insecticida.] TUF!... TUF!... TUF!... [Daniel Boada, «Granotes i cuques», a *Avui*, 19.03.2002]

tuït *interj* i *m*

Onomatopeia del crit del bitxac, del botxí i d'altres ocells. // *m*. Ocell de la família dels lànids (*Lanius excubitor*), també anomenat *botxí*, d'uns 25 cm, de plomatge cendrós blavenc, amb les ales negres i una taca negra allargassada a la zona dels ulls, que té el bec robust i ganxut i que clava les seves preses en branques trencades o en arbusts espinosos.

tum *interj*

Onomatopeia del soroll esmorteït i a vegades ressonant de dos cossos que topen.

➢ [*Un nen xuta una pilota de futbol:*] TUM [Josep M. Madorell, «Jep», a *Cavall Fort*, núm. 18, 1963]

tum-tum *interj*

Onomatopeia del so repetit d'un tambor, del batec del cor, de cops de martell, etc.

➢ I es tum-tum dels tamborinos. [*L'Ignorància*, 1879-1885]

tup *interj*

Onomatopeia del soroll que se sent en separar dues coses entre les quals s'havia fet el buit, o en treure el tap de suro d'una ampolla, etc.

➢ [*Un home extreu un tub ficat dins un altre:*] Tup [Joaquim Carbó; Josep M. Madorell, *La casa sota la sorra*, 1983]

tupatap *interj*

Onomat.: Tupatup.

tupatup *interj*

Onomatopeia del soroll que fa una cosa en caure o topar i rebotre, i també, generalment repetida, del que fa un animal pesant que corre (sol combinar-se amb *tupatap*).

➢ [...] i *tup-a-tup*, *tup-a-tup*, vet-lo allà, an es porc qui se'n venia corrents amb ses cerres eriçades [...] [Andreu Ferrer, *Rondaies de Menorca*, 1914]

➢ Afina sa portassa, i ses portes d'argent, que s'obrien i se tancaven, s'obrien i se tancaven, *tupa-tup tupa-tap, tupa-tup tupa-tap* [...] [Antoni M. Alcover, *Aplec de rondaies mallorquines d'En Jordi des Racó*, 1936-1972]

tup-tup *interj*

Onomat.: Tupatup. També onomatopeia d'un soroll rítmic, repetit, com per exemple el que fa el motor de poca potència d'una barqueta.

➢ Tenia el tup-tup de sa màquina clavat dins els polsos. [Àngel Ruiz i Pablo, «Del cor de la terra», *Novel·letes menorquines*, 1910]

➢ El tup-tup del remolcador, resplendint dins el silenci lluminós de l'atmosfera, era l'única cosa fresca en tot el port. [Baltasar Porcel, *La lluna i el Cala Llamp*, 1963]

➢ Vos en vàreu dur es muls que feien companyia, amb es seu tup-tup-tup constant [...] [M. Antònia Oliver, *Amor de cans*, 1995]

tururut *interj*

Onomat.: Tararà. // Expressió de burla amb què rebem la desaparició d'una cosa, la frustració d'una esperança.

➢ Un escolanet tocava una trompeta: Tururut! [Salvador Espriu, *Laia*, 1932]

tut *interj*

Onomatopeia del so de la trompeta, del corn, de la flauta, d'una botzina, d'un telèfon, quan es talla la comunicació, d'una sirena i també de la veu d'alguns ocells.

➢ [...] si no saps què fer te'n vas al port i veus com arriben els barcos, com fan nar aquelles grues tan potentes, sents el tuuuuuuuut de les sirenes, en fin, que sempre en hi ha una distracció o altra [...] [Ramon Solsona, *Figures de calidoscopi*, 1989]

➢ Vaig treure el número apuntat de la butxaca i vaig marcar: tres... dos.. cinc..... u. quatre.... set....... set....... t....... tuut, tuut... Comunicaven! [Enric Larreula, *T'han enganyat, Immaculada*, 1989]

➢ [*Un home bufa una mena de corn:*] TUUUT! [Picanyol, «El rei Salomó i la truita», a *Cavall Fort* núm. 757, 1994]

F. m.: tutut, 'cotxe'.

tuta *f*

Cova que s'utilitza com a refugi.

D'origen expressiu i onomatopeic, que al començament devia designar el so *tut-tut* que fa un canó, un tub que sona, d'on va passar a significar també un conducte subterrani, una petita galeria sota terra, una cova. De fet, també tenim les onomatopeies *tu-tut*, *tururut*, etc., que imiten els sons dels canuts i tubs que serveixen com a instruments de vent. La mateixa arrel ha donat el cat. *tòt* 'broc d'un atuell' i altres mots en diverses llengües.

F. m.: tudell.

tutum *interj*

Onomat.: Tum.

➢ [...] amollen sa corda de tot, i es poal ¡per avall més que de pressa! i es llop, *ruuu tu-tu-tum*, pega dins s'aigo, arriba en es fons [...] [Antoni M. Alcover, *Aplec de rondaies mallorquines d'En Jordi des Racó*, 1936-1972]

tutup *interj*

Onomat.: Tupatup.

➢ [...] i així *tutup, tutup, tutup*, veta-la allà que s'entrega arrossegant i pegant revinglades. I ho era, grossa! Com dues cuixes d'homo juntes; i tenia set caps, tots ben grossos, però es més gros de tots era es d'enmig, que era allà on tenia sa vida. [Andreu Ferrer, *Rondaies de Menorca*, 1914]

➢ Encara feia fosca, es mul té por, pega bot per enrera, i amb sa sacsada li cauen dos sacs: amb so *tutup* se desfermen, i de part a part d'es camí tot anà blat [...] [Antoni M. Alcover, *Aplec de rondaies mallorquines d'En Jordi des Racó*, 1936-1972]

tutut *interj*

Onomat.: Tut (botzina, flauta, ocell, trompeta).

➢ *El réveillon del tramvia:* tu-tut! [Francesc Trabal, «De cap a cap del carrer (Réveillon)...» (1927), *De cara a la paret*, 1984]

➢ Passaven autos amb gent armada i els clàxons feien tres tocs, el primer una mica separat dels dos darrers, ràpids: *Tut... tu-tut*, com el cant de la guatlla. [Marià Manent, *El vel de Maia*, 1975]

tuu *interj*

Onomat.: Tut (corn, sirena, telèfon).

txac *interj*

Onomat.: Clac (caure, castanyoles), xac (especialment quan un objecte es clava en algú o alguna cosa). També onomatopeia del soroll que es fa en escriure a màquina.

➢ Vaig anar a la cuina a preparar-li la beguda i vaig sentir el típic txac, txac, que fan les sabates en caure a terra. [Pep Albanell, *El tren no espera mai ningú*, 1985]

➢ [*Un arpó travessa un peix:*] TXAC [Joaquim Carbó; Josep M. Madorell, *La casa sota el mar*, 1986]

➢ [*Un home talla d'un cop d'espasa el mànec d'una destral:*] TXAC! [Jesús Blasco; Adrià Blasco; Víctor Mora, «La batalla de Filadèlfia», *Tallaferro*, 1996]

txac-txac *interj*

Onomat.: Catric-catrac (sedàs, teler), xic-xec (tisores).

També onomatopeia de la veu del bitxac, de la garsa, de la gralla, etc.

txaca-txaca *interj*

Onomatopeia del soroll que indica l'acció de copular.

➢ Has estat infidel a la Maria? Molta mandanga de l'ètica socialista però a l'hora del txaca-txaca... [Jaume Cabré, *L'ombra de l'eunuc*, 1996]

txaf *interj*

Onomat.: Xaf.

➢ [*Una gran bola de neu cau damunt d'una altra de més grossa encara:*] TXAFFF! [Esther Prim; Marta Balaguer, «Món de Mumerons», a *Cavall Fort*, núm. 759, 1994]

➢ [*Un home és llançat a l'aigua:*] TXAAAFF!!! [Jesús Blasco; Adrià Blasco; Víctor Mora, «L'enigma de la ciutat perduda», *Tallaferro*, 1997]

txam *interj*

Onomatopeia del so que fan els platerets, i també, en sentit figurat, d'un fet sobtat (aparèixer, desaparèixer, transformar-se, etc.).

➢ [*Per art de màgia, apareixen de cop tot de coses:*] TXAMMM! [Roser Capdevila; Mercè Company, *Les tres bessones i la Ventafocs*, 1995]

txap *interj*

Onomat.: Xap.

➢ [*Una colla d'homes es llancen de cap a l'aigua:*] TXAP! [Nando, «Els quatre plagues», a *Cavall Fort*, núm. 720, 1992]

txec *interj*

Onomatopeia del soroll sec que fa alguna cosa en esclatar.

➢ L'Odette va endollar el fogonet elèctric i van saltar, alhora, un *txeeeec* i una blavosa llum instantània. [Avel·lí Artís-Gener (Tísner), *Prohibida l'evasió*, 1969]

txec-txec *interj*

Onomat.: Xau-xau.

➢ Jo em podia quedar a casa mentre el perdiguer treballava la peça i ningú no sospitaria res [...] només caldria deixar-li sentir aquell txec-txec i ja en tindria prou. Tant se valdria que fos en temps de veda com que no; a les ciutats no hi ha res previst per la legislació, en matèria de caça. [Joan Rendé, «Viatge al progrés i retorn a la natura», *Sumari d'homicida*, 1978]

txic *interj*

Onomatopeia del soroll sec que es produeix en topar dos cossos, un dels quals, almenys, és metàl·lic.

➢ Anneta presencià com recarregà l'arma: posar la pólvora, mesurada a ull en el clotet de la mà; ficar un tac d'espart tou dins el canó i atacar-lo amb la baqueta; ara els perdigons i l'altre tac. Txic, txic. [Enric Valor, *Sense la terra promesa*, 1980]

txic-txac *interj*

Onomat.: Catric-catrac (sedàs, teler), xic-xec.

➢ L'olor de la borra i el txic-txac dels telers li donaren una alegria molt gran: aquell tornava a ser terreny conegut. [Isabel-Clara Simó, *Júlia*, 1983]

➢ Però, per comptes d'això, les dents i les navalles van executar un ballet gloriós de moviments computeritzats, on primaven la precisió i la delicadesa. TXIC! TXAC! [Sebastià Roig, *El cogombre sideral*, 2000]

txim *interj*

Onomatopeia del so que fan els platerets.

txit *interj*

Pst (cridar l'atenció, rectificar), xit.

➢ A un que se n'anava l'agafen de la màniga: «Txit!, tinc dues mules.» [Josep M. Espinàs, «La fira de Salàs» a *Quinze són quinze*, 1974]

txoc *interj*

Onomatopeia del crit d'alguns ocells.

➢ Un cucut, ben visible, ha cantat llarga estona al cim d'un castanyeret; després s'ha posat més cap a muntanya, ha cantat cinc o sis vegades, ha volat fent una nota gutural: «txoc!», i ha tornat a cantar a la carena. [Marià Manent, *El vel de Maia*, 1975]

txoc-txoc *interj*

Xau-xau.

➢ [...] espaiadament es cridaven les perdius amb el seu txoc-txoc opac [...] [Enric Valor, *Sense la terra promesa*, 1980]

txof *interj*

Onomat.: Xaf.

➢ [*Una pilota cau dins un plat de sopa:*] TXOF! [Ricard Monrós, «Manel el màgic», a *Cavall Fort*, núm. 736, 1993]

txsit *interj*

Pst (cridar l'atenció, rectificar), xit.

➢ Però se sentiren tot de «txsit, txsiit!», i no la seguí ningú. [Isabel-Clara Simó, *Júlia*, 1983]

txst *interj*

Pst (cridar l'atenció, rectificar), xit.

➢ [*Un home tapa amb la mà la boca d'una dona i li diu:*] —TXSST! Calla, grega! no et passarà res si ets amable amb nosaltres! HE, HE! [Jesús Blasco; Adrià Blasco; Víctor Mora, «La batalla de Filadèlfia», *Tallaferro*, 1996]

txuf *interj*

Onomat.: Xuf.

➢ Quan va prémer el piu TXUUUFF! un raig d'oli, dens i enganxifós, li va empastifar el sotabraç. [Sebastià Roig, *El cogombre sideral*, 2000]

txuf-txuf *interj*

Onomat.: Xuc-xuc.

txuic *interj*

Onomatopeia del soroll que fa un petó més aviat sorollós.

txum *interj*

Onomat.: Atxum.

txup *interj*

Onomat.: Xap.

➢ Unet! Mira, ja sé nedar! Txap Txup [Esther Prim; Marta Balaguer, «Món de Mumerons», a *Cavall Fort*, núm. 769-770, 1994]

U

ua *interj*

Expressió usada per incitar o animar una persona o un animal.

De creació expressiva.

➢ I aquell animal ja és partit a alçar es cul [...] —Ua, petit!! deien l'amo i sa madona. [Antoni M. Alcover, *Aplec de rondaies mallorquines d'En Jordi des Racó*, 1936-1972]

uà *interj*

Onomat.: Uaah, uè.

➢ [*Un nen plora desconsoladament:*] —Uaaaaaaaà!! [Manel, «Els cepats», a *Cavall Fort*, núm. 110-111, 1967]

➢ [*Un home que mira diapositives fa un gran badall:*] —Uàà [Joma, «Cresques», a *Cavall Fort*, núm. 703, 1991]

uaah *interj*

Onomatopeia del soroll d'un badall.

➢ [*Un home badalla*:] —Uaaah! [Josep M. Madorell, «Jep i Fidel», a *Cavall Fort*, núm. 659, 1990]

uag *interj*

Onomatopeia del soroll que fa algú que vomita.

➢ [*Un home vomita:*] Uuaag [Joaquim Carbó; Josep M. Madorell, *La casa sota la sorra*, 1983]

udolar *v intr*

Fer udols.

Del ll. vg. *ūlŭlare*, íd. (ll. cl. *ŭlŭlare*, íd.), amb una *u* onomatopeica que imita el crit del llop, amb dissimilació de la primera *-l-*.

F. m.: udol, udoladissa, udolador, udolaire, udolament, ululació, ulular.

uè *interj* i *m*

Onomatopeia del crit, del plor dels infants molt petits, i també del grinyol del gat. // *m.* Infant nounat.

➢ Per fi, ja devers mitjan capvespre, va passar per dins un barranc a on hi havia una cova i va sentir renou allà dintre; escolta, i tot eren crits de fiets que feien: uè, uè, uè, uè... [Andreu Ferrer, *Rondaies de Menorca*, 1914]

➢ [...] i es gat, uèèè!!!, uèèè!!! amb uns remeulos lo més esglaiosos [...] [Antoni M. Alcover, *Aplec de rondaies mallorquines d'En Jordi des Racó*, 1936-1972]

uei *interj*

Expressió usada per cridar l'atenció o interpel·lar, i també per manifestar contrarietat, indignació.

De creació expressiva.

➢ Batle *(cridant)*: Uei! tu, qualsevol que sigues, / ature't!... [...] [Pere d'Alcàntara Penya, *El cordó de la vila*, 1866]

➢ —¡Uei! ¡no insulteu es morts, que Déu ja els ha judicats! [Antoni M. Alcover, *Aplec de rondaies mallorquines d'En Jordi des Racó*, 1936-1972]

uep *interj*

Expressió usada per interpel·lar, cridar l'atenció.

De creació expressiva.

➢ —Uep, uep, on aneu, Prudenci, on, que el patró no vol que ningú surti del caló! [Baltasar Porcel, *Els Argonautes*, 1968]

➢ Uep, mestre Pep! —saludà En Biel—. [Jaume Vidal Alcover, *Els intocables*, 1987]

uf *interj*

Expressa aclaparament, alleujament, angúnia, sorpresa, i també un esforç.

D'origen onomatopeic.

➢ A veure com està l'aigua?... Uff! Massa calenta. [Oriol Vergés, *Mònica, cara i creu*, 1992]

ugg *interj*

Uf (esforç). Soroll que fa una persona amb la veu quan se li talla la respiració i s'ofega.

De creació expressiva.

➢ Mentre intentava cordar-se la cremallera dels texans, ajaguda al llit panxa enlaire, va entrar la Lucil·la i se la va quedar mirant. / —Què fas? / —Uggg! A tu què et sembla? [Maite Carranza, *Frena, Càndida, frena!*, 1993]

uh *interj*

Crit per manifestar admiració o sorpresa, dolor, desgrat, por, i també per espantar algú.

➢ Roc: Doncs digues que deu ser un nuvi... / Gregori: Uh! / Roc: Uh? / Gregori: Un ricatxo dels grans. [Frederic Soler (Serafí Pitarra), *El castell dels tres dragons*, 1865]

➢ En passar vora l'arbre, ell sortia de cop i em feia «Uhhhh!» Jo fingia un terrible esglai, i després ens en rèiem tots dos. [Sebastià Juan Arbó, *Hores en blanc*, 1981]

ui *interj* i *m*

Expressa dolor, desgrat, por, admiració, sorpresa, alegria, i també es fa servir, generalment repetida, per reprovar o amenaçar. // *m*. Crit de dolor, gemec.

D'origen expressiu.

➢ Ui! no en té pocs, de pretendents! [Narcís Oller, *La febre d'or*, 1890-1891]

➢ —Ui, ui, pubilla! quins comptes treus! A sa teua manera, fins a sa fi des món no acabaríem sa mala andança. [Joaquim Ruyra, «El rem de trenta-quatre», *Pinya de rosa*, 1920]

➢ Ui!, quin mal que m'has fet. [GLC]

uix *interj*

Expressió usada per manifestar fàstic, repugnància, incitar al moviment o a continuar una acció; també s'adreça als animals perquè se'n vagin.

D'origen expressiu.

➢ En arribar, amb grans treballs, a prop del llop, agafat d'una mà amb el llistó i amb l'altra amenaçant el llop amb els seus crits i el bastó: «Oh, Oh! Traïdor! Mala bèstia! Oh! Oh! Uix...» [...] [Carles Bosch de la Trinxeria, *Records d'un excursionista*, 1887]

➢ —Uix! —va fer ell, tocant l'ase—. Ve't aquí lo que ets, tu: sempre vols lo que no tens. [Joaquim Ruyra, «El rem de trenta-quatre», *Pinya de rosa*, 1920]

➢ Va fer un «¡uix!» d'indignació, d'alliberament i d'angúnia [...] [Cèsar August Jordana, «Txossep» (1938), *Quimet dels lleopards i altres contes*, 1985]

➢ Però aquí en llibertat, que pots trobar-te'ls dins el llit, o que et potinegen el menjar del plat... Uix! Quin fàstic. [Joaquim Carbó, *El zoo a casa*, 1975]

up *interj*

Expressió usada per animar o incitar a fer força cap amunt, a pujar una cosa que pesa.

De creació expressiva: *uuup* suggereix la idea d'alçar; té formes paral·leles en moltes llengües.

➢ [...] s'empesca frases encoratjadores especialment dedicades al seu gos, que s'ho agafa amb molta sang freda. / Diu: «Mira'l com jau; és rosset... pinça'l! A tu... au, que va. Jooo... eel... veeeig... ens escolta... Ensurta'l... up! [Prudenci Bertrana, *La bassa roja*, 1923]

upa *interj* i *f*

Up. // *f.* Moviment d'alçar una criatura enlaire, en llenguatge infantil. // *Fer upa*: alçar una criatura enlaire. D'origen expressiu.

➢ —Upa! upa! upa! —clamorejava el públic, ençà i enllà a tot el llarg de la pista. [Narcís Oller, *La febre d'or*, 1890-1891]

úpala *interj*

Upa, en llenguatge familiar.

➢ —Idò, úpa-la! diu s'homoniqueu. [Antoni M. Alcover, *Aplec de rondaies mallorquines d'En Jordi des Racó*, 1936-1972]

uuh *interj*

Uh. Crit per esbroncar algú com a mostra de desaprovació, d'indignació, etc. // Onomatopeia de l'udol d'un llop, d'un xacal, d'un gos, etc., del crit d'un ocell nocturn (mussol, duc, etc.), d'un fantasma, del xiulet del vent.

➢ —U u uh... —féu aquest, responent a la crida, amb veu sarcàstica que ressonà per la boscúria com l'udol d'un llop—. [Marià Vayreda, *La punyalada*, 1904]

➢ Aurora: Fantasmes. Uuuuhhh! [Josep M. Benet i Jornet, *Revolta de bruixes*, 1976]

➢ Encara em vaig entretenir eixugant-me les mans amb el Uuuuuuuhhhh aquell del vent. [Enric Larreula, *La propina*, 1990]

➢ [*El públic esbronca un cantant en un festival de rock*:] —Fora! Que calli! Uuuuh! [Joaquim Carbó; Carles Martí, «El rock d'en Felip Marlot», a *Cavall Fort*, núm. 744, 1993]

uuu *interj*

Onomat.: Uuh. També onomatopeia del soroll que fa la sirena d'un vaixell, d'una fàbrica, etc.

➢ Aquest corn és una mena d'orella d'ós; té, veus el cau? Ha estat llargues nits i llargs dies al fons del mar, parant ment a tots els sorolls... I encara li rebomboregen per dedins. Sents?... uuu!... oi? Això és la fressa del vent. [Joaquim Ruyra, «Jacobé», *Pinya de rosa*, 1920]

➢ I tot plegat, UUUUUUU!!! la sirena. Òndia, tu, quin espant! [Miquel Martí i Pol, «La primera vegada» a *Quinze són quinze*, 1974]

➢ Repasses els consells. Sortir al punt just. No precipitar-te. No deixar-te guanyar pels nervis. No fer cas dels uuusss! dels altres. [Andreu Sotorra, *La medalla*, 1993]

➢ A la nit el mussol ens espanta: Uuu, uuu! quina por. [Olga Xirinacs, «La mosca», a *Cavall Fort*, núm. 785-786, 1995]

➢ [...] just en el moment precís que, tot ajupint-se fins a un pam escàs d'ells, va provar d'eixordar-los amb un bon crit, *uuuu!*, tots els gats, del més petit al més gros, es van anar alçant [...] [Antoni Pladevall i Arumí, *La lliça bruta*, 2001]

V

viola *f*

Instrument de corda semblant al violí, de mida més grossa.

Mot d'origen incert, comú a totes les llengües romàniques, probablement onomatopeic. Pot molt ben ser que vingui de l'oc. ant. *viula* (de vegades *viola*), derivat de *viular* 'tocar la viola', 'tocar un instrument de corda o de vent', de clar valor imitatiu.

F. m.: violer, violeria, violí, violinista, violista, violó, violoncel, violoncel·lista.

X

xac *interj*

Onomatopeia del soroll produït per un xoc violent, especialment entre un cos dur i un de més tou o líquid, com el que fa un objecte punxegut o tallant que es clava en un cos o que talla alguna cosa, i també de l'acció de copular, i, en sentit figurat, d'un fet sobtat (aparèixer, desaparèixer, transformar-se, etc.).

➢ [...] i no tingues temor que lo Janot, / lo vespre nupcial del primer xac!, / conega que està ja encetat lo buc. [Garcia, *Pel cap de greus (s. XVII)*, a DES]

➢ El Déu llença la serp, que peta en terra amb xac de cosa tova, i queda immòbil [...] [Víctor Català, «Faula serena», *Caires vius*, 1907]

➢ [...] quan estava regatejant, xac, calen foc a les cortinetes. [Andreu Martín i Jaume Ribera, *Flanagan de luxe*, 1994]

xacona *f*

Antiga dansa castellana de ritme ternari i de moviment lent; música d'aquesta dansa.

De l'esp. *chacona*, d'origen onomatopeic, imitació dels so *txac* que fan les castanyoles, l'esquellam i les gatzares populars.

xacota *f*

Burla, broma.

D'origen onomatopeic, a partir del so *txac*, com *xacona*. Pot ser que ens hagi vingut de l'espanyol, però també es pot haver combinat amb un corrent insular propi.

xaf *interj*

Onomatopeia del soroll que fa un cos en xocar amb un líquid, una massa pastosa, sorrenca o de naturalesa semblant, com per exemple algú o alguna cosa que cau a l'aigua, algú que trepitja el fang o la neu, les onades del mar que xoquen amb les roques, etc.

➢ —Xaf, xaf... Xaaf, xaaf... —fa el menut, amb veu fonda, mentre alça a un temps el braç i la cama dreta, i, després, l'altre braç i l'altra cama, imitant un caminar feixuc. [Carme Montoriol, «Desconsol», a *Contes de guerra i revolució: 1936-39*, 1982]

➢ El J va sentir la caiguda del cos dins de l'aigua: un xaf somort, en eco, i un xiscle. [Quim Monzó, «Literatura rural», *L'illa de Maians*, 1985]

➢ [*Un home llança una galleda d'aigua damunt la coberta d'un vaixell:*] XAF [Joma, «Cresques», a *Cavall Fort*, núm. 721-722, 1992]

F. m.: aixafada, aixafadís, aixafadissa, aixafament, aixafar, aixafaterres, aixafaterrossos, aixafinament, aixafinar, xafallós, xafar, xafarnat, xafaterrossos, xàfec, xafegada, xafeguer.

xai, xaia *m, f*

Anyell, anyella.

De creació expressiva, ja que es tracta clarament de la concreció lingüística d'una veu per cridar aquest animal, com també ho són *be*, *gos*, *xot*, *moix*.

F. m.: xaiar, xaier.

xamba *f*

Atzar favorable en el joc, en la vida.

De l'esp. *chamba*, íd., d'origen incert, potser expressiu.

F. m.: xambó, xambonada.

xampar *v tr*

Enxampar.

xam-xam *interj*

Onomatopeia del soroll que es fa en recitar o resar d'una manera mecànica i sense atenció, i també del soroll que es fa en menjar.

➢ Així mateix en lo clergue: ell diu la primera missa e comence ésser devot e ret bé son deute, ço és, 7 cruats d'argent, dient les set hores canòniques, com se pertany, hora competent, spaciosament, llavors dónes los 7 cruats d'argent; mas com se cuyte e entre les dens no pronuncie bé: «xam xam», etc., e llavors done los cruats de aram e de coure. [Sant Vicent Ferrer, *Sermons* (s. xv), 1932-1934]

F. m.: xamar.

xanxa *f*

Cosa dita en burla.

De l'it. *ciancia* 'burla, broma', de creació expressiva.

F. m.: xanxejar, xàtxara.

xap *interj*

Onomatopeia del soroll d'un cos en caure tot llarg a terra o en un líquid, o en topar-hi, i del que es fa quan es camina o es trepitja a la manera d'un ànec, i també, en sentit figurat, d'un fet sobtat (aparèixer, desaparèixer, transformar-se, etc.).

➢ Surt l'Andreuet de puntetes del seu amagatall i amb la gorra, xap! agafa la papallona blanca. [«El castell d'iràs i no en tornaràs», *La Rondalla del Dijous*, 1924]

➢ [...] i aquells mariners queien dintre la fusta i feien un «xap» de bala de cotó mullada. [Josep M. de Sagarra, *Vida privada*, 1932]

➢ Estirat a terra veies tot de sabates que es movien al compàs de la música. Dues d'home, i al davant dues de dona. Xap, xap. Com una parella d'ànecs. [Xavier Fàbregas, «L'envelat», a *Tretzevents*, núm. 263, 1976]

➢ Però, quan menys ens ho esperàvem, xap!, altre cop vam anar a parar dins la mar. [Joles Sennell, *La guia fantàstica*, 1977]

F. m.: xapa[1] 'aixada', xapadura, xapall, xapar[1] 'esberlar', xapo, xapolina.

xapa[1] veg. *xap*.

xapa[2] *f*

Fullola, planxa de metall, etc.

De l'esp. *chapa*, íd., d'origen onomatopeic i expressiu, a partir de l'evolució d'una base *klapp-*, que també trobem en *clapa*, en el sentit de cosa que cobreix una superfície colpejant-la, com fa la roca (o la xapa) que en oscil·lar sobre la seva base la colpeja, o que en caure tapa alguna cosa.

F. m.: contraxapar, xapada, xapar[2] 'cobrir amb xapes', xapat, xapatge, xaperia.

xapot -a *adj*

Matusser.

Resultat d'entrecreuaments de derivats de *xapar*[1], d'origen onomatopeic, i *xaparro* 'feixuc, mancat de gràcia'.

xapotejar *v intr*

Xipollejar.

Derivat alterat i onomatopeic de *xopar* 'mullar impregnant de líquid'.

xaranga *f*

Conjunt instrumental format per instruments de vent.

D'origen onomatopeic, imita el so estrident d'aquesta mena d'orquestres.

xarbascat *m*

Xarrabascat.

xarlot *m*

Becut (ocell).

D'origen onomatopeic, ja que imita el crit de l'ocell (veg. *xurla*).

xaró -ona *adj*

De mal gust, mancat d'art, de gràcia, de distinció.

D'origen incert, pot ser que sigui una aplicació figurada del terme *xaró*, variant comarcal de *xai* (tots dos de creació expressiva), amb influència d'adjectius de sentit semblant, com *carrincló* i, en particular, *xiroi*.

xarrabascat *m*

Xàfec fort de poca durada. // Xivarri.

D'origen incert, probablement de **xarivarri* 'xivarri', amb canvi de terminació, potser per influència de la de *flasco*, *enflascat*, i de mots semblants, com *xarbotar*, *xàfec*, *xafegat*.

xarrupar *v tr*

Beure paladejant, xuclant.

D'origen incert, probablement en part de caràcter onomatopeic i expressiu, ja que imita el so que es fa en beure d'aquesta manera, però també pot ser del ll. *sorbēre*, íd., i del seu derivat *exsorbēre* 'engolir', alterat pel substrat basc pirinenc. Trobem mots molt semblants en basc i en occità.

F. m.: xarrup, xarrupada, xarrupeig, xarrupejar.

xas *interj*

Onomat.: Xac (tallar). També onomatopeia del soroll que fa el mar en rompre sobre la sorra.

➢ Només una veu aquí, una altra allà, perdudes, entre xasss! i xasss! de mar. [Blai Bonet, *Mister Evasió*, 1969]

➢ [...] com la sang, la sang, la sang del seu gran amor d'uns dies, una noia tendra indiferent, fins que la màquina / *xas!* / la va degollar, les fàbriques no paren per aquestes coses, que porti dol qui vulgui, les consciències [...] [Oriol Pi de Cabanyes, *També les formigues, Dylan, algun dia ploraran de solitud*, 1975]

xatrac *m*

Ocell de la família dels estèrnids (*Sterna hirundo*), de costums gregaris, d'uns 35 cm de llargada, amb el bec negre a l'hivern i vermell a la primavera i l'estiu.

D'origen onomatopeic, mitjançant la terminació *-trac*, que imita el crit de l'ocell.

xau-xau *interj* i *adv*

Onomatopeia del cant de la guatlla i de la perdiu. // *adv*. A poc a poc. / Així així, ni bé ni malament. // *Fer el xau-xau*: Respondre vivament a una al·lusió, a un insult.

➢ Fidela: Vaja, Laió, deixem-ho córrer. ¿No ho veus que ho fan per fer-te fer lo gallaret? Ximple, tana, que encara no et toquen lo bot ja fas lo xau-xau com les guatlles. [Emili Vilanova, *Qui... compra maduixes?*, 1892]

xauxinar *v intr*

Les viandes, fer soroll quan es couen a foc lent.

D'origen onomatopeic, imita el soroll sibilant i repetit que fa aquest tipus de cocció.

F. m.: xauxineig, xauxinejar.

xa, xa, xa *interj*

Onomatopeia del soroll de parlar o conversar, de la xerrameca.

➢ Quan vos botonau: «Aue Maria, *eee!*, gracia plena, *xa xa xa*»: no val res; altres paternostres de lançol, ni val ni nou. [Sant Vicent Ferrer, *Sermons*, (s. xv), 1932-1934]

xe *interj* i *m*

Expressa admiració, sorpresa, alegria, entusiasme, contrarietat, indignació, etc., i també es fa servir per cridar l'atenció, interpel·lar. // *m*. Denominació donada a un valencià per un no valencià. // *Terra del xe*: País Valencià, en llenguatge col·loquial.

D'origen onomatopeic i expressiu, ja que probablement sorgeix del reforçament dels sons *tss*, *tx*, que es fan servir per cridar algú. El so essencial és el consonàntic. Per això les diverses variants d'aquesta interjecció són bàsicament vocàliques (*xi*, *xa*, *xe* [amb *e* oberta], *xeic*, etc.)

➢ Llorenç tallà: —Xe, que es fa tard i ve plovent. [Enric Valor, *Temps de batuda*, 1991]

xec *interj*

Onomatopeia del soroll sec d'un cop o un xoc, com el que fan els boixets en fer punta de coixí, o del que fa un líquid que goteja damunt un cos, i també d'una fuetada, etc.

➢ [...] el xec!... xec!... xec!... dels cops de llança dels armats a l'empedrat i la trista tonada del clarí, allunyant-se, afeblint-se, morint... [Narcís Oller, *Figura i paisatge*, 1897]

➢ [...] les dues toparen amb un xec! feréstec que retrunyí per la boscúria com el d'un brancall petat pel vent. [Marià Vayreda, *La punyalada*, 1904]

➢ [*Un home en fueteja un altre:*] Xec! [Anson, «Joan de Serrallonga», a *Cavall Fort*, núm. 737-738, 1993]

xec-i-xec *interj*

Onomat.: Xa, xa, xa.

xec-xec *interj*

Onomat.: Xa, xa, xa; xic-xec.

➢ Però el fadrí la desarmà fent-li una moixaina i pregant-li amb el còmic xec-xec de sa boca esdentegada: [...] [Víctor Català, «*Nochebuena*», *Drames rurals*, 1902]

➢ De dins hi havia una mica de busqueret, qui cuidava estellar-se de fort i rabent que cantava. / I allà *xec-xec* i més *xec-xec*, i hala petit. [Antoni M. Alcover, *Aplec de rondaies mallorquines d'En Jordi des Racó*, 1936-1972]

➢ El fil de la conversa es va extingir mentre el Baronet batia, en silenci, les tisores sota el clatell del pacient. Xec-xec, xec-xec, xec-xec. Havia quedat meditatiu. [Joan Rendé, *El barber violador*, 1997]

xeflis *m*

Àpat abundós.

D'origen incert, pot ser de creació expressiva i que comparteixi la mateixa arrel que el verb *xafar*, en relació amb tot el procés que se segueix per preparar certs menjars. També hi pot haver intervingut *xef* 'cap de cuina' (en gascó, *chèfis*).

F. m.: xefla.

xenc *interj*

Onomat.: Neng.

➢ Tocar a xenc [DCVB]

xep-a-xep *interj* i *m*

Onomatopeia del soroll del xiuxiueig, de la murmuració, de la xerrameca. // *m.* Paraules dites en veu baixa a l'orella.

➢ Dins la cafeteria, tot era xep-a-xep xep-a-xep de la gent, mentre que a fora seguia plovent, ara pausadament. [M. Antònia Oliver, *Amor de cans*, 1995]

xericar *v intr*

Els ocells petits, cridar.

Mot de formació onomatopeica a partir de les veus dels ocells petits. Paral·lelament al català, es va crear en diverses llengües germàniques i eslaves.

F. m.: xeric.

xerrar *v intr*

Parlar molt i sense substància, pel sol gust de parlar, fora de propòsit.

De creació expressiva i onomatopeica, que suggereix el soroll confús d'una xerradissa. Té mots germans en occità i en italià.

F. m.: xarada, xarlatà, xarlatanisme, xarrasclet, xerra, xerrada, xerradissa, xerrai-marrai, xerraire, xerrameca, xerramenta, xerrera, xerrim-xerram, xerriu-xerriu, xerro-merro, xerroteig, xerrotejar.

xerricar *v intr*

Una cosa, fer xerrics, és a dir, sorolls estridents de fregadís, especialment metàl·lics. Fer xerrics en beure a galet.

D'origen onomatopeic i expressiu, és un cas semblant a *xerrar*.

F. m.: xerric, xerricada, xerric-xerrac, xirigueig, xiriguejar.

xic[1] *interj*

Onomat.: Xic-xec (tisores).

➢ Pegaven estreta, ses tisores feien *xiiic*, i ses dues oreies botien en terra, ratjant sang [...] [Antoni M. Alcover, *Aplec de rondaies mallorquines d'En Jordi des Racó*, 1936-1972]

xic[2] **-a** *m*, *f* i *adj*

Petit.

Mot present en diverses llengües, de creació expressiva, relacionat indirectament amb el ll. *ciccum* 'membrana que separa els grans de la magrana', 'cosa insignificant, bri'. Es tracta bàsicament d'un mot de creació expressiva, en part infantil, que indica, mitjançant el so *xic*, la idea de 'petitor'.

F. m.: enxiquiment, enxiquir, quitxalla, xicalla, xicarró, xicol, xicot, xiquesa, xiquet.

xico-xico *interj*

Onomat.: Txaca-txaca, xim-xim (ploure).

➢ Fer xico-xico. [DCVB]

xic-xec *interj*

Onomatopeia del soroll metàl·lic que fan les tisores, i també de la veu d'alguns ocells.

➢ L'altre xava es veu que el compta per més brillós, i tu, que ets capaç de tocar un fandango amb lo xic-xec de l'estisora, tot esquilant una somera [...] [Emili Vilanova, «Gitanesca», *Quadros populars*, 1906]

xic-xic *interj*

Onomat.: Xic-xec, xim-xim (ploure), zic-zic.

➢ Jo també he volgut dormir, però no he pogut encetar lo son per mor de tres o quatre cigalots amb llur xic-xic... [Josep Pin i Soler, *La família dels Garrigas*, 1887]

➢ Tot lo dia fa xic-xic. [DCVB]

xii *interj*

Onomatopeia del soroll que fa un líquid que cau o que surt amb força (orinar, un xàfec, una mànega, una aixeta, una cascada, etc.) i també del soroll de fregir.

➢ Lo ·vi· turment és que ell féu haver launes de ferre, e quan eren ardents del foch, féu-la tornar en lo primer turment del aculeu, e ab aquelles launes ardents cremave-la així: «xii, chiiii»; e lo foch no li fahye mal. [Sant Vicent Ferrer, *Sermons* (s. xv), 1932-1934]

xim-xim *interj* i *m*

Onomatopeia del so que fa la pluja menuda i seguida, del plovisqueig, o del que fan les músiques de metall i platerets que serveixen per donar solemnitat a un esdeveniment. // *m*. Pluja menuda i seguida.

➢ El soroll de la ressaga, més harmoniós que mai, retentint alegrement com el xim-xim dels platerets d'una xaranga, ressonà en les nostres orelles. [Joaquim Ruyra, «Impressions», *Pinya de rosa*, 1920]

➢ En realitat, doncs, més que la pluja específica i precisa, el que m'agrada és el que els francesos anomenen la *bruine*, els bascos el *siri-miri* i nosaltres el xim-xim, o sia el plovisqueig. [Josep Pla, *Les hores*, 1953]

xin, xina *m*, *f*

Gat, especialment quan és menut.

D'origen expressiu. Hipocorístic de l'animal, a partir de la manera de cridar-lo.

xinar *v tr*

Estirar els cabells (a algú).

D'origen expressiu.

xinxirinxina *f*

Ball de gitanos amb repicament dels punys contra les barres. De creació expressiva.

xip *interj*

Onomat.: Xap.

xipixap *interj*

Onomat.: Xip-xap.

➢ El llagut se posà en marxa a rems, xipixap... per una mar oliosa, color de molsa seca. [Joaquim Ruyra, «L'idil·li d'en Temme», *Pinya de rosa*, 1920]

xip-xap *interj*

Onomat.: Txaca-txaca. També onomatopeia de la remor del xipolleig d'una massa líquida, com per exemple la que es fa en nedar.

➢ No s'oïa més que els gemecs ofegats dels parents i el xipxap dels peus en la terra ensopada. [Víctor Català, *La Mare Balena*, 1920]

➢ Després, sols se sentí el xip-xap de l'aigua. [Empar de Lanuza, *Bon viatge, Pitblanc!* 1982]

xip-xop *interj*

Onomat.: Xip-xap.

➢ Xip-xop, xip-xop, dintre el fangar, anà a la boca recosida de la barraca. [Blai Bonet, *Mister Evasió*, 1969]

xiqui-xiqui *interj*

Onomat.: Txaca-txaca.

➢ Fer xiqui-xiqui. [DES]

xiscar *v tr*

Treure, amb un instrument tallant, llepies d'un tros de suro, d'un tap.

D'origen onomatopeic.

F. m.: xiscada, xisquejar.

xist *interj*

Pst (cridar l'atenció, rectificar), xit. // Onomatopeia del soroll que es fa en esmolar.

➢ —Xist, aquí no's diuen certes expressions [...] [Emili Vilanova, «A casa l'Arcalde», *Quadros populars*, 1906]

➢ [*Un home en crida un altre.*] XIST! [Joaquim Carbó i Josep M. Madorell, «El país d'en Fullaraca», a *Cavall Fort*, núm. 437, 1980]

➢ [...] i anà a la mola i... l'esmolà d'un aire!... *(Escarnint la fressa d'esmolar, horripilada.)* Cada xiiist!... xiiist!... me resseguia l'ànima, de viu en viu el moll de l'os fonent-me... [Víctor Català, *La infanticida*, 1898]

xisz *interj*

Onomat.: Xii.

➢ VISITANT I.— Aigües? *(amb les mans esteses imita una cascada)*. Xiiiiiiiiiszzzz! [Joan Oliver, *El 30 d'abril*, 1935]

xit *interj*

Pst (cridar l'atenció, rectificar). So que es fa per demanar o imposar silenci, que sovint s'acompanya amb el gest de posar-se el dit índex davant els llavis.

➢ —Doncs, fem-ho així: no m'enganyes? / —Jo?... Xit, que el teu pare goita. [Jacint Verdaguer, «Amor i ventura», *Jovenívoles* (1863-1865), 1924]

F. m.: xitar.

xit-xit *interj*

Onomatopeia de la veu d'alguns ocells.

➢ Tota la nit aquell clic-clic als vidres i xiiiit xiiiit xiiiit de les aus nocturnes [...] [Ramon Erra, *La flor blanca de l'estramoni*, 2001]

xiu *interj*

Onomat.: Xiu-xiu, zas (moure's).

➢ S'agenolla a resar... xiu, xiu, xiu... [Joaquim Ruyra, *La parada*, 1919]

➢ Amagat darrere uns ordinadors, amb la Conxa abraçant-se-li a les espatlles, Frege disparava Xiu! Xiu! Xiu! contra un escamot de soldats. [Sebastià Roig, *El cogombre sideral*, 2000]

xiuït *interj*

Onomatopeia del xiulet que fa algú, sobretot per fer-se sentir de lluny.

xiu-xiu *interj* i *m*

Onomatopeia de la remor inintel·ligible d'una conversa tinguda en veu molt baixa, per tal que els del voltant no puguin sentir el que hom diu; dels crits d'ocell; del soroll que fa el vent o algú que xiula, o d'una cosa que xiula en passar a molta velocitat; del fregadís de la roba; del foc quan espetarrega, o d'una cosa quan es fregeix, etc. // *m*. Crits d'ocell. // Paraules dites en veu molt baixa. // Crepitacions del foc.

➢ Un xiulet li vull comprar, / un xiulet li vull comprar. / Xiu-xiu-xiu farà el xiulet. [«A Betlem me'n vull anar», cançó popular]

➢ I, baix parlant, sentiu compondre / tantes cosetes, / que par que sien oronetes / dins en lo niu, / que, si els sou prop, sols lo xiu-xiu / basta a eixordar-vos. [Jaume Gassull, *Lo somni de Sant Joan*, 1497]

➢ Aquí, un xiu-xiu misteriós i fregadissa de roba que s'esmuny entre el fullatge els sobtà. [Narcís Oller, *La febre d'or*, 1890-1891]

➢ No s'oïa ni un respir ni una alenada, ni un crit de bèstia, ni un xiu-xiu d'oreig... [Raimon Casellas, *Els sots feréstecs*, 1901]

➢ [...] se li varen presentar als ulls les cares equívoques, els somriures delators, els xiu-xius, a la seva vora [...] [Josep M. de Sagarra, *Vida privada*, 1932]

➢ Hi tiren ses sobrassades damunt, i xiu-xiu, i fum i fum. [Antoni M. Alcover, *Aplec de rondaies mallorquines d'En Jordi des Racó*, 1936-1972]

➢ Si el cucut el tres d'abril / no fa xiu-xiu, / és pres, o no viu, / o sent l'estiu. [Joan Amades, «Corpus-primavera», *Costumari català*, 1952]

F. m.: xiuxiuadera, xiuxiuar, xiuxiueig, xiuxiuejar.

xivarri *m*

Rebombori.

De l'oc. *chavari*, íd., que el pren del fr. *charivari*, íd., d'origen onomatopeic o potser del ll. td. *caribaria* 'mal de cap', que prové del gr. *karēbárēsis*, íd.

xo *interj*

Crit que fan els carreters, etc. per aturar un cavall, un ase, una mula, etc., i també crit que es fa servir per fer fugir un animal. També s'usa per adreçar-se a persones, d'una manera irònica, per moderar-ne els excessos.

De creació expressiva. De fet, és un so semblant al que fem quan cridem una persona. Hi ha també la variant *aixó*.

➢ Però... ep!... xoo, «Eaio», xooo!... Atura't! deixa passar el tabernacle! [Narcís Oller, *La febre d'or*, 1890-1891]

➢ Acaba de travar-se; botant botant, s'acosta an es jaç i fa: / —Xo! / Sa llebre s'alça [...] [Antoni M. Alcover, *Aplec de rondaies mallorquines d'En Jordi des Racó*, 1936-1972]

xocar *v intr*

Una cosa, topar violentament amb una altra.

Probablement del fr. *choquer*, íd., d'origen onomatopeic, encara que en la nostra llengua, com també en altres llengües romàniques, també hi devien intervenir elements onomatopeics autòctons i paral·lels als que donaren lloc al mot francès.

F. m.: antixoc, entrexocar-se, xoc, xocant.

xoc-xoc *interj*

Onomat.: Txaca-txaca. També onomatopeia de la remor del xipolleig d'una massa líquida.

➢ Ens esbudellàvem de riure, els dies de pluja, de veure els espectadors amb les sabates plenes d'aigua i els peus que hi nedaven i feien xoc-xoc [...] [Gabriel Janer Manila, *El cementiri de les roses*, 1972]

➢ Fer xoc-xoc. [DES]

xof *interj*

Onomat.: Xaf.

➢ Ooi, quin faixot tan gran via infern, xof! en les calderes! [Sant Vicent Ferrer, *Sermons* (s. xv), 1932-1934]

➢ El peix féu un bot i, xof!, de cap a l'aigua. [Empar de Lanuza, *Bon viatge, Pitblanc!* 1982]

➢ [...] la dona va sentir darrere seu: xof, xof, xof. Ella que es gira i veu una óssa descomunal a poques passes. [Pep Coll, *Muntanyes (mig) Maleïdes*, 1994]

xona *f*

Vulva.

D'origen incert, probablement de creació expressiva, encara que també hi devia intervenir el mot *eixonar* (*exŭndare*) 'fer caure avall i fer desprendre un líquid, un producte vegetal...', en relació amb el fluix que segrega la vulva.

xop *interj*

Onomat.: Xap.

➢ [*Un peix salta de terra a l'aigua:*] Xop! [Pineda Bono, «Quina trepa», a *Cavall Fort*, núm. 87, 1967]

xorrec *m*

Ocell molt petit, ros, d'ulls vermellosos.

D'origen onomatopeic (veg. *xurla*).

xot *m*

Ocell de la família dels estrígids (*Otus scopus*), de 19 cm, plomatge escabellat, amb bigotis ben marcats, amb un crit planyívol característic. // Cabrit, anyell que encara mama. // Pinya del pi blanc, closa.

D'origen onomatopeic o expressiu, a partir del crit de l'ocell, un repetit, suau i penetrant «txu». Hi ha diverses variants: *xut*, *xuta*, etc. Quan es refereix a ovelles i cabres, però, el mot no neix dels crits dels animals, sinó dels que se'ls fan en adreçar-s'hi i també de la fressa que fan els cadells quan mamen.

F. m.: xotada, xotinar, xutar, xuteta.

xrrup *interj*

Onomatopeia del soroll que es fa en xarrupar, o en beure amb una canya quan hi entra aire, etc.

➢ [*Uns homes beuen orxata amb canyes:*] XRRRUP! XRRRUP! [Picanyol, *Sopars de duro*, 1998]

xsit *interj*

Pst (cridar l'atenció, rectificar), xit.

➢ —Mare, què fa? / —Xssit! Ara calla, és l'«ouija». [Isabel-Clara Simó, *Júlia*, 1983]

xss *interj*

Pst (cridar l'atenció, rectificar), xit.

➢ Xsss, però tu no digues res, que ell no sap que jo sé. [Joan F. Mira, *Els treballs perduts*, 1989]

xst *interj*

Pst (cridar l'atenció, rectificar), xit.

➢ —Xst! / Hom imposava silenci, i els nens corrien, decebuts, a prosseguir el soroll al carrer. [Salvador Espriu, *Laia*, 1932]

xuc-xuc *interj*

Onomatopeia del soroll que fa un tren quan corre.

xuf *interj*

Onomat.: Xaf. També onomatopeia del soroll que fa el foc, una brasa o el ferro roent en contacte amb l'aigua, i també del que es fa en manxar.

➢ Sempre caic a sa xomba... xuf! [Joaquim Ruyra, *La parada*, 1919]

➢ I sobtadament, l'aigua que contenia aquella galleda va sortir disparada a través de l'aire gelat i va anar a parar sobre el metall roent de la daga quan ja era a menys d'un dit de la pell, tan llisa, de la princesa. Xuuuuf!, se sentí. [Víctor Mora, *Silvià i Daríada*, 1991]

➢ [*Inflen una barca amb una manxa de peu:*] Xuf Xuf [Joaquim Carbó; Josep M. Madorell, *La casa sota les estrelles*, 1997]

xuf-xuf *interj*

Onomat.: Xuc-xuc.

➢ Imita el xiulet del tren i el xuf-xuf de la màquina. [Josep M. López-Picó, *Lleures del pensament*, 1935]

xuic *interj*

Onomat.: Txuic.

➢ Ah... serà meravellós... m'acostaré a la Bella Dorment... I la despertaré tendrament... fent-li un petó... Xuic!! [A. Martín; Mariel, «Joanot trobador», a *Cavall Fort*, núm. 404, 1979]

xuït *m*

Ocell de la família dels escolopàcids, també anomenat *gamba roja pintada* (*T. erythropus*), d'uns 30 cm de llargada, de plomatge estiuenc totalment negre i de bec brunenc, amb la base de la mandíbula inferior roja.

D'origen onomatopeic, ja que imita el fort i característic «txuit» que fa el crit de l'ocell.

xum *interj*

Onomatopeia del soroll que es fa en mamar, i també del que es fa en ruixar algú o alguna cosa amb un esprai.

F. m.: aixormar, xumada, xumar, xumet, xurmar, xurmer.

xum-xum *interj*

Onomat.: Xum.

➢ Xum-xum feia el raig letal. I l'escarabat fugia desesperadament. [Cèsar August Jordana, *El món de Joan Ferrer*, 1971]

xup *interj*

Onomat.: Xap, xut (crit d'ocell).

➢ —Maleït moixonot! / Xup! xuuup! xup!, continuava el trist aucell escarnint-la. [Josep Pin i Soler, *La família dels Garrigas*, 1887]

➢ [*Un home cau a la neu.*] XUP [Josep M. Madorell, «Jep i Fidel», a *Cavall Fort*, núm. 571, 1986]

xup-xup *interj* i *m*

Onomat.: Tup-tup, xuc-xuc. També onomatopeia del soroll que fa un líquid que bull suaument. // *m.* Bull lent d'un líquid. // Bullici, gernació.

➢ Níobe mantenia un xup-xup eclèctic d'admiradors. [Josep M. de Sagarra, *Vida privada*, 1932]

➢ VISITANT I.- [...] Ferrocarrils? *(Amb els braços imita el moviment de les bieles del tren.)* Xup, xup, xup, xup, xup! Xup, xup, xup, xup! [...] [Joan Oliver, *El 30 d'abril*, 1935]

➢ Al final, dins de la salsa de les alegries, uns quants bolets, els pensaments que no s'han fet realitat. I a sota la cassola, sempre el foc, la vida. Ara fluix, que no es cremés; més endavant atiat, que necessita força; després, escampeu la brasa, només ha de fer xup-xup. Fins que una mà apaga. [Maria Barbal, *Mel i metzines*, 1990]

xurla *f*

Ocell de la família dels pícids, també anomenat *colltort* (*Jynx torquilla*), de cua llarga i arrodonida, de bec curt, recte i punxegut i de plomatge gris amb llistes negres, grogues i terroses.

D'origen onomatopeic, n'imita la veu mitjançant una base elemental *x-rl- / x-rr-*, generalment amb vocalisme *u (o)*, que serveix per imitar la veu de diversos ocells en diverses llengües.

xurra *f*

Ocell de la família dels pteroclídids (*Pterocles orientalis*), de formes massisses i 35 cm de llargada, de plomatge grisenc a l'esquena i negre al ventre, amb les potes curtes i emplomallades i el bec curt.

D'origen onomatopeic (veg. *xurla*), per imitació de la veu de l'ocell, un profund i vibrant «txurr-rur-rur».

xut *interj* i *m*

Xit. // Onomatopeia del crit del xot, l'òliba, el mussol i altres ocells nocturns. // *m*. Òliba, mussol o altres ocells nocturns.

➢ Xut! Callem, no digau res [...] [Anònim, «Relació dragmàtica de la nativitat del Fill de Déu» (s. XVII-XVIII), dins *Teatre català del Rosselló*, 1989]

➢ El «xut» de les òlibes, els besllums fosforescents dels estels [...] [Prudenci Bertrana, *Josafat*, 1906]

➢ «Xut... Xut...» Xic mussol, / futboler de nit, / xuta entossudit / pro mai no fa gol. [Celdoni Fonoll, *Veus d'ocells*, 2000]

xxt *interj*

Pst (cridar l'atenció, rectificar), xit. // Onomat.: tup.

➢ —Xxxxt! Vatua santou, no esvalotis els veïns! [Carles Riba, *Les aventures d'en Perot Marrasquí*, 1924]

➢ [...] el vell obridor, enorme i lleig —res de disseny suec, res de «verd nuclear»—, ja força rovellat, que «no gosàvem dur-lo a la taula...». El posem com cal, estirem les palanques, premem els llavis, fem la típica ganyota de l'esforç... i xxxt!, el tap surt i la gent respira. [Josep M. Espinàs, *Els nostres objectes de cada dia: petit diccionari irònic i sentimental*, 1981]

xxx *interj*

Onomat.: Xii.

Z

zac *interj*

Onomatopeia del soroll que es fa en arrencar alguna cosa, com un full del calendari, o en tallar paper amb unes tisores, i també en escriure o fer guixots sobre paper o altres superfícies.

zam *interj*

Onomat.: Zas (moure's, relliscar).

➢ [...] amb un salt, s'asseu a la seva moto Yamaha mil i zam!, fuig sense saber què ha passat. [M. Àngels Bogunyà, *Embolica que fa fort!*, 1991]

zam-zam *interj*

Onomat.: Zim-zam.

➢ [...] la remenadissa de les fitxes del dòmino sobre el marbre de les tauletes; el zam-zam sord de les onades batent contra la costa [...] [Víctor Català, «Revenja», *Vida mòlta*, 1950]

zap *interj*

Onomat.: Zas.

➢ Quan estem més distretes prenent el sol sobre una pedra, zap! cap a dins. [Olga Xirinacs, «La mosca», a *Cavall Fort*, núm. 785-786, 1995]

zas *interj*

Onomat.: Zac (arrencar, guixar). També onomatopeia del soroll breu que fa algú o alguna cosa que es mou rapidíssimament en l'aire, com una fletxa, un roc llançat, el moviment veloç d'una espasa, algú que rellisca, etc., i també, en sentit figurat, d'una idea o d'un fet sobtat (aparèixer, desaparèixer, transformar-se, etc.).

➢ Salta a l'esquerra, i zas!, n'atropella un altre. [Emili Vilanova, *Teatre*, 1906]

➢ Arrenca *(com qui no fa res)*: ...i zas, zas, zas, com qui arrenca espàrrecs, aquí els teniu arrels enlaire fent la figuereta. [Apel·les Mestres, *En Joan de l'Ós*, 1907]

➢ I prengué també, al seu torn, el bocinet de fusta, i prengué el fuet, i zas! [Francesc Trabal, *Quo vadis, Sànchez*, 1931]

➢ I encara, després, la nòria: amunt i avall, zaaass!, com un tret engegat cap allò que és etern i, al bell mig del vertigen, un petó d'amagatotis [...] [Terenci Moix, *El dia que va morir Marilyn*, 1969]

➢ Passava anys sense cap dolor reumàtic, quan de sobte un dia... zas!, una fiblada cuixa i cama avall. [Cèsar August Jordana, *El món de Joan Ferrer*, 1971]

➢ —Jo sóc sempre puntual, Ton. Cada vint-i-quatre dies, zas! [Teresa Pàmies, *Dona de pres*, 1975]

➢ [*Moviment ràpid d'una urpa:*] Zaaasss! [Jesús Blasco; Adrià Blasco; Víctor Mora, «El tresor de Barcelona», *Tallaferro*, 1997]

zast *interj*

Onomat.: Zas.

➢ Ai, Déu meu, quina por!... Ja em semblava sentir el *zast!* aquí... *(Fent, aterroritzada, acció de degollar-se.)* [Víctor Català, *La infanticida*, 1898]

zes *interj*

Onomat.: Zas.

➢ I de sobte, zes!, li falta terra [...] [Enric Valor, *Narracions de la foia de Castalla*, 1953]

zic *interj*

Onomat.: Zas (moure's).

➢ Però quan badin una mica, zzzic! m'enfilaré al bressol de la Georgina. [Núria Albó, *Mixet*, 1984]

zic-zac *interj*

Onomat.: Ric-rac (fregar, serrar).

zic-zic *interj*

Onomatopeia del so que fan les cigales i altres insectes.

➢ Nos eixorda amb el seu zic-zic. [Albert Saisset, *Coses i altres*, 1888]

zig *interj*

Onomatopeia del soroll que es fa en llimar.

➢ [...] totes les mallerengues bosquetanes es pot dir que fan el mateix. Llur cant és com un zig... zig... zig... de fregar la llima; per això en certs països en diuen *ferrerets*, perquè sembla que quan canten esmolen el metall. [Josep M. de Sagarra, *Els ocells amics*, 1947]

zigo-zigo *interj*

Onomat.: Nyigo-nyigo (violí, violoncel).

➢ Aquella musiqueta de zigo-zigo. [*La Roqueta*, 1887-1901]

➢ *Anell:* Quan la fico i quan la trec / ella em fa la zigo-zigo, / quan la fico i quan la trec / ella em fa la zigo-zec. [Joan Amades, *Diccionari d'endevinalles*, 1934]

zig-zag[1] *interj*

Onomat.: Ric-rac (fregar, serrar).

➢ Aquell zig... zag... zig... zag... de serra anava allargant-se amb repetició més folgada i calmosa. [Narcís Oller, *Vilaniu*, 1885]

zig-zag[2] *m*

Línia trencada en forma de Z.

De creació expressiva, a partir del fr. *zigzag*, íd., que sembla que ve de l'al. *Zickzack*, format amb *zacke* 'punta, dent, merlet'.

F. m.: ziga-zaga, zigzagar, zigzagat, zigzaguejar.

zim *interj*

Onomat.: Zas (moure's).

➢ Zim, zim, si peta que peti, / zim, zim, si peta, afegim. [«cançó de cosir», Joan Amades, «Corpus-primavera», *Costumari català*, 1952]

➢ Sort que els meus reflexos són ràpids i abans que tornessin a tancar, zim!, ja els havia passat pel mig i corria escales amunt. [M. Lluïsa Solà, *Un fantasma anomenat...*, 1990]

zim-zam *interj*

Onomatopeia del soroll que fa un moviment de vaivé, com per exemple les onades, una campana, un balancí, un gronxador, etc.

➢ I zim-zam més de ferm les hi venten / com més aigua goteja son front [...] [Jacint Verdaguer, «Lo ram del segador», *Jovenívoles* (1863-1865), 1924]

➢ La campana, sense batall, anava fent zim-zam. [GDLC]

➢ [...] un voluptuós endormiscament l'invadia i s'assegué al trapezi. —Zim... zam— quin benestar sentia! [Miquel de Palol, *Camí de llum*, 1909]

➢ [...] les mans a la roda del timó i cabussant-se entre els alirets de la tempestat embriagada. Així, ara a la dreta... zimm!...; ara cap a l'esquerra... zamm! [Miquel Llor, *Tots els contes*, 1952]

➢ La mare [...] seia davant una màquina de fer jerseis que tenia en un racó de la cuina —perquè la cuina era molt gran— i, zim, zam, en feia de tots colors per a una botiga de la ciutat. [Jordi Sarsanedas, «L'ofici d'en Repicó», a *Tretzevents*, núm. 308-309, 1978]

➢ Ella, tot just passada la façana de la barberia, feia un zim-zam ample i enèrgic amb el cap i la mitja cabellera rossa li banderejava, tot mostrant per un moment la pell bruna de l'esvelta nuca. [Joan Rendé, *El barber violador*, 1997]

zing *interj*

Onomatopeia d'un soroll metàl·lic, com per exemple el que fan dues espases que xoquen, un timbal de llauna, etc.

➢ —Nois, nois —crida un xicot venint amb una olla de llauna mig ficada al cap i donant-hi cops amb una fusta—, jo faré de tambor major: zing, nanée..., xinc, xinc. [Emili Vilanova, «La viuda», *Lo primer amor i altres narracions*, 1879-1906]

zing-zing *interj* i *m*

Onomat.: Txaca-txaca. També onomatopeia del so que fan alguns sonalls en ser sacsejats. // *m.* Sonall (joguina).

zip *interj*

Onomat.: Zas (moure's).

➢ Una fletxa negra com un corb va xiular en l'aire i es va anar a clavar a l'esquena del vell Appleyard... Ziiiip! [Jordi Badesa, «La fletxa negra», a *Cavall Fort*, núm. 635, 1989]

zis *interj*

Onomat.: Zas (moure's).

➢ Un ocell surt de l'arbre i... ziiis, ziiis... fuig, vola... i això distreu el pensament. [Mercè Rodoreda, «Record de camp», *La meva Cristina i altres contes*, 1967]

zis-zas *interj*

Onomatopeia del soroll del moviment repetit i sobtat en dues direccions o d'alguna cosa que apareix i desapareix ràpidament.

➢ [...] i zis-zas, tris-tras, en un segon va ésser al palau del rei. [Joan Amades, *Les millors rondalles catalanes*, 1974]

➢ —Vaig agafar la meva espasa radiant i zis! zas! [Picanyol, *Sopars de duro*, 1998]

ziu *interj*

Onomat.: Zas, especialment del que fa una cosa que es mou a molta velocitat i que talla l'aire, com per exemple el vent, una bala, una fletxa o un dard, i que fa una mena de xiulet, i també del xiulet mateix, o de l'acció d'apujar i abaixar una cremallera, o d'un cop fallit etzibat amb una espasa, un bastó, etc.

➢ Jaumet: Anem a la glorieta? Ahir vaig veure una campaneta blava com queia a terra. Ziuuu... i rodava... [Mercè Rodoreda, *Un dia*, 1959]

➢ [*Una bala passa xiulant:*] Ziu [Joaquim Carbó; Josep M. Madorell, *El país d'en Fullaraca*, 1983]

➢ Rebregat: Què vol dir la censura? / Perot: Vol dir que, ziu!, boca tancada i a la teva feina, papallona. [Mercè Rodoreda, «Maniquí 1, maniquí 2», *El torrent de les flors*, 1993]

➢ [*Surten disparades tot de fletxes:*] Ziiiiiiiuuuuu... [Xavier Escura; Oriol Garcia; Francesc Riart, *Gorja mortal*, 1994]

zium *interj*

Onomat.: Zas.

ziu-zau *interj*

Onomat.: Zim-zam.

ziu-ziu *interj*

Onomat.: Zic-zic.

➢ [...] tan sols les seves calces de pana vella cigalejaven de tant en tant amb un *ziu-ziu* especial, que semblava remor de resos en boca esdentegada. [Víctor Català, «En Met de les Conques», *Drames Rurals*, 1902]

➢ El mosquit prou haguera volgut respondre, però de la séva boca sortia sols, crit de ràbia impotent i d'agudíssim dolor, un ziu-ziu-ziu inintel·ligible. [Esteve Caseponce, *Rondalles*, 1915]

zoom* *m*

Objectiu que permet de regular la distància focal, allunyant-se de l'objecte o apropant-s'hi.

De l'angl. *to zoom*, substantivat, íd., d'origen onomatopeic, d'un zumzeig de to greu, aplicat des del 1917 en aeronàutica als moviments de caiguda en picat i redreçament vertical dels avions metralladors.

zub-zub *interj*

Onomatopeia del soroll, en sentit figurat, que fa la sentida de les pulsacions en un teixit inflamat.

➢ —El dit em fa zub-zub —digué, després d'una pausa. [Pere Calders, *De teves a meves*, 1984]

zuc-zuc *interj*

Onomat.: Txaca-txaca.

➢ Fer zuc-zuc. [DES]

zuip *interj*

Onomat.: Zas (moure's).

zum *interj*

Onomat.: Brum (accelerar), zas (aparèixer, desaparèixer, moure's), zum-zum.

➢ I —zzzuuuummmm!— ja tenim la maça que fa un salt per l'aire i desapareix dins la panxa de l'animaló. [Joan Sales, *Rondalles gironines i valencianes*, 1951]

➢ Talment com si volés! Zum!... Zuumm!... fa el motor de l'avió. [Miquel Llor, *Tots els contes*, 1952]

➢ [*La bruixa apareix de sobte:*] ZUUUM! [Roser Capdevila; Mercè Company, *Les tres bessones i en Barbablava*, 1995]

zum-zum *interj* i *m*

Onomat.: Zim-zam, zub-zub. També onomatopeia d'un soroll sord i continuat, com el brunzit d'alguns insectes, la remor d'una multitud de persones, etc. // *m*. Bonior.

➢ [...] no pararen fins a l'escalinata de la torre, d'on s'escapava ja fort zum-zum de gent. [Narcís Oller, *La febre d'or*, 1890-1891]

➢ Saltes la tanca del verger, / ple del zum-zum de les abelles [...] [Josep Sebastià Pons, *El bon pedrís*, 1919]

➢ No existia més que la fosca rublerta per la zumzada de la dolor: —... zum, zum, zum...— Tota jo era dolor. [Joaquim Ruyra, «El rem de trenta-quatre», *Pinya de rosa*, 1920]

➢ *El réveillon dels fils del telèfon:* zum-zum i zum. [Francesc Trabal, «De cap a cap del carrer (Réveillon)...» (1927), *De cara a la paret*, 1984]

➢ Mosques i borinots! Zum-zum! Quina bonior! [Cèsar August Jordana, *El món de Joan Ferrer*, 1971]

➢ Zum-zum de balancí. [Jordi Sarsanedas, «En un ventall», *L'enlluernament, al cap del carrer*, 2001]

F. m.: zumzada, zumzeig, zumzejar.

zuuz *interj*

Onomat.: Zas (moure's).

➢ Peipoc.— [...] Ah!, i les muntanyes russes: urales! Saps? Zzzzzz! Zuuuuuuz! *(Imita les ondulacions de les muntanyes russes i de passada ho aprofita per mig abraçar la noia.)* No hi has pujat mai? [Joan Oliver, *El roig i el blau*, 1956]

zzz *interj*

Onomatopeia del soroll que es fa en dormir, i també del brunzit de les abelles, els mosquits, les mosques i altres insectes, i del que fan alguns aparells, com la batedora elèctrica, la màquina d'afaitar, una càmera, un projector de cinema, un trepant, o del que fan les hèlices i altres ginys que es mouen a molta velocitat.

➢ El cel dels somnis és sempre negre. Gairebé sempre. Un somni molt estrany: un somni normal, si sabessis, / Zzzzzzzzz, / Van trucar a la porta. Ho van fer durant una llarga estona, i l'Andreu s'aixecà, pensant que s'havia adormit. [Quim Monzó, *L'udol del griso al caire de les clavegueres*, 1976]

➢ Però aviat, ple de decepció, comprovaràs que el mosquit continua amb el seu persistent zumzeig. «Zzzzz», farà com si es burlàs. [Josep Piera, Joan M. Monjo, Ignasi Mora, «Sol i calor», *Les quatre estacions*, 1986]

ÍNDEX D'ONOMATOPEIES I ALTRES INTERJECCIONS

I. Camps temàtics

1. Sons humans

El cos:

	respirar, respondre, riure, roncar, rosegar, rot, rotar, rugir, sanglotar, satisfacció, silenci (demanar), singlotar, tossir, vacil·lar, vomitar, xarrupar, xerrar, xisclar, xiular, xiulet, xiuxiuejar, xuclar.
cor	*Veg.* bategar, pulsació.
cos	*Veg.* moure('s), nedar, plaer, pulsació, rapidesa, tremolar, velocitat.
dits	*Veg.* atenció (cridar l'), cosir, gratar, pitjar, prémer, rascar, tocar, ungla.
llavis	*Veg.* besar, bufar, inflar, petó, petonejar, xarrupar, xiular, xiulet, xuclar.
mans	*Veg.* agafar, alçar, aplaudir, arrencar, bufetada, colpejar, cop, cosir, dits, guerra (crit de), instrument musical, llançar, mà, pegar, picar, picar (de mans), puny (cop de), tocar, trucar, ungla.
nas	*Veg.* ensumar, flairar, mocar-se, olorar, pudor, repulsió, respirar.
peus	*Veg.* accelerar, ballar, bota, caminar, colpejar, cop, córrer, desfilar, esclops, pas, relliscar, sabates, taló, trepitjar, xutar.

L'activitat:

bèl·lica	*Veg.* arma, barallar-se, bufetada, bomba, clavar, colpejar, cop, desfilar, disparar, esclafar, explotar, grunyir, guerra, guerra (crit de), llançar, mà, mastegot, molestar, mossegar, moure('s), patacada, pegar, picar, puny (cop de), renyina, rugir, soldat, tallar, urpa.
comercial i laboral	*Veg.* caixa enregistradora, cobrar, cosir, dentista, dibuixar, diner, escriure, fàbrica, ferrer, guixar, màquina d'escriure, moneda, ordinador, pagar, teclejar, teler.
comunicativa	*Veg.* acció (incitar a l'), agradar, alçar, alertar, amenaçar, amor (fer l'), animar, ase (tocar l'), aplaudir, assentir, atenció (cridar l'), aturar, balbotejar, balbucejar, ballar, befa, besar, bonior, bullici, caminar (fer), cançó, cantar, comiat, conformitat, contrarietat, conversar, copular, cridar, decepció, desaprovar, desconfiar, desgrat, dificultat, discurs (iniciar), discutir-se, dits, dubtar, encoratjar, esbroncar, espantar, fàstic,

2. *Sons animals*

mamífers *Veg.* agafar, alenar, anyell, ase, badallar, bategar, be, beure, bordar, bou, bramar, cabra, cadell, camell, caminar (fer), caure, cavalcar, cavall, clapir, colpejar, cop, corder, córrer, cridar, dormir, elefant, ensumar, esbufegar, esternudar, estossegar, euga, flairar, galopar, garrí, gat, gemegar, geneta, girafa, gos, gratar, grinyol, grunyir, lladrar, lleó, llop, mamar, mastegar, menjar, mico, miolar, mossegar, moure('s), mula, nedar, olorar, orinar, ovella, pixar, porc, rata, ratapinyada, ratolí, refredar-se, relliscar, remugant, renillar, roncar, rosegar, rugir, saltar, sanglotar, simi, tigre, toro, trepitjar, trotar, udolar, urpa, vaca, vomitar, xacal, xai, xarrupar, xisclar, xuclar.

ocells *Veg.* agafar, ala, aletejar, ànec, bitxac, botxí (ocell), cantar, cigonya, colom, colpejar, cop, corb, cucut, gall, gall dindi, gallina, gamarús, garsa, gavina, gralla, gratar, guatlla, lloca, merla, moure('s), mussol, oca, ocell, òliba, oreneta, pardal, perdiu, pica-soques, picotejar, pigot, pinsà, piular, pollet, puput, saltar, tord, tórtora, volar, xisclar, xiular, xiulet, xot.

peixos *Veg.* agafar, aigua, colpejar, cop, cridar, gemegar, mar, moure('s), nedar, peix, pescar, relliscar, saltar, sardina.

rèptils *Veg.* agafar, arrossegar-se, badallar, colpejar, cop, mossegar, moure('s), serp.

3. Sons vegetals

Veg. arbre, branques, fulles (seques).

4. Sons de les coses

eines, mecanismes i màquines *Veg.* accelerar, aixeta, aspiradora, barrina, bastó, batedora elèctrica, botzina, broca, caixa enregistradora, càmera de cinema, carrau, cinturó de seguretat, contestador, corda (donar), corriola, cosir, cursor, despertador, destral, escombra, esmolar, espatllar-se, espetegar, esprai, esquilar, fallar, fe-

objectes

de metall — *Veg.* brindar, campana, campaneta, cascavell, clau (la), clavar, colpejar, cop, copa, corriola, destral, diner, enclusa, esmolar, esquella, esquelleta, ferradura, ferrer, forrellat, fregar, grinyolar (objectes), llauna, llimar, maça, mall, martell, metall, mola, moneda, motor, navalla, pany, retallar, tallar, timbal, tisores, trencar, xerricar.

de fusta — *Veg.* arrencar, balancí, bastó, boixet, cadira, carrau, castanyola, colpejar, cop, cruixir, esbotzar, esclops, esqueixar-se, faristol, finestra, grinyolar (objectes), llapis, maça, plegar, porta, tancar, trencar, xerricar.

de paper i de cartó — *Veg.* arrencar, cel·lofana, escriure, estripar-se, guixar, llibre, paper, rebregar, retallar, tallar.

tèxtils — *Veg.* bandera, corda, cortina, cosir, cremallera, enagos, estripar-se, moure('s), onejar, retallar, roba, seda, setí, tallar.

de vidre — *Veg.* ampolla, brindar, buidar, cava, colpejar, cop, copa, cristall, destapar, tallar, tap, trencar, trincar, vidre, xampany.

domèstics — *Veg.* batedora elèctrica, bombona, bullir, copa, cuinar, destapar, electrodomèstic, esbotzar, escombrar, espelma, fregir, ganivet, got, llit, llumí, misto, olla, raspall, sedàs, tap, tisores, vas.

esportius — *Veg.* arc, arpó, botar, colpejar, cop, desinflar-se, pilota, raqueta, rebotre, xiular, xiulet, xutar.

gasosos — *Veg.* alenar, desinflar-se, esprai, gas, vapor.

sonors — *Veg.* botzina, campana, campaneta, cascavell, contestador, corn, despertador, matraques, picarol, pitjar, prémer, rellotge, ressonar, sirena, sonall, telèfon, timbre, trucar, xiular, xiulet.

fenòmens atmosfèrics i físics — *Veg.* apagar(-se), brumir, brunzir, bufar, curt circuit, electricitat, encendre('s), ensorrar-se, espetegar, foc, fred, incendi, llamp, neu, ploure, ressonar, sorra, terrabastall, tro, tronar, vent.

5. *Sons fantàstics*

Veg. aparèixer, desaparèixer, espantar, fantasma, sorprendre('s), transformar-se.

II. Llista de correspondències

abella	mmm/ nnn/ nyee/ zum-zum/ zzz.
accelerar	barrum/ barrum-barrum/ borrom/ brm/ brom/ brrr/ brum/ burrum/ rom/ rum/ zum.
acció (incitar a l')	apa/ àpala/ àpali/ au/ eia/ hala/ hop/ oix/ ua/ uix/ up/ upa/ úpala.
admirar	aaah/ ah/ ai/ apa/ àpala/ àpali/ eu/ heu/ o/ oh/ ou/ pfuit-pfuiu/ uh/ ui/ xe.
afaitar	nnn/ rec/ rzrz/ zzz.
agafar	nyac/ nyaf/ nyap.
agradar	aaa/ mmm.
aigua	*Veg. apagar(-se), ampolla, barqueta, bassal, beure, borbollejar, bullir, cascada, caure, degotar, destapar, dutxa, gargaritzar, líquid, mar, nedar, ofegar-se, onada, ploure, rajar, ruixar, vaixell, vessar-se, xarrupar, xipollejar.*
aixeta	*Veg. degotar, rajar.*
ala	*Veg. aletejar.*
alarma	*Veg. alertar, botzina, despertador, sirena, timbre.*
alçar	up/ upa/ úpala.
alegria	aaah/ ah/ o/ oh/ ou/ ui/ xe. *Veg. riure.*
alenar	aaah.
alertar	eh/ ei/ ep.
aletejar	flap-flap/ flop-flop/ prr.
alleujament	bff/ buf/ fff/ fuu/ pf/ pfu/ puf[1]/ uf.
ambulància	*Veg. accelerar, avariar-se, botzina, frenar, motor, moure('s), roda, sirena.*
amenaçar	ai/ ui.
amor (fer l')	*Veg. copular.*
ampolla	blop/ blub-blub/ blup/ glec-glec/ glo-glo/ gloc-gloc/ glop-glop/ gluc-gluc/ glu-glu/ glup. *Veg. cava, destapar, trencar, vidre, xampany.*
ànec	coac-coac/ guac/ guac-guac/ nyec/ quac/ quac-quac/ qüec/ qüec-qüec. *Veg. xipollejar.*
angúnia	buf/ uf.
animal	*Veg. abella, ànec, ase, borinot, bitxac, botxí (ocell), bou, cabra, cadell, camell, cavall, cigala, cigonya, colom, corb, corc, cucut, elefant, euga, gall, gall dindi, gallina, gamarús, garsa, gat, gavina, geneta, girafa, gos, gralla, granota, grill, guatlla, lleó, llop, merla, mico, mosca, mosquit, mula, mussol; oca, òliba, oreneta, ovella, pardal, peix, perdiu, pica-soques, pigot,*

pinsà, pollet, porc, puput, rata, ratapinyada, ratolí, remugant, sardina, serp, simi, tigre, tord, toro, tórtora, vaca, xacal, xai, xot.

animar *Veg. encoratjar.*

anyell *Veg. ovella.*

apagar(-se) txuf/ xuf.

aparèixer bam/ barrabam/ barrabom/ barrabum/ barrum/ blam/ bom/ borrobom/ bum/ catacrac/ catacruc/ clic/ clinc/ flop/ nyac/ nyec/ paf/ pam/ papam/ paplaf/ paplam/ pataf/ patam/ patapaf/ patapim/ pataplaf/ pataplam/ pataplim/ pataplof/ patapluf/ pataplum/ patapuf/ patatam/ patatxap/ patatxop/ patatxup/ patxap/ pim/ plaf/ plam/ plas/ plim/ plof/ plop/ pom/ pluf/ plum/ pof/ pop/ puf[1]/ pum/ pup/ tac[1]/ tat/ txam/ txap/ txup/ xac/ xap/ xip/ xop/ xup/ zap/ zas/ zast/ zip/ zum.

aplaudir clac/ clap[1]/ pam/ plaf/ plas-plas.

àrbitre pi/ piip.

arbre *Veg. arrencar, colpejar, esbotzar, moure('s), pica-soques, pigot, serrar, tallar.*

arc tong. *Veg. clavar, moure('s).*

arma *Veg. arc, arpó, bala, bastó, bomba, canó, escopeta, espasa, fletxa, fusell, ganivet, metralladora, moure('s), pistola.*

arpó *Veg. clavar, moure('s).*

arrencar crac/ crc/ zac/ zas.

arrossegar-se rec-rec.

ase haaic/ ihà. *Veg. aturar, caminar (fer), córrer.*

ase (tocar l') nxt/ tse.

aspiradora fuu/ nnn/ zzz.

aspirar esnif/ hum/ sniff*. *Veg. aspiradora, inspirar.*

assentir mmm/ oi. *Veg. conformitat.*

atenció (cridar l') clap[1]/ eh/ ei/ ep/ eu/ güei/ heu/ ps/ psit/ pst/ psxt/ pxst/ pxt/ sit[1]/ ssist/ sss/ sst/ ts/ tsist/ tst/ txit/ txsit/ txst/ uei/ uep/ xe/ xist/ xit/ xsit/ xss/ xst/ xxt.

aturar bo/ ei/ eis/ ep/ ou/ xo.

automòbil *Veg. accelerar, avariar-se, botzina, cinturó de seguretat, desinflar-se, espatllar-se, frenar, motor, moure('s), roda, sirena, xocar.*

avariar-se bff/ pf/ pof/ puf[1]/ tuf.

avió mmm/ nnn/ zum. *Veg. accelerar, avariar-se, cin-*

	turó de seguretat, fallar, frenar, hèlice, motor, moure('s), roda, xocar.
avioneta	*Veg. avió.*
badallar	aaa/ aaah/ uà/ uaah.
bala	fiu/ pst/ xiu/ zim/ zis/ ziu/ zuip/ zuuz. *Veg. disparar.*
balancí	zam-zam/ zim-zam/ ziu-zau/ zum-zum.
balbotejar	brrr/ enguè/ güè/ gue, gue/ gu-gu.
balbucejar	mu.
baldufa	rum.
ballar	catacloc/ catacric-catacrac/ catacric-catacrec/ catacric-catacroc/ catacric-catacruc/ catacritx-catacrotx/ catric-catrac/ catric-catrec/ catric-catroc/ catric-catruc/ cloc/ tacatac/ toc[1].
banda municipal	tatxim. *Veg. música.*
bandera	flap-flap/ flop-flop. *Veg. roba.*
barallar-se	nyec-nyec/ nyic-i-nyac/ nyic-i-nyec/ nyic-nyac/ nyic-nyec/ nyic-nyic/ patim-patum. *Veg. colpejar.*
barqueta	pap-pap/ tup-tup/ xup-xup. *Veg. motor.*
barrina	cluc. *Veg. trepant.*
bassal	paplaf/ pataplaf/ pataplof/ patapluf/ patatxaf/ patatxap/ patatxip-patatxap/ patatxof/ patatxop/ patatxuf/ patatxup/ patxap/ patxif-patxaf/ patxip-patxap/ plaf/ plof/ plop/ pluf/ txaf/ txap/ txup/ xaf/ xap/ xip/ xipixap/ xip-xap/ xoc-xoc/ xip-xop/ xof/ xop/ xuf/ xup.
bastó	cataclac/ cataclec/ clac/ clap[1]/ clec/ tac[1]. *Veg. colpejar, moure('s).*
batedora elèctrica	mmm/ nnn/ zzz.
bategar	bum-bum/ catric-catrac/ catric-catroc/ catric-catruc/ clap-clap/ clop-clop/ cruc-cruc/ patatrap/ patatrip-patatrap/ patatrop/ patrap/ patrap-patrap/ patric-patroc/ patrip-patrap/ patrip-patrop/ patrop/ ram-ram/ tap-tap/ tas-tas/ tec-tec/ tic-tac/ tip-tap/ toc-toc/ trap-trap/ tric-trac/ tripitrap/ trip-trap/ trop-trop/ trum-trum/ trup-trup/ tum-tum.
be	*Veg. ovella.*
befa	ela/ elis.
besar	*Veg. petonejar.*
beure	blub-blub/ blup/ glac-glac/ glec-glec/ gluc-gluc/ glu-glu/ glub/ glubs/ glup/ glups/ lap-lap. *Veg. borratxo, xarrupar.*

bitxac ptuït/ tuït/ txac-txac.
boixet xec.
bomba *Veg. explotar.*
bombolla *Veg. borbollejar.*
bombona *Veg. explotar, gas.*
bonior bum-bum/ mmm/ zum-zum/ zum. *Veg. brunzir, bullici.*
borbollejar blop/ blub-blub/ blup/ gloc-gloc/ glop-glop/ gluc-gluc.
bordar bub/ bub-bub. *Veg. gos.*
borinot mmm/ nnn/ nyee/ zum/ zum-zum/ zzz.
borratxo hic/ hip.
bota *Veg. caminar.*
botar bam/ bang/ boing/ clap[1]/ doing/ paplam/ plam/ plum/ poing/ tac[1]/ tas-tas/ toc[1]/ toc-toc/ tum/ tutum.
botxí (ocell) tuït.
botzina mec-mec/ moc-moc/ mooc/ pi/ piip/ pip-pip/ tut/ tutut.
bou brf/ bruf/ buu/ mmm/ muu. *Veg. córrer.*
bramar haaic/ ihà.
branques *Veg. arrencar, ruixir, trencar.*
brindar clinc/ cling/ ding/ dring/ tinc/ trinc.
broca *Veg. motor, perforadora, trepant.*
brumir barrum/ borrom/ brm/ brom/ brum/ burrum/ rom/ zum/ zum-zum.
brunzir nnn/ nyee/ ziu-ziu/ zzz.
bufar bff/ buf/ fff/ fft/ flop/ flup/ fuu/ pf/ pfu. *Veg. vent.*
bufetada bim-bam/ clic-clac/ clic-clec/ flas/ flast/ flic-flac/ flis-flas/ flist-flast/ paf/ paplaf/ pataf/ pata-paf/ pataplaf/ pif-paf/ pif-pof/ plaf/ plas/ plas-plas/ plif-plaf/ pof. *Veg. colpejar.*
buidar blop/ blub-blub/ blup/ glo-glo/ gloc-gloc/ glop-glop/ gluc-gluc.
bullici xup-xup/ zum-zum/ zum.
bullir glu-glu/ xup-xup.
cabra be/ bee/ mè.
caçar *Veg. disparar, escopeta.*
cadell mem-mem.
cadira *Veg. cruixir, esbotzar, grinyolar (objectes), serrar.*
caixa enregistradora crac-crac/ crec-crec/ ric-i-rac/ ric-rac/ ric-rec/ rigo-rago/ rim-ram/ ring-rang.

camell	m, m, m. *Veg. córrer.*
càmera de cinema	nnn/ zzz. *Veg. motor.*
caminar	catacloc/ catacric-catacrac/ catacric-catacrec/ catacric-catacroc/ catacric-catacruc/ catacritx-catacrotx/ catric-catrac/ catric-catrec/ catric-catroc/ catric-catruc/ clap-clap/ cloc/ clop-clop/ cric-cric/ cri-cric/ patim-patam/ plam/ tas-tas/ tic-tac/ tipitap/ tipitip/ tip-tap/ toc[1]/ trap-trap/ tras-tras/ trico-traco/ trico-trico/ tric-trac/ tripitrap/ trip-trap/ tris-tras. *Veg. cavalcar, esclops, fang.*
caminar (fer)	arri/ oisque/ oixque/ ollaó/ osque.
campana	bim-bam/ bim-bom/ clong-clong/ cling-clong/ clong/ dalang/ daling-dalang/ dang/ dang-dang/ dingaladang/ ding-dang/ ding-dong/ dingo-dango/ dong/ drang/ gananing-gananang/ ganing-ganang/ glang-glang/ nang/ nang-nang/ neng/ neng-neng/ ning-nang/ ning-nong/ nong/ xenc/ zam-zam/ zim-zam/ ziu-zau/ zum-zum.
campaneta	clinc/ cling/ daling/ ding/ ding-ding/ diriding/ dring/ dring-dring/ gananing/ ganing/ ganing-ganing/ garraning/ glin/ neng/ neng-neng/ ning/ ning-ning/ nirining/ tinc/ tinc-tinc/ trinc-trinc/ xenc.
cançó	*Veg. cantar, música, xiular.*
canó	bom/ bum.
cansar-se	arf/ bff/ buf/ fff/ fuu/ pf/ pfu/ puf[1]/ uf.
cantar	taral·larà/ tral·lalà/ tral·larà/ tral·laral·là.
canya	*Veg. beure, xarrupar.*
carrau	garric-garrac/ garric-garroc/ trac.
carro	ric-i-rac/ ric-rac/ ric-rec/ rigo-rago.
cascada	pxii/ pxx/ xii/ xisz/ xxx.
cascavell	ding/ ding-ding/ diriding/ dring/ dring-dring/ gananing/ garraning/ ning/ ning-ning/ tinc/ tinc-tinc/ trinc/ trinc-trinc.
castanyola	catacloc/ clac/ clap[1]/ cloc/ txac.
caure	bam/ barrabam/ barrabom/ barrabum/ barrum/ blom/ bom/ borrobom/ bum/ cataclac/ cataclec/ cataclic/ cataclinc/ catacluc/ catacrinc/ clac/ clec/ clic/ clif/ clinc/ cluc/ croc/ glinc/ paf/ pam/ papam/ paplaf/ paplam/ pataf/ patam/ patapam/ patapim/ pataplaf/ pataplam/ pataplim/ pataplof/ patapluf/ pataplum/ patapuf/ patapum/ pa-

tatam/ patatim/ patatim-patatum/ patatuf/ patatum/ patatxaf/ patatxap/ patatxaf/ patatxof/ patatxuf/ patatxup/ patim-patam/ patum/ patxap/ ping/ plaf/ plam/ plas/ plof/ plop/ pluf/ plum/ pof/ pom/ puf[1]/ pum/ pupuf/ pupum/ tinc/ tupatap/ tupatup/ tup-tup/ tutup/ txac/ txaf/ txap/ txof/ txuf/ txup/ xaf/ xap/ xip/ xof/ xop/ xuf/ xup.

cava blop/ blub-blub/ blup/ gic/ pam/ pang/ pom/ pum/ tup/ xxt. *Veg. ampolla, cascada.*

cavalcar patatrap/ patatrip-patatrap/ patatrop/ patim-patam/ patrap/ patrap-patrap/ patric-patroc/ patrip-patrap/ patrip-patrop/ patrop/ trap-trap/ tripitrap/ trip-trap/ trop/ trop-trop/ trumtrum/ trup-trup.

cavall brf/ bruf/ hii/ iii. *Veg. aturar, caminar (fer), cavalcar, córrer, galopar.*

cel·lofana fru-fru/ scratx*.

cigala xic-xic/ zic-zic/ ziu-ziu.

cigonya clac. *Veg. aletejar, ocell.*

cinturó de seguretat clic.

clapir hii/ iii.

clarí tararí/ taratarí.

clau (la) clec/ clic-clac/ clic-clec/ clinc/ cling/ crec/ cric[1]/ cric-crac/ cric-crec/ cric-cric/ cri-cric/ cri-cric/ crr/ ding/ dring/ ric-i-rac/ ric-rac/ ricrec/ rigo-rago.

clavar tac/ txac/ xac/ xas.

cobrar *Veg. caixa enregistradora, diner.*

coet sss. *Veg. moure('s).*

colom parrup/ ruuc.

colpejar bim-bam/ blam/ bloing/ blom/ boing/ bom/ bong/ bum/ cataclac/ cataclec/ cataclic/ cataclinc/ catacloc/ catacluc/ catacrac/ catacrec/ catacric/ catacric-catacrac/ catacric-catacrec/ catacric-catacroc/ catacric-catacruc/ catacrinc/ catacritx-catacrotx/ catacroc/ catacruc/ catriccatrac/ catric-catrec/ catric-catroc/ catric-catruc/ clac/ claix/ clanc/ clang/ clap[1]/ clec/ clic/ clic-clac/ clic-clec/ clif/ clinc/ cling/ cloc/ clonc/ clong/ cluc/ crec/ croc/ cruc-cruc/ ding/ doing/ dong/ dring/ flac/ flas/ flast/ flic-flac/ flis-flas/ flist-flast/ gong/ paf/ pam/ pang/ papam/ paplaf/ paplam/ pataf/ patam/ patapaf/ patapam/ patapim/ pataplaf/ pataplam/ pataplim/ pataplof/ patapluf/ pataplum/ patapuf/ patapum/ patatrac/ patatum/ patim-patam/ patim-patum/ patum/ pic[1]/ pif/ pif-paf/ pif-pof/ pim/ pim-pam/ pim-plam/ ping/ plaf/ plam/ plas/ plas-plas/ plic/ plif-plaf/ plim/ plim-plam/ ploc/ plof/ plop/ pluf/ plum/ poc/ pof/ poing/ pom/ puf[1]/ pum/ pupum/ tac[1]/ tap-tap/ tas-tas/ tec-tec/ tic-tic/ tinc/ toc[1]/ toc-toc/ tong/ trap-trap/ trinc/ trinc-tranc/ trum/ tum/ tum-tum/ tutum/ txac/ txaf/ txap/ txop/ txuf/ xac/ xas/ xec.

comiat apa/ àpala/ àpali/ au.

conformitat eh/ ahà/ ahahà/ oi.

contestador pi/ piip/ tii.

contrabaix bling-blong/ bloing/ dum-dum/ pluc-pluc.

contrarietat aaah/ ah/ bff/ güei/ nxt/ pf/ pfu/ puf[1]/ tse/ uei/ xe.

conversar rum-rum/ patatam/ patatim/ patatim-patatum/ patim-patam/ xiu-xiu.

cop *Veg. colpejar.*

copa *Veg. brindar, vidre.*

copular nyaca-nyaca/ nyic-nyic/ txaca-txaca/ xac/ xico-xico/ xipixap/ xip-xap/ xip-xop/ xiqui-xiqui/ xoc-xoc/ zing-zing/ zuc-zuc.

cor *Veg. bategar.*

corb crac/ crac-crac/ griac/ oc/ oc-oc/ op/ op-op/ roc-roc.

corc crac-crac/ crec-crec/ rec-rec.

corcó *Veg. corc.*

corda *Veg. corriola.*

corda (donar) rac/ rec.

corder *Veg. ovella.*

corn tut/ tuu.

corneta tararí.

córrer trap-trap/ trop/ trop-trop/ trum-trum/ trup-trup/ tupatap/ tupatup/ tup-tup/ tutup. *Veg. cavalcar, galopar.*

corriola nyic/ nyic-nyic/ nyiec/ rrit/ ruuu.

cortina rrit.

cosir zim.

cotxe *Veg. accelerar, avariar-se, botzina, cinturó de seguretat, espatllar-se, frenar, motor, moure('s), roda, sirena, xocar.*

cremallera rec/ zip/ ziu/ zuip.

cridar ah/ ai/ au/ aug/ auu/ ei/ ep/ huuu/ ue/ uei/ uep/ uh/ ui/ uuh/ uuu. *Veg. ànec, ase, atenció (cridar l'), bitxac, botxí (ocell) bou, cabra, camell, cavall, colom, corb, cucut, elefant, esbroncar, euga, gall, gall dindi, gallina, gamarús, garsa, gat, gavina, girafa, gos, gralla, granota, guatlla, lleó, llop, merla, mico, mussol, oca, òliba, oreneta, ovella, pardal, perdiu, pinsà, plorar, pollet, porc, puput, rata, ratapinyada, ratolí, simi, tigre, toro, tórtora, vaca, xacal, xisclar, xot.*

cristall *Veg. vidre.*

cruixir catacrac/ catacrec/ catacric/ catacroc/ catacruc/ crac/ crc/ crec/ cric[1]/ cric-crec/ crr/ cruc/ fru-fru. *Veg. grinyolar (objectes).*

cucut cuc-cuc/ cu-cut/ giu-giu/ piu-piu/ txoc/ xiu-xiu.

cuinar brf/ bruf/ glu-glu/ xuf/ xup-xup.

cursor bip/ bip-bip/ pip/ pip-pip/ tit.

curt circuit *Veg. electricitat, espetegar.*

decepció bff/ nxt/ pf/ pfu/ puf[1]/ tse.

degotar clic/ clif/ clinc/ cloc/ glinc/ pic[1]/ tac[1]/ tinc/ toc[1]/ xec.

dentista *Veg. mola.*

dents clec/ ttt. *Veg. mola.*

desaparèixer *Veg. aparèixer, sorprendre's.*

desaprovar nxt/ o/ oh/ ou/ tse/ uuh/ uuu.

desconfiar ehem/ hem/ hmm/ hum/ mm/ mmm.

desfilar clap-clap/ clop-clop.

desgrat ah/ ai/ oh/ uh/ ui/ uuh/ uuu.

desinflar-se ps/ fss/ sss.

despertador bip/ bip-bip/ pip/ pip-pip/ ring/ tii/ tit. *Veg. corda (donar), rellotge.*

destapar blop/ blub-blub/ blup/ gic/ pang/ pum/ tup/ xxt.

destral *Veg. clavar, colpejar, moure('s).*

dibuixar rac/ zac/ zas.

dificultat bff/ buf/ nxt/ pf/ pfu/ puf[1]/ tse/ uf.

diner clinc/ cling/ cric-cric/ cri-cric/ ding/ dring/ tinc.

discurs (iniciar) aaa/ hmm/ hum/ mm/ mmm.

discutir-se nyec-nyec/ nyic-i-nyac/ nyic-i-nyec/ nyic-nyec/ nyic-nyic/ tiquitic.

disparar bam/ bang/ clic/ crac/ flop/ flup/ pac-pac-pac/ pam/ pang/ pànyeu/ patam/ patapum/ piaong/ pim/ pim-pam/ pim-pam-pum/ pínyau/ plim-plam/ pum/ ratatatà/ tacatac/ tac-tac-tac/ ta-ta-ta/ ttt.

dits clac/ clap[1]/ rec-rec.

dolçaina tit.

dolor aaah/ ah/ ai/ au/ aug/ oh/ oi/ ou/ uh/ ui/ uuh/ uuu/ zub-zub/ zum / zum-zum.

dormir ggg/ zzz. *Veg. roncar.*

dubtar aaa/ aaah/ ah/ bah/ bff/ hmm/ hum/ mm/ mmm/ pf/ pfu/ ps/ puf[1].

dutxa *Veg. rajar.*

electricitat catacrac/ clic/ txec. *Veg. espetegar, interruptor.*

electrodomèstic *Veg. aspiradora, batedora, motor.*

elefant hii/ iii. *Veg. córrer.*

emborratxar-se hic/ hip.

empassar-se blub-blub/ blup/ glub/ glubs/ glup/ glups. *Veg. beure.*

enagos fru-fru.

encendre('s) fss. *Veg. llumí.*

enclusa clinc/ tinc.

encoratjar apa/ àpala/ àpali/ au/ eia/ hala/ hop/ oix/ ua/ uix/ up/ upa/ úpala.

enrabiar-se brrr/ grr/ trr. *Veg. indignació.*

ensorrar-se barrabam/ barrabom/ barrabum/ barrum/ bom/ borrobom/ bum.

ensumar esnif/ hum/ sniff*.

entusiasme xe.

equivocar-se glub/ glubs/ glup/ glups.

eructar burp*.

esbotzar catacrac/ catacrec/ catacric/ catacroc/ catacruc/ crac/ crc/ crec/ crr/ cruc/ patatrac/ ta-trac/ trac.

esbroncar uuh/ uuu.

esbufegar bff/ brf/ bruf/ buf/ fff/ fuu/ pf/ pfu/ puf[1]/ uf.

esclafar paplaf/ paplam/ pataplaf/ pataplam/ pataplim/ pataplof/ patapluf/ pataplum/ patatxaf/ patatxof/ patatxuf/ plaf/ plam/ plas/ plof/ plop/ pluf/ plum/ txaf/ txof/ txuf/ xaf/ xof/ xuf.

esclatar *Veg. explotar.*

esclops catacloc/ catacric-catacrac/ catacric-catacrec/ catacric-catacroc/ catacric-catacruc/ catacritx-catacrotx/ catric-catrac/ catric-catrec/ catric-catroc/ catric-catruc/ clap-clap/ cloc/ clop-clop/ patatrap/ patatrip-patatrap/ patatrop/ patrap/ patric-patroc/ patrip-patrap/ patrip-patrop/ pa-

	trop/ tip-tap/ toc[1]/ trop/ trop-trop/ tripitrap/ trip-trap/ trup-trup.
escombrar	ras.
escopeta	bam/ bang/ clic/ pam/ pang/ patam/ piaong/ pim/ pim-pam/ pim-pam-pum/ pínyau/ pum/ txic. *Veg. disparar.*
escopir	bff/ fff/ fft/ fuu/ pf/ pfu/ puf[1].
escriure	rac/ zac/ zas. *Veg. màquina d'escriure.*
esforç (fer un)	aaa/ buf/ mmm/ uf/ ugg/ up/ upa/ úpala. *Veg. esbufegar.*
esmolar	rau-rau/ rrr/ xist.
espantar	buu/ uh/ uuh/ uuu.
espanta-sogres	*Veg. bufar.*
espasa	bloing/ cataclinc/ catacrinc/ clanc/ clang/ clinc/ clonc/ clong/ dong/ fft/ fiu/ fss/ pst/ tinc/ tras/ txac/ xac/ xas/ xiu/ zap/ zas/ zast/ zes/ zim/ zing/ zip/ zis/ ziu/ zium/ zuip/ zum/ zuuz. *Veg. colpejar.*
espatllar-se	pf/ pof/ puf[1]/ tuf.
espelma	*Veg. bufar.*
espetegar	catacrac/ catacrec/ crac/ crec/ crc/ cruc/ prrop/ prrt/ prrut/ txec. *Veg. explotar.*
espifiar-la	glub/ glubs/ glup/ glups.
esprai	fss/ ps/ tuf/ xum/ xum-xum.
esqueixar-se	rac/ rec/ zac.
esquella	clanc/ clang/ clonc/ clong/ dong.
esquelleta	ding/ diriding/ dring/ gananing/ garraning/ ning/ nirining/ tinc.
esquilar	rec-rec.
esternudar	atxem/ atxif/ atxim/ atxuf/ atxum/ etxem/ txum.
estossegar	ehem/ hem/ tsut.
estripar-se	rac/ rec/ zac.
euga	*Veg. cavall.*
expirar	fff/ fuu/ pf.
explotar	bam/ bang/ barrabam/ barrabom/ barrabum/ barrum/ bff/ bom/ borrobom/ bum/ paf/ pam/ pang/ papam/ paplaf/ paplam/ pataf/ patam/ patapaf/ patapam/ patapim/ pataplaf/ pataplum/ patapuf/ patapum/ patum/ pf/ plaf/ plam/ plas/ plum/ pof/ pom/ puf[1]/ pum/ pupum/ txec.
fàbrica	tut/ tuu/ uuu.
fallar	pf/ pof/ puf[1]/ tuf/ zip.
fang	paplaf/ pataplaf/ pataplof/ patapluf/ patatxaf/ patatxap/ patatxip-patatxap/ patatxof/ patatxop/

patatxuf/ patatxup/ patxif-patxaf/ patxap/ patxif-patxaf/ patxip-patxap/ plaf/ plof/ plop/ pluf/ txaf/ txap/ txof/ txup/ xaf/ xap/ xip/ xipixap/ xipxap/ xip-xop/ xof/ xop/ xuf/ xup.

fantasma buu/ huuu/ uh/ uuh/ uuu.

faristol tac[1]/ tas-tas/ toc-toc.

fàstic ecs/ oix/ pu/ puà/ puah/ puh/ uix.

ferradura *Veg. cavalcar, colpejar.*

ferrer *Veg. colpejar.*

filaberquí frrt.

finestra bam/ bang/ blam/ blom/ pam/ paplam/ patam/ plam/ plum/ pom. *Veg. colpejar, esbotzar, grinyolar (objectes).*

flabiol li-li/ tirurit/ titirití/ titirurí/ titutí.

flairar esnif/ hmm/ hum/ sniff*.

flaix flaix/ flash*.

flauta li-li/ tirurit/ titirurí/ titutí/ tut/ tutut.

fletxa *Veg. clavar, moure('s).*

foc *Veg. apagar(-se), cruixir, encendre('s), fregir, llumí.*

fona *Veg. moure('s).*

foradar frrt/ nnn/ ta-ta-ta/ zzz. *Veg. motor.*

força (fer) aaa/ mmm/ ugg/ up/ upa/ úpala.

forrellat garranyac/ garranyec/ garranyic/ garranyoc/ rac/ rec.

fotografiar clic/ flaix/ flash*.

fred brrr/ trr/ ttt.

fregar fru-fru/ garranyac/ garranyec/ garranyic/ garranyoc/ rau-rau/ rec-rec/ ric-i-rac/ ric-rac/ ric-rec/ rigo-rago/ rim-ram/ rrit/ zic-zac/ zig/ zig-zag[1].

fregir pxii/ pxx/ xii/ xisz/ xiu/ xiu-xiu/ xxx.

frenar hii/ iii/ nyec/ nyi/ nyic.

fuetejar clac/ claix/ clap[1]/ clec/ clic-clac/ clic-clec/ crec/ fft/ fiu/ flac/ flas/ flast/ flic-flac/ flis-flas/ flist-flast/ fss/ tras/ xec/ xiu/ zap/ zas/ zast/ zes/ zim/ zip/ zis/ ziu/ zium/ zuip/ zum/ zuuz.

fulles (seques) *Veg. cruixir.*

fusell *Veg. escopeta.*

futbol *Veg. àrbitre, botar, pilota, xutar.*

galàpet *Veg. granota.*

gall cocorococ/ quecquerequec/ quequerequec/ quicaraquic/ quicquiriquic/ quiquerequic/ quiquiriquí/ quiquiriquic.

gall dindi glo-glo-gloc/ glu-glu/ glu, glu, glu/ gu-gu-glu.
gallina ca-ca-ca/ cloc-cloc/ cloc, cloc, cloc/ coc-coc/ quec[1].
galopar clap[1]/ patatrap/ patatrip-patatrap/ patatrop/ patim-patam/ patrap/ patric-patroc/ patrip-patrap/ patrip-patrop/ patrop.
gamarús huuu/ uuh/ uuu.
ganivet *Veg. clavar, esmolar, moure('s), tallar.*
gargaritzar glac-glac.
gargot *Veg. guixar.*
garrí *Veg. porc.*
garsa txac-txac.
gas fss/ ps.
gat fff/ fuu/ garrameu/ garramiu/ garranyau/ garranyeu/ garranyiu/ lap-lap/ mamau/ mameu/ marramau/ marrameu/ marramiu/ marranyau/ marranyeu/ marranyiu/ mau/ memeu/ mèu/ miau/ miu/ nyau/ nyeu/ rrr/ rum-rum/ uè.
gavina hii/ iii.
gemegar ah/ ai/ au/ frii/ garranyeu/ nyau-nyau/ nyec/ nyeu-nyeu/ nyic/ nyiec/ nyiu-nyiu/ oi/ uh/ ui. *Veg. plorar.*
geneta fff/ fuu.
gent *Veg. bullici.*
girafa m, m, m. *Veg. córrer.*
gong gong.
gos ahú/ auu/ bub/ bub-bub/ esnif/ grr/ güec/ guu/ hii/ huuu/ iii/ lap-lap/ nyau/ nyec/ nyep-nyep/ nyic/ nyic-i-nyac/ nyic-i-nyec/ nyic-nyac/ nyic-nyec/ nyip-nyap/ nyip-nyep/ nyip-nyop/ rrr/ sniff*/ uuh/ uuu.
got *Veg. brindar, trencar, vidre.*
gota (d'aigua) *Veg. degotar.*
gotejar *Veg. degotar.*
gotera *Veg. degotar.*
gralla txac-txac.
granota crac/ croc/ rac/ rac-rac/ rau/ rauc[1]/ ric-i-rac/ roac.
gratar rac/ rec-rec/ ric-i-rac/ ric-rac/ ric-rec/ rigo-rago.
grill cri-cri/ cric-cric/ cri-cric/ gri-gri/ gri-gric/ ric/ ric-ric.
grinyol *Veg. gat, gos, grinyolar (objectes), porc.*

grinyolar (objectes) nyec/ nyeu/ nyic/ nyic-nyic/ nyic-nyigo/ nyiec/ nyigo-nyic/ nyigo-nyago/ nyigo-nyigo.

gripau *Veg. granota.*

gronxador zam-zam/ zim-zam/ ziu-zau/ zum-zum.

grunyir brrr/ grr.

guatlla glop-glop/ tit/ titit/ tut/ tutut/ txec-txec/ txoc-txoc/ xau-xau.

guerra *Veg. barallar-se, bomba, colpejar, cridar, desfilar, disparar, guerra (crit de), tret.*

guerra (crit de) auu.

guitarra blum/ clang/ rang-catarrang/ rum-rum.

guitarró rong-catarrong.

guixar rac/ zac/ zas.

gust aaa/ mmm.

hèlice flap-flap/ flop-flop/ frrt/ ttt.

helicòpter flap-flap/ flop-flop/ ttt. *Veg. accelerar, avariar-se, fallar, motor, moure('s).*

hipocresia garranyeu/ nyau-nyau/ nyeu-nyeu/ nyiu-nyiu.

histeritzar-se crii/ hi, hi, hi/ hii/ iii.

incendi *Veg. apagar(-se), cruixir, encendre('s), llumí.*

incredulitat apa/ àpala/ àpali/ bah/ ha/ he.

indiferència bff/ pf/ pfu/ ps/ pse/ puf[1]/ pxe.

indignació aaah/ ah/ güei/ uei/ xe. *Veg. enrabiar-se.*

infant *Veg. balbotejar, mamar, plorar.*

inflar fff/ fuu. *Veg. manxar.*

insecte *Veg. abella, bonior, borinot, brunzir, cigala, corc, grill, mosca, mosquit.*

inspirar hmm. *Veg. aspirar.*

instrument musical *Veg. campana, campaneta, cascavell, castanyola, clarí, contrabaix, corn, corneta, dolçaina, flabiol, flauta, gong, guitarra, guitarró, música, piano, platerets, timbal, trompeta, violí, violoncel.*

interpel·lar eh/ ei/ ep/ eu/ güei/ heu/ uei/ uep/ xe. *Veg. atenció (cridar l').*

interrogar aaa/ eh/ mmm.

interruptor clec/ clic/ crec/ cric[1]/ cric-crac/ cric-crec. *Veg. electricitat, espetegar.*

ironia he, he, he.

líquid blop/ blub-blub/ blup/ clic/ clif/ clinc/ glac-glac/ glec-glec/ glinc/ glo-glo/ gloc-gloc/ glop-glop/ glub/ gluc-gluc/ glu-glu/ glub/ glubs/ glup/ glups/ paplaf/ pataplaf/ pataplof/ pataplufl/ patatxaf/ patatxap/ patatxip-patatxap/ pa-

	tatxof/ patatxop/ patatxuf/ patatxup/ patxap/ patxif-patxaf/ patxip-patxap/ pif/ plaf/ plas/ plof/ plop/ pluf/ pxii/ pxx/ tinc/ txaf/ txap/ txof/ txuf/ txup/ xaf/ xap/ xas/ xec/ xip/ xipixap/ xip-xap/ xip-xop/ xof/ xop/ xrrup/ xuf/ xup/ xup-xup/ xxx. *Veg. cascada, mar, ofegar-se, onada, rajar.*
lladrar	bub/ bub-bub.
llamp	*Veg. tronar.*
llança	*Veg. clavar, colpejar, moure('s).*
llançar	*Veg. clavar, colpejar, moure('s).*
llapis	rac/ zac/ zas.
llauna	*Veg. timbal.*
llengotes (fer)	eee.
llengua	clec. *Veg. ase (tocar l'), beure, llengotes (fer).*
lleó	brah/ graa/ grr. *Veg. córrer.*
llibre	bam/ blam/ blom/ pam/ paplam/ patam/ plam/ plum/ pom.
llimar	rrr/ zig.
llit	*Veg. grinyolar (objectes).*
lloca	*Veg. gallina.*
llop	ahú/ auu/ grr/ guu/ huuu/ uuh/ uuu.
llufa	bff/ pf/ pfu/ puf[1]/ puh.
llum	*Veg. electricitat, espetegar, interruptor.*
llumí	fff/ fuu/ rac/ rec.
mà	*Veg. bufetada, dits.*
maça	*Veg. colpejar.*
mall	clinc/ tinc. *Veg. colpejar.*
mamar	mem-mem/ xum.
mànega	pxii/ pxx/ xii/ xisz/ xxx.
manxar	fss/ ps/ tuf/ xuf.
màquina	*Veg. accelerar, espatllar-se, foradar, motor.*
màquina d'afaitar	*Veg. afaitar.*
màquina de fotografiar	clic/ flaix/ flash*.
màquina d'escriure	clec/ rac/ rec/ rrr/ trric/ tac[1]/ tiquitic/ txac.
mar	fff/ fuu/ rum-rum/ xas/ zam-zam/ zim-zam/ ziu-zau/ zum-zum. *Veg. ofegar-se, onada.*
martell	pam/ patam/ pom/ tap-tap/ tum-tum. *Veg. colpejar.*
marxa musical	tatxim.
mastegar	nyac/ nyam/ nyam-nyam/ nyama-nyama/ nyec/ nyema-nyema/ nyem-nyem/ nyim-nyem/ rac/ rec/ scrontx*/ xam-xam. *Veg. rosegar.*
mastegot	*Veg. bufetada, colpejar.*

mula brf/ bruf. *Veg. aturar, caminar (fer), cavalcar, córrer, galopar.*
muntanyes russes zuuz/ zzz. *Veg. moure('s).*
murmurar aaa/ hmm/ hum/ mm/ mmm/ ps/ xep-a-xep/ xiu/ xiu-xiu.
música taral·larà/ tral·lalà/ tral·larà/ tral·laral·là/ tatxim/ xim-xim. *Veg. campana, campaneta, cascavell, castanyola, clarí, contrabaix, corn, corneta, dolçaina, flabiol, flauta, gong, guitarra, guitarró, marxa musical, piano, platerets, timbal, trompeta, violí, violoncel, xiular.*
mussol uuh/ uuu/ xut.
nadó *Veg. balbotejar, mamar, plorar.*
nau mmm/ tuu. *Veg. accelerar, avariar-se, motor, moure('s), onada, xocar.*
navalla *Veg. afaitar, clavar, esmolar.*
nedar patatxip-patatxap/ patxif-patxaf/ patxip-patxap/ xipixap/ xip-xap/ xip-xop. *Veg. xipollejar.*
neu paplaf/ pataplaf/ patatxaf/ patatxop/ patatxof/ patatxuf/ plaf/ plas/ txaf/ txof/ xaf/ xof/ xop/ xuf.
obrir *Veg. finestra, clau (la), grinyolar (objectes), pany, trucar.*
oca nyec/ oc/ oc-oc/ op/ op-op.
ocell *Veg. ànec, bitxac, botxí (ocell), cigonya, colom, corb, cucut, gall, gall dindi, gallina, gamarús, garsa, gavina, gralla, guatlla, merla, mussol, oca, òliba, oreneta, pardal, perdiu, pica-soques, picotejar, pigot, pinsà, piular, pollet, puput, tord, tórtora, volar, xot.*
ofegar-se bff/ blub-blub/ glu-glu/ ugg.
òliba uuh/ uuu/ xut.
olla brf/ bruf/ xup-xup.
olorar esnif/ hum/ sniff*.
onada fff/ fuu/ patatxaf/ patatxof/ patatxop/ patatxuf/ plaf/ plas/ txaf/ txof/ txuf/ xaf/ xas/ xof/ xop/ xuf/ zam-zam/ zim-zam/ ziu-zau/ zum-zum.
onejar *Veg. bandera, onada.*
ordinador *Veg. cursor.*
oreneta giu-giu/ pi/ pit/ tit/ titit/ xiu-xiu.
orinar pxii/ pxx/ xii/ xisz/ xxx.
orquestra tatxim. *Veg. música.*
ovella be/ bee/ mè. *Veg. esquilar.*
pagar *Veg. caixa enregistradora, diner.*
pair *Veg. eructar.*

	piaong/ pim/ pim-pam/ pim-pam-pum/ pínyau/ pum.
pitjar	clic/ txic. *Veg. màquina d'escriure, timbre.*
piular	piu/ piu-piu/ xiu/ xiu-xiu.
pixar	*Veg. orinar.*
plaer	*Veg. copular, satisfacció.*
platerets	txam/ txim/ xim-xim. *Veg. orquestra.*
plegar	*Veg. tancar, ventall.*
plorar	aha/ ahú/ enguè/ esnif/ güè/ gue, gue/ guu/ hi/ miè/ sniff*/ uà/ uè.
ploure	clip-clop/ pxii/ pxx/ tam-tam/ xic-xic/ xicoxico/ xii/ xim-xim/ xisz/ xxx.
pneumàtic	*Veg. roda.*
pollet	piu/ piu-piu.
por	aaah/ ah/ ai/ o/ oh/ ou/ uh/ ui/ uuh/ uuu. *Veg. espantar, espanta-sogres, fantasma.*
porc	gnyorrc/ grr/ güec/ nyec/ nyi/ nyic/ oic/ oinc/ rnc.
porta	*Veg. clau (la), colpejar, esbotzar, grinyolar (objectes), pany, tancar, trucar.*
pou	*Veg. caure, corriola, degotar.*
prémer	*Veg. pitjar.*
pressa (donar)	au/ hala. *Veg. acció (incitar a l').*
projector de cinema	nnn/ zzz.
pudor	ecs/ pu/ puà/ puah/ puh. *Veg. llufa, pet.*
pulsació	*Veg. bategar, dolor.*
puny (cop de)	cloc/ paf/ paplaf/ paplam/ pataf/ patapaf/ pataplaf/ plaf/ plam/ plas/ plum/ pof. *Veg. colpejar.*
punyal	*Veg. clavar, moure('s).*
puput	but-but/ pu-put.
ràbia	brrr/ grr/ trr. *Veg. indignació.*
rajar	pxii/ pxx/ xii/ xisz/ xxx.
rapidesa	*Veg. velocitat.*
raqueta	flac/ flas/ flast/ poc/ tac[1]/ toc[1]. *Veg. moure('s).*
rascar	rac/ rac-a-rac/ ras/ rau-rau/ rec.
raspall	ras.
rata	crii/ garranyac/ garranyec/ garranyic/ garranyoc/ hii/ iii/ rac/ rac-a-rac/ rec.
ratapinyada	hii/ iii.
ratolí	crii/ hii/ iii. *Veg. cursor, rata.*
rebentar-se	bom/ bum/ paf/ pam/ pang/ paplaf/ pataf/ patam/ patapaf/ patapim/ pataplaf/ pataplum/ patum/ plaf/ plas/ pof/ pom/ pum.

rot	*Veg. eructar.*
rotar	*Veg. eructar.*
rugir	brah/ graa/ grr.
ruixar	pxii/ pxx/ xii/ xisz/ xum/ xum-xum/ xxx.
sabates	*Veg. ballar, caminar, esclops.*
saltar	*Veg. botar, caure, moure('s).*
saludar	ei/ ep/ hola. *Veg. interpel·lar.*
sanglotar	*Veg. plorar.*
sarbatana	*Veg. bufar.*
sardina	frii.
satisfacció	aaa/ aaah/ mmm/ oh/ rum-rum. *Veg. riure.*
seda	fru-fru.
sedàs	catacric-catacrac/ catacric-catacrec/ catacric-catacroc/ catacric-catacruc/ catacritx-catacrotx/ catric-catrac/ catric-catrec/ catric-catroc/ catric-catruc/ tiquitac/ txac-txac/ txic-txac.
serp	sss.
serra elèctrica	brrr/ rrr. *Veg. accelerar, espatllar-se, motor.*
serrar	brrr/ ric-i-rac/ ric-rac/ ric-rec/ rigo-rago/ rim-ram/ rrr/ zic-zac/ zig-zag[1]. *Veg. serra elèctrica.*
setí	fru-fru.
silenci (demanar)	ps/ psit/ pst/ psxt/ pxst/ pxt/ sit[1]/ ssist/ sss/ sst/ ts/ tsist/ tst/ txit/ txsit/ txst/ xist/ xit/ xsit/ xss/ xst/ xut/ xxt.
simi	huuh.
singlotar	hic/ hip.
sirena	ni-na/ ni-no/ pi-po/ ttt/ tut/ tuu/ uuu.
soldat	*Veg. caure, cavalcar, colpejar, desfilar, disparar, tret.*
sonall	zing-zing.
sorprendre('s)	aaah/ ah/ ahà/ ahahà/ ai/ apa/ àpala/ àpali/ buf/ eu/ glub/ glubs/ glup/ glups/ ha/ he/ heu/ o/ oh/ oi/ ou/ tat/ uf/ uh/ ui/ xe. *Veg. aparèixer.*
sorra	patatxaf/ patatxof/ patatxuf/ txaf/ txof/ txuf/ xaf/ xas/ xof/ xuf.
sospirar	ah/ ai/ oh/ uf.
sospitar	hmm/ hum/ mm/ mmm.
tallar	gic-gic/ rac/ rec/ txac/ txac-txac/ txic-txac/ xac/ xas/ xec-xec/ xic[1]/ xic-xec/ xic-xic/ zac. *Veg. esquilar.*
taló	*Veg. ballar, caminar.*
tabal	*Veg. timbal.*
tambor	*Veg. timbal.*
tamborí	*Veg. timbal.*

tancar bam/ bang/ blam/ blom/ cataclac/ cataclec/ cataclic/ cataclinc/ clac/ clap[1]/ clec/ clinc/ crac/ cric-crac/ cric-crec/ nyac/ nyec/ pam/ paplam/ patam/ pataplam/ pataplim/ ping/ plam/ plof/ plop/ pluf/ plum/ pom/ ric-i-rac/ ric-rac/ ric-rec/ rigo-rago/ rim-ram/ trrsst.

tap *Veg. destapar.*

teclejar *Veg. màquina d'escriure, piano.*

telèfon bip/ bip-bip/ clinc/ ding/ dring/ pip/ pip-pip/ ring/ rrit/ tinc/ tit/ titit/ tut/ tuu.

teler catacric-catacrac/ catacric-catacrec/ catacric-catacroc/ catacric-catacruc/ catacritx-catacrotx/ catric-catrac/ catric-catrec/ catric-catroc/ catric-catruc/ tric-trac/ txac-txac/ txic-txac.

tenis *Veg. pilota, raqueta.*

terrabastall trum. *Veg. colpejar, explosió.*

tigre brah/ graa/ grr. *Veg. córrer.*

timbal bim-bam/ bim-bom/ blom/ bum/ pam/ patapam/ patum/ ram-ram/ rataplam/ tampatantam/ tam-tam/ tap-tap/ tum/ tum-tum/ zing.

timbre clinc/ cling/ cling-clong/ ding/ ding-dang/ ding-dong/ dring/ pip/ pip-pip/ ring/ tinc/ trinc.

tírria brrr/ grr/ trr.

tisores dring/ gic-gic/ rac/ rec/ txac-txac/ txic-txac/ xec-xec/ xic[1]/ xic-xec/ xic-xic/ zac.

tocar *Veg. ase (tocar l'), banda municipal, botzina, campana, campaneta, despertador, música, rellotge, telèfon, timbre.*

topar *Veg. caure, colpejar, xocar.*

tord tii/ tit. *Veg. ocell.*

toro brf/ bruf/ buu/ mmm/ muu.

tórtora parrup/ ruuc.

tossir ehem/ hem/ tsut.

transformar-se *Veg. aparèixer, sorprendre('s).*

tremolar brrr/ clec/ trr/ ttt.

tren catric-catrac/ pi/ piip/ tit/ titit/ tric-trac/ txuf-txuf/ xuc-xuc/ xuf-xuf/ xup-xup.

trencar cataclac/ cataclec/ cataclic/ cataclinc/ catacluc/ catacrac/ catacrec/ catacric/ catacrinc/ catacroc/ catacruc/ clac/ claix/ clanc/ clang/ clap[1]/ clec/ clic/ clif/ clinc/ cling/ clong/ cluc/ crac/ crc/ crec/ cric-crac/ cric-crec/ crr/ cruc/ patatrac/ ta-trac/ tinc/ trac.

trepant frrt/ nnn/ zzz. *Veg. motor, perforadora.*
trepitjar *Veg. bassal, caminar, cavalcar, cruixir, esclops, galopar.*
tret bam/ bang/ crac/ pac-pac-pac/ pam/ pang/ pànyeu/ patam/ patapum/ piaong/ pim/ pim-pam/ pim-pam-pum/ pínyau/ pum/ ratatatà/ tacatac/ tac-tac-tac/ ta-ta-ta/ ttt.
trincar clinc/ cling/ ding/ dring/ tinc/ trinc.
tro *Veg. tronar.*
trompeta ta/ tararà/ tararé/ tararí/ tururut/ tut/ tutut.
tronar barrabam/ barrabom/ barrabum/ barrum/ bom/ borrom/ brm/ brom/ brum/ bum/ burrum/ rom/ trum/ zum. *Veg. llamp.*
trotar *Veg. cavalcar.*
trucar catric-catruc/ cruc-cruc/ pam/ pam-pam/ pom/ pum/ ring/ tas-tas/ toc-toc/ troc-troc/ truc-truc. *Veg. colpejar, timbre.*
tub d'escapament taf-taf.
udolar ahú/ auu/ guu/ huuu/ uuh/ uuu.
ungla crac-crac/ crec-crec. *Veg. gratar.*
urpa *Veg. moure('s).*
vaca brf/ bruf/ buu/ mmm/ muu. *Veg córrer.*
vacil·lar aaa/ ehem/ hem/ hmm/ hum/ mm/ mmm/ ps/ pse/ pxe.
vaivé zam-zam/ zim-zam/ ziu-zau/ zum-zum.
vaixell mmm/ tut/ tuu. *Veg. líquid, mar, motor.*
vano *Veg. ventall.*
vapor brf/ bruf.
vas *Veg. brindar, trencar, vidre.*
vehicle *Veg. accelerar, avariar-se, botzina, cinturó de seguretat, desinflar-se, espatllar-se, frenar, hèlice, motocicleta, motor, moure('s), roda, sirena.*
velocitat fft/ fiu/ fss/ pst/ tras/ xiu/ zam/ zap/ zas/ zast/ zes/ zim/ zip/ zis/ zis-zas/ ziu/ zium/ zuip/ zum/ zuuz/ zzz. *Veg. hèlice, motor.*
vent brum/ fff/ fiu/ flap-flap/ flop-flop/ fuu/ huuu/ uuh/ uuu/ xiu/ xiu-xiu/ ziu.
ventall trecatrec/ trec-trec/ trrsst.
ventar *Veg. ventall.*
ventilador ttt. *Veg. hèlice.*
ventositat *Veg. llufa, pet.*
vessar-se blop/ glo-glo/ gloc-gloc/ glop-glop/ gluc-gluc.
vi *Veg. ampolla, beure, destapar.*

vidre cataclinc/ catacrinc/ clic/ clinc/ cling/ ding/ dring/ tinc/ trinc. *Veg. trencar.*

violí nyi/ nyic-nyigo/ nyigo-nyago/ nyigo-nyic/ nyigo-nyigo/ zigo-zigo.

violoncel nyic-nyigo/ nyigo-nyago/ nyigo-nyic/ nyigo-nyigo/ zigo-zigo.

volar flap-flap/ flop-flop. *Veg. moure('s).*

vomitar uag.

xacal ahú/ auu/ huuu/ uuh/ uuu.

xàfec pxii/ pxx/ tam-tam/ xii/ xisz/ xxx.

xai be/ bee/ mè. *Veg. esquilar.*

xampany blop/ blub-blub/ blup/ gic/ pam/ pang/ pom/ pum/ tup/ xisz/ xxt/ xxx. *Veg. ampolla.*

xarrupar eslurp/ slurp*/ xrrup.

xerrac garric-garrac/ garric-garroc/ ric-rac/ ric-rec/ rigo-rago/ rim-ram/ trac.

xerrar bla-bla/ bla, bla, bla/ enguè/ güè/ gue, gue/ gugu/ nyic-nyic/ nyigo-nyigo/ patatam/ patatim/ patatim-patatum/ patim-patam/ xa, xa, xa/ xec-i-xec/ xec-xec/ xep-a-xep. *Veg. discurs (iniciar), parlar, xiuxiuejar.*

xerricar hii/ iii/ nyec. *Veg. dents, grinyolar (objectes).*

xipollejar patatxaf/ patatxip-patatxap/ patatxof/ patatxuf/ patxif-patxaf/ patxip-patxap/ txaf/ txap/ txof/ txop/ txuf/ xaf/ xap/ xip/ xipixap/ xip-xap/ xip-xop/ xoc-xoc/ xof/ xop/ xuf/ xup.

xisclar crii/ hii/ iii.

xiular ffuuit/ fiu/ fiut/ hu-hu-hu/ pfuit-pfuiu/ pi/ piip/ tii/ tit/ titit/ xiu/ xiuït/ xiu-xiu/ zim/ zip/ zis/ ziu/ zuip/ zuuz. *Veg. vent.*

xiulet *Veg. tren, xiular.*

xiuxiuejar ps/ xep-a-xep/ xiu/ xiu-xiu.

xocar bong/ bum/ cataclac/ cataclec/ cataclic/ cataclinc/ catacloc/ catacluc/ catacrinc/ clac/ claix/ clanc/ clang/ clap[1]/ clec/ clic-clac/ clic-clec/ clinc/ cling/ cloc/ cluc/ crec/ dring/ paf/ pam/ paplaf/ paplam/ pataf/ patapaf/ pataplaf/ pataplam/ pataplim/ pataplof/ patapluf/ pataplum/ patapuf/ patatuf/ patatum/ patatxaf/ patatxap/ patatxof/ patatxop/ patatxuf/ patatxup/ patxap/ pif/ ping/ plaf/ plam/ plas/ ploc/ plof/ plop/ pluf/ plum/ pof/ puf[1]/ pum/ pupuf/ tinc/ toc[1]/ tric-trac/ trinc/ trinc-tranc/ tum/ tutum/ txaf/

	txap/ txof/ txuf/ txup/ xac/ xaf/ xap/ xec/ xip/ xof/ xop/ xuf. *Veg. caure, colpejar, vidre.*
xot	uuh/ uuu/ xut.
xuclar	xrrup.
xutar	tum. *Veg. pilota.*

ÍNDEX DE MOTS

SUMARI

EL CANGUR/DICCIONARIS 100

1. *Diccionari del català antic* per Mercè Costa i Maribel Tarrés, 186 pàgs.
2. *Diccionari de frases fetes* per Joana Raspall i Joan Martí, 430 pàgs.
3. *Diccionari de la francmaçoneria* per Albert Fargas, 236 pàgs.
4. *Diccionari de cuina catalana* per Ignasi Riera, 272 pàgs.
5. *Diccionari d'onomatopeies i mots de creació expressiva* per Manuel Riera-Eures i Margarida Sanjaume, 334 pàgs.